El significado de los sueños

Prácticos
Ciencias Ocultas

Soliatan Sun
El significado de los sueños

mr · ediciones

© Ediciones Martínez Roca, S. A., 2006
   Paseo de Recoletos, 4. 28001 Madrid (España)

Diseño de la cubierta: Hans Geel
Ilustración de la cubierta: AGE Fotostock
Primera edición en esta presentación en Colección Booket: setiembre de 2006

Depósito legal: B. 31.538-2006
ISBN-13: 978-84-270-3265-1
ISBN-10: 84-270-3265-X
Composición: Víctor Igual, S. L.
Impresión y encuadernación: Litografía Rosés, S. A.
Printed in Spain - Impreso en España

Índice

PRIMERA PARTE

El significado de los sueños

1. Los sueños en las ciencias herméticas

¿Qué fue lo que existió primero en el hombre, sus sueños o su realidad material? Vivir de espaldas a sus sueños, ¿es garantía de civilización o una prueba de barbarie? Hay una cosa cierta: jamás el hombre se preocupó menos de sus sueños que en el período comprendido entre el Renacimiento y el descubrimiento del psicoanálisis. Durante este período, el mundo, la sociedad, salió del feudalismo, se descubrió América y cortando el cordón umbilical que unía al hombre físico a su trascendencia, la humanidad se lanzó a la conquista de la felicidad material, guiada por una serie de normas y principios económicos conocidos con el nombre de capitalismo.

En ese galope frenético hacia el progreso, la humanidad se olvidó de sus sueños, no les dio la más mínima importancia. Eran algo que está ahí, como está el cielo estrellado, formando parte de un paisaje inútil, tan inútil que no llega a inquietar. Luego vendría Sigmund Freud para decirnos que los sueños son un subproducto de la vida ordinaria, un residuo de actos fallidos durante el día y que se realizan por la noche.

Poco antes de que Freud diera de los sueños una explicación materialista y mecanicista, Karl Marx había explicado que los pensamientos son generados por la realidad material y que dependen en último análisis de un estómago más o menos lleno.

Pero no desviemos el curso de nuestra exposición. Antes de hablar del redescubrimiento por parte de Freud del mundo de los sueños, veamos lo que nos dicen de los sueños las ciencias herméticas, esas antiguas ciencias que constituyen la parte esotérica de las religiones y que, dirigiéndose no a la fe, sino a la razón, nos explican cómo se ha construido el universo.

Según dichas ciencias, el mundo de los sueños forma parte de un vasto continente en el que el hombre habitó antes de encontrarse encerrado en su realidad material y física. Las diversas escuelas esotéricas emplean una terminología distinta para designar este continente. Unos lo llaman el mundo astral, otros el mundo de deseos o el primer cielo, pero todos coinciden en afirmar que por ese mundo pasó el hombre en su peregrinaje hasta esa tierra prometida que es el mundo físico en que vivimos.

En ese camino de ida hacia un campo de experiencias físicas, el hombre, sin autoconciencia de sí mismo, se separaba cada vez más de su realidad espiritual hasta perder totalmente el contacto con ella y sentirse uno y libre.

Ese momento de toma de conciencia de su propio ser individual nos es referido en la Biblia mediante la historia de Adán y Eva.

El descenso del espíritu humano hacia el mundo material puede esquematizarse con la figura de la pirámide, en la que la cúspide representaría la realidad espiritual y la base la realidad física.

El hombre, partiendo de una existencia espiritual como espíritu virgen, lleno de potencialidades, pero sin autoconciencia, avanzaría por un camino de involución hacia un mundo material que le serviría de campo de experiencias. En este camino involutorio pasaría por cuatro etapas, a través de las cuales iría perdiendo su realidad espiritual para tomar conciencia de su realidad física.

Sólo al alcanzar la cuarta de esas etapas —la actual— el hombre habría adquirido la autoconciencia, perdiendo al mismo tiempo y de una manera radical la dependencia de su fuente espiritual primigenia.

A partir de este momento, reanudar el contacto con su ser espiritual constituiría para el hombre una conquista dramática, tanto más en cuanto que esa conquista formaba parte de un programa preestablecido por las jerarquías que trazaron los planos de construcción del universo y que se trataba de un camino ineludible por el que el hombre debía necesariamente pasar.

La conciencia de su realidad espiritual le permitiría al hombre —ha de permitirnos— emprender el camino de regreso a la fuente primordial por la senda de la evolución, alcanzando los mismos niveles que habíamos abandonado en el período de involución, pero ya con toda la carga de experiencias cumplidas y de conciencia adquirida.

Esa disquisición al margen del tema de los sueños nos ha parecido necesaria para comprender la posición de las ciencias herméticas respecto al problema. Cuando la humanidad, en su camino de involución alcanzó el estado de conciencia número tres, tal como aparece marcado en nuestra pirámide, entró en una fase que los hermetistas denominan «conciencia en estado de vigilia con sueños».

Durante miles de años el hombre fue ciudadano de ese mundo, pero sin tener conciencia de su existencia individual. Allí el hombre era manipulado por las oleadas de vida superiores, de una manera exactamente igual a como nosotros manipulamos a los animales. El alma humana en formación asimilaba las experiencias colectivamente hasta alcanzar la saturación. Entonces la humanidad pasó al estado de autoconciencia y se rompió el contacto directo con las oleadas de vida superiores que pueden englobarse con el nombre genérico de divinidad. Esa ruptura nos es relatada en la Biblia, decíamos, con la historia de Adán y Eva.

A D N. Estas letras, con las cuales aparece escrito en la lengua hebraica el nombre de Adán, significan, según Fabre d'Olivet,[1] el género humano. I E V E, según el mismo autor, significa exactamente: el ser que transmite la vida.

Adán y Eva son, pues, la humanidad primitiva en el momento de su toma de conciencia; en el momento de abandonar un continente —ese llamado mundo astral o mundo de deseos o primer cielo— para iniciar su peregrinaje por el mundo físico.

Pero el tránsito de un estado a otro, el pasaje de una fase de experiencias a otra distinta, no se realiza jamás de golpe, de manera brutal, sino progresivamente. Durante un largo período el hombre permaneció en contacto con el mundo que acababa de abandonar, un mundo en el que nuestra humanidad no tuvo más categoría que la de los actuales animales nuestros y en el que los señores eran unos seres más viejos que nosotros, más experimentados, habiendo desarrollado ya la conciencia creadora. Eran nuestros maestros, nuestros consejeros, nuestros instructores y en la primera fase de nuestra evolución por la Tierra ellos continuaban informándonos sobre la manera más conveniente de actuar. En el esoterismo cristiano, esa oleada de vida superior se conoce con el nombre de ángeles.

Para obtener sus consejos, el hombre debía acudir al mundo que acababa de abandonar y ello sólo le era posible hacerlo por la noche, mientras su cuerpo físico dormía. Durante el sueño, el cuerpo de deseos o cuerpo astral del hombre se retira al mundo de deseos o mundo astral y allí puede dialogar con esos seres superiores que son nuestros maestros.

Según la hipótesis de las ciencias herméticas, los sue-

1. *La langue hébraïque restituée.*

ños fueron la nodriza de la humanidad, los que guiaron al hombre en sus primeros pasos por la Tierra.

Moisés, al escribir el Génesis, no lo precisó, pero la historia de la serpiente que se aparece a Eva y le habla, aconsejándole que coma la fruta del árbol de la ciencia del bien y del mal, ¿puede ser comprendido de otro modo que como un sueño? No es corriente que las serpientes hablen en la vida real, y mucho menos que posean tales conocimientos sobre si el hombre llegará o no a ser Dios si come la manzana del árbol prohibido. En cambio, la serpiente que habla es una imagen onírica por excelencia. El sueño de la serpiente y la manzana de Eva fue el primero, el sueño primordial que tuvo la humanidad; fue como el latigazo que la arrojaría de ese paraíso psíquico en que se encontraba para lanzarla al torrente de las experiencias. El sueño de Eva es de fácil interpretación si se poseen las claves de los símbolos, pero nos abstendremos de interpretarlo ya que el lector encontrará en la segunda parte de esta obra la explicación del símbolo Manzana y Serpiente, y él mismo podrá reconstituir el significado de ese sueño primordial.

Si la serpiente y la manzana fue el tema del primer sueño, el segundo sería el de los ángeles con espadas de fuego arrojando del paraíso anímico a la humanidad «caída» en el mundo físico, acompañados por voces anunciadoras del compromiso en el que se habían empeñado.

El tercer sueño importante sería el de Caín y Abel. Si consultamos el alfabeto hebraico para desentrañar el significado de esos nombres, vemos que Caín significa: el hombre que sigue sus propias inspiraciones, y Abel significa: el ser que obedece la ley. El conflicto entre los dos hermanos, el menor amado de los dioses, y el mayor desposeído de sus derechos, nos acompañará a lo largo de toda la Biblia. Lo reviviremos en Esaú y Jacob, Amnón y Absalón, Ismael e Isaac, José y sus hermanos mayores.

Esos hermanos enemigos simbolizan dos tendencias psíquicas activas en el hombre: una que nos impele al conocimiento de las cosas por la vía de la experiencia directa, y otra que nos induce a esperar a que el espíritu divino nos ilumine. La primera tendencia constituye la vía rápida de conocimiento, la vía diabólica; la segunda es la vía lenta. La primera acaba siempre matando a la segunda. Es un crimen que todos hemos cometido contra nosotros mismos y que el hombre sigue cometiendo al azar de sus encarnaciones.

Los sueños fueron, pues, los consejeros y guías de la humanidad en sus primeros pasos por la Tierra, los inspiradores de los crímenes de los hombres y de su moral. Sin los sueños, la estructura política y económica del mundo hubiera sido distinta. Por no citar más que un ejemplo, citemos el de José, que sus hermanos vendieron como esclavo a unos mercaderes que iban a Egipto.

José, al interpretar correctamente el sueño del faraón, el de las siete vacas gordas y las siete vacas flacas, permitió que el pueblo egipcio subsistiera en un período en que pueblos enteros desaparecieron diezmados por la penuria. Y ese mismo sueño interpretado hizo que las doce tribus de Israel —los hermanos de José— se trasladasen a Egipto, sentando las bases de la futura esclavitud de los israelitas en tierra tradicionalmente enemiga, esclavitud que rompería Moisés con la ayuda de siete terribles plagas.

Los sueños, a lo largo de toda la historia bíblica, fueron los inspiradores de la política, los generadores del arte —eminentemente surrealista—, el soporte de la economía y el motor que conducía a la guerra. Que el lector se tome la molestia de abrir ese libro sorpresa que es la Biblia y aparecerá ante él, con toda su imponente evidencia, como los sueños eran los propulsores, el motor fundamental de todo género de actividad.

Con el paso de las edades, aquel espíritu virgen que era el hombre, lleno de potencialidades, pero sin desarrollo alguno, ha ido generando un alma, una conciencia, una historia, y es esa misma alma experimentada la que aconseja a su doble físico desde el mundo de los sueños. Las jerarquías que aconsejaban al hombre en su fase paradisíaca se van retirando lentamente de su función de tutores para dejarnos la plena responsabilidad de nuestra vida, de modo que por la noche, cuando la conciencia se retira al mundo de deseos o mundo astral, el alma eterna dialoga con el ser pasajero que ha tomado las riendas de nuestra vida en la presente encarnación y le advierte de los peligros a que lo conducen sus errores de visión.

¿Por qué ese desacuerdo, ese conflicto entre la parte trascendente de nuestro ser y el ejecutivo de la presente vida? ¿Acaso uno y otro no son el mismo?

La ciencia hermética responde a esa pregunta diciendo que si el ser trascendente y la psique humana son una y misma cosa, sus objetivos muchas veces difieren.

Al iniciar una encarnación, el espíritu inmortal persigue unos objetivos que pueden ser inconciliables con los intereses materiales del hombre una vez situado en la Tierra. Imaginemos que un gran sabio del pasado se encarna de nuevo. Como anteriormente ya habrá vivido la experiencia del éxito, tal vez lo que persiga su ego sea la experiencia del fracaso. Este ego habrá situado su cuerpo físico en un ambiente rural, propenso a las frustraciones, a las humillaciones, al fracaso. Pero como ese ego encerrado en el cuerpo físico, a pesar de todo es un alma grande, es probable que, llegado a la edad adulta, se rebele contra su destino y se aproveche de los conocimientos anteriormente adquiridos para volver a ser lo que era, frustrando así los planes que su ego había forjado con toda serenidad. Entonces ese ego, durante las horas de sueño, enviará a su psique imágenes que le hagan comprender las necesidades de su destino, exhortándole para que colabore en el plan primitivamente trazado para que el alma pueda adquirir la preciosa experiencia de la frustración y el fracaso.

Si no consigue hacerse entender, si la personalidad humana sigue por el camino divergente respecto a los planes establecidos por la superioridad trascendente, llegará un momento en que se producirá el conflicto que puede expresarse mediante enfermedad, accidente, neurosis, locura o cualquier catástrofe de otro tipo, ya que el margen de libertad dejado a la personalidad es vasto, pero limitado, y no puede franquear ciertos límites respecto a los planes que el propio ego trazó.

Esto es lo que nos dicen las ciencias herméticas respecto a los sueños. El mundo de los sueños es el terreno en que la personalidad humana dialoga con su trascendencia. Los antiguos oniromantes, al interpretar los sueños, trataban de reintegrar la persona al orden establecido por su ego y, lográndolo, podían curar sus enfermedades y otros desórdenes que pudieran sobrevenirle.

El hombre, en su camino involutorio, al alejarse cada vez más de su doble naturaleza espiritual, ha comprendido cada vez menos la voz de sus sueños. Pero los avanzados de la civilización, los que se encuentran en el arco ascendente de la pirámide invertida que nos ha servido de ejemplo, se encuentran ya en el camino de regreso hacia el mundo espiritual, y para ellos la voz de los sueños vuelve a ser válida para la orientación de la vida. Es por ello que los sueños vuelven a interesar y tal vez no estén lejanos los tiempos en que los presidentes que rigen las naciones escuchen la voz de sus sueños antes de firmar un tratado.

2. Los sueños en las sociedades primitivas

En el capítulo anterior hemos hablado de cómo el hombre, en los comienzos de su involución, al hallarse más próximo de su realidad espiritual que de su realidad material, se dejaba guiar completamente por las jerarquías que habitaban en el mundo de los sueños.

Las tribus primitivas que subsisten hoy en día en ciertos lugares de la Tierra, bien sean las selvas del Brasil, de Nueva Zelanda o del centro de África, se encuentran situadas en los mismos estadios evolutivos que esa humanidad adamita descrita en la Biblia. Su autoconciencia empieza a emerger como una realidad indiscutible, pero para ellos es aún más real su raíz espiritual, de modo que los sueños tienen en esas sociedades primitivas tal fuerza decisoria, que nada hacen sin el consentimiento de sus sueños.

Para hablar de la acción de los sueños en tales sociedades, según el testimonio de los padres misioneros que han convivido con los indígenas, utilizaremos el libro de Lucien Levy-Bruhl, *La mentalidad primitiva*. Levy-Bruhl (1857-1939) es el más célebre de los antropólogos franceses, el hombre que ha abierto a la antropología caminos nuevos. Su libro es el punto de arranque de todo un movimiento que está acercando enormemente la concepción científica del mundo de la concepción hermética.

He aquí lo que escribe Levy-Bruhl a propósito de ese adamita de nuestros días que es el hombre primitivo:

«El mundo de la experiencia en su conjunto no se presenta a la mentalidad primitiva como a nosotros. Al conjunto de realidades perceptibles que nos brinda el mundo visible, perceptibles a los sentidos, se agregan —o más bien se entremezclan—, para los primitivos, los datos que provienen sobre todo de las potencias místicas, siempre presentes, y que son, por mucho, los más importantes. ¿Cómo recogerlas, cómo provocarlas cuando tardan en producirse, cómo interpretarlas, cómo clasificarlas? Son otras tantas funciones que el espíritu de los primitivos deberá cumplir y cuya extrema complejidad nos revela sus representaciones colectivas. Vemos entonces que la torpeza intelectual, la falta de curiosidad, la indiferencia comprobada por tantos observadores en las sociedades primitivas, son casi siempre más aparentes que reales. Apenas la acción de las potencias místicas entra en juego, sus espíritus adormecidos despiertan. No son entonces indiferentes ni apáticos, sino atentos, pacientes, ingeniosos y sutiles.

»Para la mentalidad primitiva —sigue diciendo—, el mundo visible y el invisible forman un todo. La comunicación entre lo que llamamos la realidad sensible y las potencias místicas es, pues, constante. Pero en ninguna parte puede efectuarse de una manera más inmediata y más completa que en los sueños, donde el hombre pasa y repasa de un mundo a otro sin advertirlo. Tal es, en efecto, la representación ordinaria del sueño entre los primitivos. El alma deja momentáneamente su cuerpo. A veces se va muy lejos, conversa con espíritus o con muertos. El sueño les trae datos que para ellos valen tanto, si no más, que las percepciones obtenidas durante la vigilia. Para ellos los dos mundos forman parte igualmente de su experiencia.»

Veamos el testimonio de los misioneros sobre los sueños de los primitivos: «Cuando un maorí de Nueva Zelanda dice que estuvo en el *reinga*, quiere decir que ha estado en el mundo de los sueños. Un anciano me contaba: "Estuve en el reinga anoche y vi a mi viejo amigo muerto hace tanto tiempo. Por su aspecto pude juzgar que hará buen tiempo mañana." Están convencidos de que los sueños son los recuerdos de lo que vieron en el reinga donde el alma se ha refugiado durante el sueño del cuerpo.»[1]

En el Gabón, «un sueño es mayor prueba que un testimonio».[2] En África Ecuatorial sucede que un viaje hecho en sueños cuenta como un viaje real. «Regresaba a casa del jefe y me sorprendió encontrarlo sentado fuera, vestido a la europea. Me explicó que la noche anterior soñó que estuvo en Portugal, Inglaterra y algunos países más. Por eso, al levantarse, se vistió con trajes europeos y dijo a sus súbditos que llegaba de los países del hombre blanco. Todos los que venían a verle, jóvenes y viejos, debían estrecharle la mano para felicitarle por su feliz regreso.»[3] En el Gabón, un hombre acusado en una ordalía, y que no concibe que el resultado de la prueba pueda ser falso, admite que pudo cometer el acto en sueños. «Escuché a un hombre así acusado decir: "Voy a pagarlo puesto que, en resumidas cuentas, bien pude matar a fulano mientras dormía, pero en realidad no sé nada."»[4]

Así como las cosas vistas en sueños son reales, los actos cometidos en sueños entrañaban la responsabilidad de sus autores y se les puede pedir cuenta de ellos. Por ejemplo, en Nueva Guinea, «el hombre que ve en sueños a una mujer que le hace una declaración de amor, cree que en efecto es así y que esta mujer siente realmente inclinación

1. Eldson BEST, *Maori Eschatology. Transactions of the New-Zealand Institute.*

2. A. C. HADDON, *Head-hunters, black, white and brown.*

3. F. S. ARNOT, *Bihé and Garenganze.*

4. G. LE TESTU, *Notes sur les coutumes Bapounou, dans la circonscription de la Nyanga.*

por él. Entre los skais, si un hombre sueña que cometió una falta con la mujer de su amigo, es punible. En caso de conocerse, es necesario que pague una multa, o por lo menos soporte que se le injurie violentamente».[5]

Además de tener la responsabilidad de sus propios sueños, se consideran igualmente responsables las terceras personas implicadas en ellos. «En Muka (Borneo) encontré a Janela. Me dijo que la razón de su llegada se debía a que su hija iba a ser castigada con una multa en Luai, porque su marido había soñado que ella le era infiel. Janela se había llevado a su hija.»[6]

En Borneo, «un hombre vino oficialmente a pedirme protección. Se trataba de esto: otro hombre de la misma aldea había soñado que el querellante hirió de un lanzazo a su suegro, que estaba enfermo en su casa. Convencido de la realidad de su sueño, lo amenazó con vengarse si el enfermo moría. Es por esto que pedía mi protección, afirmando que él no había golpeado al enfermo, y que si su alma lo hizo durante el sueño, él nada sabía, y no era responsable. Por casualidad, justamente era yo quien cuidaba al enfermo».[7]

«El indio tiene completa fe en sus sueños y deja que dirijan sus acciones. Un indígena llamado Poit quedó seriamente impresionado por un sueño, que él contó muchas semanas antes de intentar matarme. Me había encontrado, en sueños, en un claro del bosque, y yo le había acusado de haberme robado objetos de mi pertenencia, disparándole a continuación un tiro de fusil. Consideró este sueño como un aviso cierto de lo que sucedería, y desde el punto de vista del indio, si no podía evitar la catástrofe de

5. R. Nauhauss, *Deutsch Neu Guinea*.
6. H. Ling Roth, *Natives of Sarawak*.
7. Lucien Levy-Bruhl, *La mentalidad primitiva*.

otra manera, no tenía otro recurso que el de devolverme el disparo y de hacer todo lo posible por tratarme como él soñó que yo le trataba.»[8] El indio, al cometer su intento de asesinato, no se considera agresor. No hace sino pagar con la misma moneda a Grubb, el verdadero agresor de sus sueños. El indio, al responder, está obrando en legítima defensa.

La actitud del alma y su comportamiento en el mundo de los sueños es superior a la actitud de la misma cuando se encuentra en el cuerpo físico. Así, «un hombre sueña que su vida está amenazada por alguien a quien siempre consideró como un verdadero amigo. Al despertar dice: "Hay algo raro: un hombre que no se rebaja a ninguna cobardía acaba de hacerme morir. No lo comprendo, pero debe ser verdad, puesto que *los sueños no mienten nunca.*" Y a pesar de las protestas de inocencia de su amigo, cesó inmediatamente de verlo». «Si Casembe sueña con un hombre dos o tres veces, lo hará matar, porque es alguien que amenaza su vida con maleficios.»[9]

No hay realidad, por poderosa que sea, superior al imperativo de los sueños. Ni la vida de familia, ni la amistad, ni las exigencias de la tribu o del rey pueden hacer que un hombre actúe contra sus sueños. Los misioneros que han estudiado el comportamiento de las más diferentes tribus salvajes de tres continentes confiesan con la mayor modestia que si han conseguido conversiones entre los indígenas, no ha sido por la fuerza de sus razonamientos, sino porque sus sueños les han aconsejado la conversión. A menudo, después de mucho hablar, cuando por fin pedían al indígena que se convirtiera, éste les respondía: «Ya lo soñaré», de igual modo que los occidentales decimos:

8. W. B. Grubb, *An unknown people in an unknown land.*
9. David Livingstone, *Last journal.*

«Ya lo pensaré.» «¿Qué es lo que tiene mayor importancia en la conversión de los mosutos? El papel predominante corresponde al sueño. Para decidirlo es necesario algo extraordinario, una intervención divina (tal como ellos la entienden) que hiera su imaginación. Si a un pagano que escuchó el Evangelio le preguntáis cuándo se convertirá, responderá: cuando Dios me haya hablado. Es muy curioso ver la cantidad de gente que supedita su conversión a un sueño... La observación será confirmada por la mayoría, si no es por la totalidad de nuestros misioneros. El sueño desempeña un papel importante en la vida religiosa de los negros. Mondain me hizo partícipe recientemente de una especie de visión que provocó la conversión de un hechicero malgache. En Lessuto los hechos de esta clase son frecuentes, y cientos de cristianos de este país han escuchado la primera llamada de su conciencia bajo la forma de un sueño.»[10]

«Augusto, un motschuanna de aquí, me contó que hace ya cuatro años el Señor le había llamado para que se convirtiera, pero no escuchó la voz. Yo creí que por la voz del Señor entendía la palabra del Evangelio, pero él sólo se refería a un sueño en el que vio una luz resplandeciente y oyó una voz que decía: "¡Es necesario que te conviertas!" Algunos días después de este relato, el indígena tuvo un nuevo sueño y la conversión tuvo lugar.»[11]

«Frecuentemente los sueños son el medio que apresura la decisión de los paganos vacilantes. Entre quienes buscan y comparan, estos sueños se producen con tal regularidad que un día, al terminar la lección, Podumo nos preguntó, en presencia de otros catecúmenos, cómo debía explicarse que todavía no hubiese tenido sueños; sin em-

10. «Missions Evangeliques», LXX, p. 341.
11. Dr. WANGEMANN, *Die Berliner Mission im Koranna Lande*.

bargo él los buscaba muy sinceramente y oraba mucho. El contenido de estos sueños nos parece a menudo insignificante, pero los indígenas no piensan así y los sueños les dejan con frecuencia impresiones duraderas.»[12]

Iguales observaciones se encuentran en *Relations des Jésuites* de la Nueva Francia. «El sueño —escriben— es el oráculo que todos estos pueblos consultan y escuchan, el profeta que les predice las cosas futuras, la Casandra que les advierte las desgracias que los amenazan, el médico habitual de sus enfermedades, el Esculapio y el Galeno de todo el país; es el amo más absoluto que tienen. Si por un lado habla un capitán y por otro un sueño, el capitán puede desgañitarse gritando; primero es obedecido el sueño. Es su Mercurio en los viajes, su ecónomo en las familias. El sueño preside a menudo sus consejos; el comercio, la pesca y la caza se emprenden generalmente bajo su tutela y se los realiza casi únicamente por satisfacerlos; nada tienen tan valioso que no sean capaces de privarse de ello por exigencia de un sueño, que es, en realidad, el principal dios de los hurones.»

«Si han soñado por la noche que matan a un francés —siguen diciendo—, ¡cuidado con el primero que encuentren solo! Consideran que sus sueños son verdaderos y que morirían si no los ejecutasen. Desde este punto de vista, nuestras vidas dependen de los sueños de un salvaje, porque si sueñan que es necesario matarnos, infaliblemente lo harán, si pueden. Me dijeron que hace tiempo uno de ellos, habiendo soñado que para curarse de una enfermedad que le atormentaba le era necesario matar a cierto francés, lo mandó llamar...»

Por extravagantes o costosos que sean, los sueños deben cumplirse y «sería una crueldad y una especie de ho-

12. A. Merensky, *Erinnerung aus dem Millionsleben im S. O. Afrika.*

micidio no dar al hombre lo que ha soñado, porque esta negativa podría matarlo. De aquí que haya entre ellos quienes se ven despojados de todo lo que tienen, sin esperanza de retribución, porque cualquier cosa que den, no les será devuelta si no lo sueñan, o si no fingen haberlo soñado. Pero son en su mayoría demasiado escrupulosos para utilizar la simulación, que provocaría, según ellos, toda clase de desgracias. Se encuentran, sin embargo, quiénes pasan por encima de los escrúpulos y se enriquecen mediante una bella ficción».[13]

Levy-Bruhl se asombra de encontrar idénticas características en sociedades muy alejadas unas de otras y concluye que éste debe ser un trazo característico de la mentalidad primitiva. Los barotses de África del Sur, por ejemplo «ven venir a menudo una mujer pidiendo un puñado de mijo, porque soñó que enfermaría si determinada persona no le daba un puñado de granos».[14]

En Kamtchatka, «si alguien quiere obtener los favores de una muchacha, le basta contar que ha soñado haberlos alcanzado; ella considerará como un pecado rehusarlos, porque podría costarle la vida (a ella). Cuando alguien tiene necesidad de una kuklanda o de una barka, o de cualquier otro objeto que su pobreza le impide adquirir, no tiene más que decir: "Tuve un sueño ayer; dormía en la kuklanda de fulano de tal." Al momento se la ofrecerá el otro, diciéndole: "Tómala, ya no me pertenece", porque cree firmemente que si no se la diese le costaría la vida.»[15]

Algo análogo sucede entre los kurdos de Asia Menor. «Están convencidos de que si su alma es buena, contrae con los ángeles del Paraíso una relación tan íntima, que se

13. Ibíd.
14. L. DECLE, *Three years in savage Africa.*
15. G. W. STELLER, *Beschreibung von dem Lande Kamtschatka.*

encuentra en una especie de beatitud celeste, y entonces conoce todo lo necesario por los sueños, que Alá le envía en signo de amistad, o de venganza cuando su alma ha pecado. Al despertarse no dudan de que su alma haya visto realmente lo que se les ha presentado en sueños. Obran, en consecuencia, con esta firme y ciega convicción, con una especie de fatalidad que hace de ellos verdaderos desalmados y terrible plaga para el país: si vieron en sueños algo que codician y buscan, no tienen reposo hasta que no se sienten, de buen o mal grado, poseedores de este objeto. Si han soñado con cualquier ser animado, con un objeto o un bien perteneciente a otro, no descansan hasta habérselo adueñado, debiendo según ellos, para satisfacer su fatal ambición, emplear la fuerza de las armas, el asesinato o el pillaje; si han soñado con un enemigo o un cristiano, deben matarlo o saquear sus bienes en la primera ocasión. Los sueños son casi siempre, para estos energúmenos, el motivo determinante de sus crímenes y de sus imposturas.»[16]

Todos cuantos misioneros han escrito sobre los pueblos indígenas han procurado comprender esa necesidad de realizar los sueños por encima de toda norma, de toda moral, aun a costa de su propia vida. Los jesuitas del siglo XVII escriben: «Además, creen que nuestra alma da a conocer sus deseos naturales tanto por los sueños como por las palabras, de tal suerte que si sus deseos son satisfechos ella está contenta, pero si por el contrario no se le otorga lo que deseaba, se indigna, no sólo dejando de procurar a su cuerpo el bien y la felicidad que quisiera procurarle, sino también volviéndose a veces contra él, causándole diversas enfermedades y hasta la muerte.»[17]

---

16. Abate Jos, *Essai sur les songes et l'art de les interpréter en Mésopotamie*, Anthropos VIII, 1913.
17. «Relations des Jesuites», XXXIII.

Esta serie de citas bastan para convencernos de que el hombre primitivo vive más en el mundo de los sueños que en el de la realidad o, mejor dicho, que es más real lo que ocurre en ese mundo nocturno que lo que sucede cuando está despierto y a pleno sol.

Los antropólogos están persuadidos de que esa es una característica inexplicable de la mente primitiva. Creer en lo invisible, en lo fantasmagórico, es privilegio del primitivismo —dicen ellos—, y cuando ven aparecer en las sociedades modernas un individuo que cree en los sueños, en los presentimientos, en las ciencias ocultas, no dudan en tratarlo de retrógrado, de primario, de primitivo.

Es bien cierto que el primitivo, al evolucionar, pierde la confianza en los sueños, pero si estudiamos ese fenómeno a la luz de lo que hemos dicho en el capítulo precedente sobre las ciencias herméticas, vemos que esa pérdida de confianza, aparejada a una pérdida de respeto por sus sueños, se debe a un oscurecimiento progresivo de su conciencia espiritual, mientras el mundo material cobra cada día mayor relieve.

A veces, por singular excepción, sucede que uno de esos hombres modernos ha conservado, junto a su lucidez por los fenómenos físicos, la total clarividencia en los mundos espirituales. Ese ser singular se verá rechazado por el mundo que le rodea y vivirá la historia de ese patito feo del célebre cuento, que vivía marginado en una sociedad de patos hasta que descubrió que él no era un pato sino un cisne.

No nos apartemos de nuestra trayectoria y limitémonos a dejar constancia de que en las sociedades primitivas que hoy subsisten los sueños desempeñan el mismo cometido que desempeñaban en las sociedades bíblicas. Los sueños son fuente de impulsos evolutivos. Sin los sueños, que les lanzan a una guerra o a una pelea mortal con «el mejor amigo», los primitivos no se sentirían impulsados a la acción. El mundo exterior no les dice nada; no sienten ni suficiente odio para matar, ni suficiente amor como para ser heroicos. Pero cuando un sueño les dice: «¡Cuidado! Fulano de tal te va a matar.» O, mejor aún, cuando ven a ese fulano en acción, asesinándolos en sueños, entonces se movilizan, no por odio o venganza, sino por miedo, en legítima defensa, y marchan contra el enemigo de los sueños para darle muerte.

En esa acción cosechan experiencia y es esa experiencia la que les permitirá evolucionar hacia el dominio de la materia. Poco a poco su odio se fortalecerá, se convertirá en fuerza imperativa y cada una de sus pasiones resultará motor suficiente para propulsarles a la acción. Satisfacer sus pasiones ya será más importante que cumplir un sueño, y llegarán a traicionar sus sueños, a utilizarlos para su particular provecho, y cuando deseen una bella muchacha, le dirán pícaramente: «He soñado que te poseía.» Y la muchacha se dejará poseer. La traición a lo más sagrado ha sido siempre un excelente vehículo de evolución. Lo mismo que Adán y Eva fueron arrojados de su paraíso anímico, esos hombres primitivos se ven un día u otro arrojados de esa zona de seguridad que constituían para ellos sus sueños.

3. Los sueños en el psicoanálisis

Decíamos que el hombre, al progresar en conocimientos materiales, iba perdiendo su contacto con el mundo de los sueños que lo aprovisionaba en impulsos vitales. Llegó un momento en que los sueños dejaron de inquietarle; los consideró como un hatajo de insensateces, a los que no prestó valor alguno. Fue Sigmund Freud quien redescubrió su valor.

Freud, en su trato con enfermos nerviosos, se sorprendió de las continuas referencias de sus pacientes a los sueños. Era evidente que les atribuían gran importancia y, hombre abierto que era a todos los enigmas, se puso a estudiarlos.

Recurrió primero a filósofos tales como Schubert, Scherner y Volket, que pensaban que los sueños nacían de estímulos esencialmente anímicos. Estudió después la opinión de los médicos de su tiempo, tales como Binz, para quienes eran «provocados exclusivamente por estímulos físicos o sensoriales que actúan desde el exterior sobre el durmiente o surgen casualmente en sus órganos internos». «Los sueños —dice Binz— deben considerarse como un proceso físico, inútil siempre y en muchos casos patológico.»

Freud era demasiado intuitivo para adoptar la posición de sus pares. «Para mi gran asombro descubrí un día que no era la concepción médica del sueño; sino la popular, medio arraigada aún en la superstición, la más cercana a la verdad.»[1]

1. S. FREUD, *La interpretación de los sueños*, Alianza Editorial, Madrid.

Freud descubre que los sueños tienen un sentido, pero no el sentido trascendente, glorioso, espiritual que le daban los primitivos o los maestros de las ciencias herméticas, sino que, al contrario, se trataba de un mensaje que los sentidos, acorralados por la cultura, por la ética y por la moral impuesta al individuo por la sociedad, mandaban a la conciencia. Era un mensaje en forma de SOS que venía a decir al individuo: «¡No puedo más! ¡Quiero gozar! ¡Quiero matar! ¡Reclamo mi derecho a cometer barbaridades!»

No es éste el lugar para desarrollar las teorías psicoanalíticas de Freud, por otra parte bastante difundidas, pero en pocas palabras puede decirse que todo el sistema filosófico de Freud reposa sobre el supuesto de que el hombre es movido por dos grandes fuerzas de signo contrario: una que le impulsa a gozar sin límites de todo lo bueno que hay en la vida, y otra que le impulsa a reprimirse, ya que ese gozo sin límites le conduciría a su destrucción (no se puede comer ilimitadamente sin reventar; no se puede gozar ilimitadamente de los placeres sexuales sin graves perjuicios para el organismo; no se puede vivir sin hacer nada, so pena de morir miserablemente, etc.). De la represión ha nacido la cultura, la civilización, el progreso, pero esa cultura se ve constantemente amenazada por el impulso al gozo. Toda vida no es más que un compromiso, un pacto entre esas dos tendencias. Cuando una de ellas triunfa sobre la otra, sobreviene la catástrofe, física o moral.

Antes de pasar revista a las ideas de Freud sobre los sueños, estudiaremos con él las corrientes que existían en su tiempo sobre el origen y significado de los sueños. En la obra mencionada Freud resume lo que sus contemporáneos pensaban de las fuentes oníricas, que dividía en cuatro especies:

1. Excitación sensorial externa (objetiva).
2. Excitación sensorial interna (subjetiva).

3. Estímulo somático interno (orgánico).

4. Fuentes de estímulo puramente psíquicas.

Confrontemos pues la opinión de los científicos de finales del siglo pasado con la opinión de las ciencias herméticas. Empecemos por los sueños de excitación sensorial externa.

Uno de tales sueños, el de Alfred Maury, autor de *Le sommeil et les rêves*, obra científica que trata de las fuentes oníricas, se hizo célebre y provocó una discusión en la *Revue Philosophique* sostenida por Le Lorrain y Egger. Helo aquí:

«Hallándose enfermo en cama, soñó con la época del terror durante la Revolución francesa. Asistió a escenas terribles y se vio conducido ante el tribunal revolucionario, del que formaban parte Robespierre, Marat, Fouquier-Tinville y demás héroes de aquel sangriento período. Después de un largo interrogatorio y de una serie de incidentes que no se fijaron en su memoria, fue condenado a muerte y conducido al cadalso en medio de una inmensa multitud. Sube al tablado, el verdugo le ata a la plancha de la guillotina, bascula ésta, cae la cuchilla y Alfred Maury siente como su cabeza queda separada del tronco. En ese momento despierta presa de horrible angustia y encuentra que una de las varillas de las cortinas de la cama ha caído sobre su garganta, análogamente a la cuchilla ejecutora.»

Según los defensores de la teoría de la excitación sensorial externa, lo que originó el sueño fue la caída de la varilla sobre la garganta del durmiente. Este simple roce hizo que una inteligencia especial alojada en el cuello de Maury se pusiera en movimiento y generara toda la serie de imágenes coherentes que encuentra su apoteosis en la guillotina. Claro que no era necesario que esta inteligencia sensorial fuera tan lejos a buscar sus imágenes, puesto que la Revolución francesa había tenido lugar hacía casi un siglo cuando se produjo el sueño y en Francia se seguía ajusticiando a los condenados a muerte mediante la guillotina, pero ello no parecía turbar las mentes de los colaboradores de la *Revue Philosophique*, los cuales discutían sobre todo cómo era posible que en tan corto espacio de tiempo, entre la caída de la varilla y el despertar inmediato, pudieran acumularse tal cantidad de imágenes. Su significado era lo de menos o, mejor dicho, no había significado, de modo que, ¿cómo hablar de una cosa que no existía?

Si interpretamos este sueño con las claves que figuran en nuestro «Diccionario», vemos en primer lugar que el soñador se encuentra situado en medio de una Revolución que ya se hizo, que ha terminado ya, que pertenece a la historia. Con ello la parte trascendente de su ser trata de decir a las tendencias dominadoras de su presente vida: «Estás empeñado en una Revolución anacrónica —léase interpretación anacrónica—, tu lucha es de otro tiempo; además, lo que es peor, ni siquiera militas en el bando revolucionario y figuras en el campo de los derrotados». El interrogatorio le lleva a presencia de cabecillas efímeros, de vencedores que eran a la vez vencidos porque por la historia sabemos que los tres personajes citados fueron a su vez guillotinados, de modo que el Yo superior sigue diciéndole con esas imágenes: «Te estás confrontando dramáticamente con interlocutores irrisorios, mal entronizados y que terminarán como tú. Si no se produce en ti una reacción, entre tus ideas (la cabeza) y la realidad tangible (el cuerpo), se producirá una separación, dramática y te encontrarás desconectado, sin que tu acción mental pueda coordinarse en modo alguno con tu acción real y física».

Para un investigador como Maury, esa interpretación hubiera podido serle útil.

Examinemos ahora el contenido de otros tres sueños, expuestos por Hildebrandt y atribuidos también a una excitación sensorial externa.

Primer sueño

«En una mañana de primavera paseo a través de los verdes campos en dirección a un pueblo vecino, cuyos habitantes veo dirigirse, vestidos de fiesta y formando numerosos grupos, hacia la iglesia, con el misal en la mano. Es, en efecto, domingo y la primera misa debe comenzar dentro de pocos minutos. Decido asistir a ella; pero como hace mucho calor, entro, para reposar, en el cementerio que rodea la iglesia. Mientras me dedico a leer las diversas inscripciones funerarias oigo al campanero subir a la torre y veo en lo alto de la misma la campanita pueblerina que habrá de anunciar dentro de poco el comienzo del servicio divino. Durante algunos instantes la campana permanece inmóvil, pero luego comienza a agitarse y de repente sus sones llegan a hacerse tan agudos y claros que ponen fin a mi sueño. Al despertar oigo a mi lado el timbre del despertador.»

Segundo sueño

«Es un claro día de invierno y las calles se hallan cubiertas por una espesa capa de nieve. Tengo que tomar parte en una excursión en trineo, pero me veo obligado a esperar largo tiempo antes de que se me anuncie que el trineo ha llegado a mi puerta. Antes de subir a él hago mis preparativos, poniéndome el gabán de pieles e instalando en el fondo del coche un calentador. Por fin subo al trineo, pero el cochero no se decide a dar la señal de partida a los caballos. Sin embargo, éstos acaban por emprender

34

la marcha, y los cascabeles de sus colleras, violentamente sacudidos, comienzan a sonar, pero con tal intensidad que el cascabeleo rompe inmediatamente la tela de araña de mi sueño. También esta vez se trataba simplemente del agudo timbre de mi despertador.»

Tercer sueño

«Veo a mi criada avanzar por un pasillo hacia el comedor llevando en una pila varias docenas de platos. La columna de porcelana me parece a punto de perder el equilibrio. "Ten cuidado —le advierto—, vas a tirar todos los platos". La criada me responde, como de costumbre, que no me preocupe, pues ya sabe ella lo que se hace; pero su respuesta no me quita de seguirla con la mirada inquieta. En efecto, al llegar a la puerta del comedor tropieza, y la frágil vajilla cae, rompiéndose en mil pedazos sobre el suelo y produciendo un gran estrépito, que se sostiene hasta hacerme advertir que se trata de un ruido persistente, distinto del que la porcelana ocasiona al romperse y parecido más bien al de un timbre. Al despertar compruebo que es el repique del despertador.»

Es harto frecuente que el despertar interrumpa un sueño, puesto que el amanecer, según han observado los especialistas, es hora de alta productividad onírica. El que en esos tres sueños coincida el repique del despertador con otro repicar o un estrépito onírico, tal vez no sea pura casualidad, ya que todo en la vida es perfectamente coherente. Pero es difícil pensar seriamente que la campanilla del despertador haya podido dar vida a tales historietas oníricas. Si aplicamos a ellas nuestras claves, los sueños darán la siguiente interpretación:

Primer sueño: El soñador se encuentra en una mañana de primavera. Ello significa: «te encuentras en una fase de

35

creatividad, en la que muchas cosas han de florecer (pueden ser negocios, amores, éxito en las empresas, pero tratándose de un investigador, se tratará de una fase de expansión de su mente).

Paseo entre los verdes campos en dirección a un pueblo vecino, significará: «Hay en tu psiquismo una zona virgen que todavía no ha sido acondicionada y en la que puede surgir algo nuevo. Tus posibilidades son enormes, pero te diriges hacia una estructura ya definida (el pueblo vecino). El sueño anuncia aquí un peligro de cristalización al dirigirse el soñador hacia una estructura ya organizada, que no es creación personal suya, sino algo común, ya consagrado por la vida, el tiempo, la historia, las tradiciones. El soñador deja atrás las zonas vírgenes, propicias a la creación, para adentrarse en un terreno convencional. En efecto, apenas llega al pueblo ve que los vecinos, tal como Dios manda, se dirigen a la iglesia para celebrar el rito del domingo.

Esos vecinos simbolizan las nuevas tendencias primaverales que animan la vida psíquica del soñador. Podían haberse ido a trabajar en el campo y hubiera sido un síntoma de que sus tendencias lo llevaban a cultivar esa tierra nueva que aparecía ante él; hubiera sido el indicio de que se disponía a efectuar una labor de creación. Pero no, los vecinos van a la iglesia con su vestido dominguero y su misal. Es decir, esas nuevas tendencias, esa savia nueva que surge en el soñador, no es empleada en una obra creadora, sino en el cumplimiento de un rito secular que no cuesta ningún esfuerzo. El soñador seguirá la corriente y nada más. Él también asistirá a la misa, es decir, la tendencia dominante de su personalidad, el Yo consciente, se encuentra totalmente identificado con esos impulsos nuevos, que parecían prometedores, pero que han resultado decepcionadoramente convencionales.

Pero el momento de entregarse al rito no ha llegado aún; hay un tiempo de espera, que puede ser tiempo de reflexión salvadora. El soñador se va al cementerio y lee las inscripciones de las tumbas, es decir, busca en la muerte el testimonio de la vida, de lo que fue en lo que ya no es.

Es entonces cuando aparece la figura del campanero subiendo hacia la torre. Esa figura simboliza una fuerza nueva que desde el inconsciente del soñador trepa hacia las alturas de la conciencia y que provocará en él un despertar psíquico. El sueño finaliza con esta incógnita: la realidad física, el despertador, lo despertó al mismo tiempo que la realidad onírica y al parecer dio más importancia a la primera que a la segunda, lo que hace suponer que el mensaje del sueño no fue apercibido por la conciencia del soñador.

En los sueños siguientes encontraremos simbolismos ambivalentes, en los que lo positivo y lo negativo se alternan. Hay frío, hay cristalización, pero hay también unos magníficos caballos cascabeleros que anuncian deseos superiores de superar una situación sin perspectivas. Y la serie termina con esa magnífica criada, símbolo evidente de esas virtudes que criamos en nuestro interior, distintas y aun antagonistas de las que animan nuestra conciencia y que un día rompen el precioso molde a través del cual recibíamos el alimento psíquico.

La teoría de que los sueños son provocados por excitaciones externas tuvo sus ardientes defensores en Meier, Gregory, Macnish, Giron de Buzareingues y otros que aportaron numerosos testimonios de sueños que ellos atribuían a excitaciones de este tipo.

No menos ardientes fueron los defensores de las excitaciones sensoriales internas, como un zumbido en los oídos, impresión producida en la retina por un pájaro, una mariposa, peces, flores, que desencadenan por la noche procesos oníricos.

Más dignos de atención son los científicos, médicos en su mayor parte, que atribuían los sueños a estímulos somáticos internos. Artigues, en su *Essai sur la valeur seméiologique des rêves*, cita el caso de una mujer de cuarenta y tres años que sufría horribles pesadillas cuando aparentemente gozaba de buena salud. Sometida a un examen médico, resultó tener una enfermedad del corazón a la que sucumbió poco después.

Todos los autores de la antigüedad, empezando por Aristóteles hablan de la revelación de enfermedades a través de los sueños, y si sostenemos que los sueños son un diálogo entre el Yo superior y clarividente y el Yo inferior, resulta evidente que la misión del primero será advertir al segundo por todos los medios a su alcance de ese peligro físico que amenaza su vida. Pretender que las cosas ocurran al revés y que es el cuerpo, el Yo inferior, el que avisa a la conciencia, es una opinión respetable y en la época a que nos referimos era respetabilísima, pero el único medio al alcance del cuerpo para avisar la conciencia es el dolor, y todos sabemos que lo utiliza siempre que las cosas se ponen difíciles en una determinada región de nuestro organismo. Provocar un sueño revelador es algo que no está al alcance del cuerpo físico.

Sin embargo, no es descabellado pensar que el proceso informativo entre la superconciencia, la conciencia y la infraconciencia, se realiza de manera descendiente y ascendiente, tal como ocurre en las empresas modernas racionalmente establecidas. Un órgano enfermo comunica al cerebro su mensaje cifrado y la conciencia superior extrae el mensaje y lo repercute en forma de sueño, de manera que resulte comprensible al ser sensible, que no es capaz aún de leer los mensajes escritos en su propio cerebro.

Los apóstoles del «estímulo somático interno» estaban en un error muy cercano a la verdad.

Por último, un cuarto grupo se pronunciaba en favor de «fuentes de estímulo puramente psíquicas» como generadoras de los sueños. Según ellos, los sueños tomaban las imágenes del depósito de la vida real. Imágenes que habían impresionado nuestra psique mientras estábamos despiertos y que se presentan después en forma de historia, forjada Dios sabe cómo.

Pero por ingeniosos que fueran los autores que defendían ese punto de vista, jamás consiguieron, al analizar un sueño, ordenar todos los materiales señalando sus fuentes reales que los había inspirado. En cada sueño quedaba un remanente importante de imágenes que no correspondían a ningún estímulo psíquico real.

Así pues, cuando Freud empezó a interesarse por los sueños, se encontró con esos cuatro postulados generales de los autores de su tiempo. Existía además la obra de un hombre que había visto su «Llave de los sueños» navegar por encima de las edades, desde la Grecia clásica hasta nuestros días: Artemidoro de Daldis o de Éfeso, cuyo nacimiento probable se sitúa en el siglo II de nuestra era. Pero Artemidoro interpretaba los sueños a la manera de los antiguos, como los magos hindúes y árabes de la actualidad, y un hombre como Freud, que no creía en la trascendencia, no podía sino rechazar este testimonio como pura superstición.

No obstante, una de las cosas de Artemidoro con la que Freud estuvo de acuerdo fue su técnica, que consistía en interrogar al soñador sobre lo que pensaba de su sueño. Los árabes procedían igual. «Para interpretar exactamente un sueño —decían— los más hábiles oniromantes se informan sobre la vida y circunstancias de aquellos que los consultan, cosa que consideran necesaria para una buena explicación y no dan la interpretación deseada hasta que el interesado haya respondido a todos los interrogatorios deseables.»

Si somos coherentes con la hipótesis que sostenemos, es evidente que la información contenida en los sueños no serviría de nada si el soñador se encontrara en una total incapacidad de interpretarlo. Las imágenes, los símbolos del sueño, deben estar al alcance del soñador, si éste realiza un esfuerzo por comprenderlos. Por ello mismo esos símbolos no pueden tener una interpretación radical, cristalizada, a lo «al pan, pan y al vino, vino». El símbolo es algo vivo, en constante evolución, y significará valores que pueden ser radicalmente distintos según el nivel de la persona que los sueña.

Añadamos pues que el Diccionario que figura en la segunda parte de esta obra no puede ser más que indicativo, y se equivocaría quien lo tomase como un dogma. Si alguien sueña que su hermano se muere, por ejemplo, antes de proceder a la interpretación de su sueño, infórmese de lo que significa para él «el hermano». ¿Tiene realmente un hermano? ¿Es el mayor? ¿Es el menor? Que nos refiera algunos episodios vividos junto al hermano. Entonces tal vez nos sorprenda descubrir que ese hermano es el Caín de la historia, o el Abel, y veremos cuál es la tendencia de la personalidad del soñador que está dejando morir y cuál es exactamente la que hay que salvar. El mensaje del sueño cobrará un particular relieve a la luz de esa información.

Freud tuvo la intuición genial de la relación existente entre el soñador y su sueño, y gracias a esa técnica y a su propia intuición pudo lanzar una verdadera bomba en el paisaje onírico de la época. Dijo simplemente: «Los sueños pueden interpretarse». Y ello bastó para que los sabios de su tiempo lo trataran de loco y de iluminado.

Pero, como ya hemos dicho, la interpretación que Freud proponía no se refería a la solución propuesta por el Yo superior para resolver el conflicto de unos instintos decididos a no renunciar a sus privilegios, solución redentora y capaz de situar al individuo en un nivel más elevado, ampliando el campo de su conciencia. Al revés, la interpretación de Freud se refería al problema planteado por los instintos en rebelión, pretendiendo sojuzgar al Yo superior y dictarle sus condiciones.

Todo el psicoanálisis tuvo su arranque en ese vasto malentendido, y Freud «curó» sus primeras neurosis obligando al paciente a aceptar la arbitrariedad de sus instintos, tomando conciencia de ello. «Si desea físicamente a su madre —venía a decir Freud a uno que padecía un complejo de Edipo—, no se preocupe. Está deseando algo muy natural, y sólo las convenciones y las ideas arbitrariamente establecidas hacen que la cosa parezca monstruosa; usted se lo cree, se lo reprocha y se castiga por ello. No se culpe y viva feliz con esa idea porque es lo más normal del mundo.» Si con tal exposición el «paciente» quedaba persuadido, automáticamente se veía «curado» de su dolencia, de manera que la «curación» era siempre el resultado del consentimiento del enfermo en una abyección mayor, ya que el conflicto entre la voz de la conciencia y la de los instintos era una prueba de que el individuo no había cedido. Pero, la resolución de ese conflicto en favor de los instintos era señal de haber bajado la barrera moral. Freud ayudaba a sus pacientes a vivir en paz con sus perversiones; presentándolas a los ojos de su conciencia como una cosa absolutamente normal.

Más tarde vendría Jung y descubriría que la «voz de la conciencia» no es un mero atributo cultural, impuesto por la civilización desde el exterior, sino una ley interiorizada que cada hombre lleva dentro y que no puede transgredir sin pagarlo de alguna manera, mediante el fracaso, el accidente, la enfermedad o incluso la muerte.

El psicoanálisis nacería con plomo en el ala, y ahora, en los años setenta, uno de los más ilustres seguidores de Freud, Erich Fromm, no ha podido sino constatar su fracaso como terapéutica; pero en sus comienzos constituyó una gran aventura espiritual.

El descubrimiento del psicoanálisis y el método freudiano de interpretación de los sueños fue el fermento que debía llevar la ciencia hacia la espiritualización. El día en que ciencia y religión se hayan unido, el día en que ambas postulen las mismas verdades, aparentemente antagónicas, los que hayan dado cima a la obra, mirando hacia atrás podrán constatar que en la base se encuentra un médico vienés, judío por más señas y ateo que se llamó Sigmund Freud.

Si Freud hubiese poseído la ciencia hermética, si hubiese poseído el secreto de sus símbolos, si hubiese sido un adepto del Arte Real, nadie le hubiese creído y la ciencia tendría «su» verdad y los hermetistas la suya. Gracias a su ateísmo, Freud pudo lanzar la ciencia en lo que había de ser su gran aventura espiritual, actualmente todavía inacabada.

4. La sexualidad en los sueños según Freud

Uno de los más monumentales errores cometidos por Freud en el análisis de los sueños, fue atribuirlos casi por entero a represiones sexuales.

El tema de la represión sexual es uno de los *leitmotiv* del psicoanálisis y se le encuentra siempre, como el refrán de una canción, al final de cada estrofa psicoanalista.

Cierto que a finales del siglo pasado se iniciaba ya en el mundo esa carrera desenfrenada hacia el placer que está culminando en nuestros días. Pero existía en los individuos un atavismo secular que les negaba aquello que en el fondo de sus instintos tanto deseaban.

Más tarde, los jóvenes «liberados» de la represión sexual tratarían de hipócritas a los representantes de generaciones anteriores, los cuales trataban de ocultar aquello que tanto deseaban. Pero no era hipocresía exactamente lo que les afectaba, sino que se sentían a la vez identificados profundamente a dos mundos distintos: el de los placeres, abriéndose con infinitas posibilidades ante ellos, y el de las exigencias interiores que les obligaba a superar las reivindicaciones de sus instintos.

En la época en que Freud descubrió el psicoanálisis existía un problema sexual más agudo que en cualquier otro tiempo, pero lo que Freud no supo ver es que la sexualidad no es una terminal hacia la que desembocan todas las apetencias humanas en materia de goce, sino un símbolo de todas las posesiones materiales y también de las espirituales.

Cuando Freud interpreta la historia de Edipo y constata que muchos de sus pacientes viven emotivamente el mismo problema, Freud toma el mito al pie de la letra y se inventa el famoso complejo de Edipo, según el cual Edipo, en un momento de su desarrollo, siente el deseo de tener relaciones sexuales con su madre, e inconscientes sentimientos homicidas contra su padre.

Esta interpretación ha sido ya corregida por el psicoanalista Paul Diel.[1] La madre de la historia edipiana es la madre tierra, con todos los frutos y placeres materiales que pueden sacarse de ella. El padre es el símbolo de las fuerzas espirituales. Cuando se dice en el mito que Edipo mata a su padre sin reconocerlo, significa que mata en su interior la fuente de energías espirituales con las que no lograba identificarse. Muerta la espiritualidad, el camino de los goces de la tierra le era abierto. Edipo es pues el hombre pervertido, el hombre librado a sus instintos, el hombre que se entrega a todos los placeres materiales y que termina irremisiblemente ciego.

En toda la mitología griega la analogía entre la mujer y la tierra es constante, empezando por la Teogonía, en la que vemos como Urano (el Cielo) y Gaia (la Tierra) engendran las Potencias que más tarde reinarán como dioses. La mujer es símbolo de la Tierra y de sus posesiones, y el deseo de gozar de la mujer es indicio de un deseo más amplio: el de gozar de todos los bienes que pueda ofrecernos la existencia material.

Pero volvamos a Freud y a su sexualidad onírica. Viendo como el problema número uno de sus pacientes era la represión sexual, acabó por relacionar prácticamente todos los símbolos oníricos a los órganos sexuales. De este

1. *Psychologie de la motivation* y *Le symbolisme dans la Mythologie greque*.

modo, soñar con objetos de forma alargada significa estar soñando con los órganos masculinos y soñar con objetos de forma redonda significaba estar soñando con el órgano femenino. Si se soñaba con el campanario de una catedral, no había dudas: era con el falo que se estaba soñando. Si se soñaba con la campana de una iglesia, era la matriz. ¿Cómo llegó a convertir los sueños en una tal sinfonía sexual? Sus pacientes le ayudaron mucho en esta tarea.

Citemos uno de los sueños que figuran en el tomo II de *La interpretación de los sueños*:

«1) El sombrero como símbolo del hombre (de los genitales masculinos).

»Fragmento del sueño de una mujer agorafóbica a consecuencia del temor de la tentación.

»Es verano y salgo de paseo por las calles. Llevo puesto un sombrero de paja de forma singular, curvado su centro hacia arriba y pendiente de los lados (al llegar aquí se detiene un momento la sujeto como si vacilase en continuar su descripción) de manera que uno de ellos cuelga más bajo que el otro. Me siento alegre y segura, y al pasar junto a un grupo de jóvenes oficiales pienso: "Todos vosotros no podéis nada contra mí".

»En el análisis, al ver que la sujeto no asocia nada al sombrero del sueño, le digo: "El sombrero es, quizás, una representación de los genitales masculinos, con su parte central erecta y las dos partes laterales colgando". Intencionadamente me abstengo de interpretar el detalle de la desigual altura a la que cuelgan los lados del sombrero, aunque precisamente la determinación de semejantes detalles es la que señala el camino a la interpretación. Luego añado: "Su sueño le indica que, poseyendo un marido con unos genitales tan espléndidos, no tiene usted por qué sentir miedo de los oficiales; esto es, desear nada de ellos, pues sus fantasías, en las que se imagina usted arrastrada por la tentación, son lo que le impide salir de casa sin nadie que la acompañe y por quien se sienta protegida". Fundándome en material distinto, le había dado ya repetidas veces esta misma explicación de su angustia.

»La actitud de la paciente después de esta interpretación es interesantísima. Retira su descripción del sombrero y pretende no haber dicho que los lados pendían desigualmente. Pero yo estoy demasiado seguro de haber oído bien para dejarme inducir en error y me mantengo firme. Entonces permanece algún tiempo en silencio y encuentra luego ánimos para preguntarme por qué tendrá su marido un testículo más colgante que otro, y si les sucede lo mismo a todos los hombres. Con esto queda esclarecido el singular detalle del sombrero y obligada la paciente a aceptar la interpretación de su totalidad.»

Este sueño consagraría, a los ojos de Freud, el sombrero como símbolo de genitales masculinos, y tiene sus razones —añade el autor— para creer que también es símbolo de genitales femeninos. La reflexión de la paciente sobre el particular modo de colgar de los testículos de su marido no deja lugar a dudas de que el sueño estaba relacionado con los genitales de su marido. Pero una reflexión más profunda hubiese llevado a Freud a considerar que la forma en que dichos genitales eran descritos sólo podía observarse desde el punto de vista de una persona acostada boca arriba y con los genitales colgando por encima de su cabeza, como si fuesen realmente un sombrero. Es de suponer pues que el marido de la señora, en sus prácticas sexuales, invertía la posición de su cuerpo vis a vis de la dama, de tal forma que, sus genitales eran realmente ese sombrero de los sueños. Desde cualquier otro punto de vista que la paciente los hubiese observado, no hubiera apreciado el detalle de un testículo colgando más que el otro.

De ahí pues que el sombrero no sea un símbolo sexual con valor absoluto y que sólo sea válido en el caso particular de la paciente de Freud, porque ese sombrero que vio en sus sueños era el que le acompañaba en sus noches eróticas con su marido. Si se encontraba aquejada de un miedo enfermizo a perder su pureza, o su fidelidad al marido, y por ello no se atrevía a salir de su casa, el sueño venía a decirle: «Tú, con ese sombrero que te pone por las noches tu marido, te encuentras ya suficientemente protegida contra la tentación y no tienes por qué abrigar temor de los jóvenes oficiales».

Pero si interpretamos este sueño de acuerdo con las claves herméticas, su sentido resulta mucho más amplio.

El falo ha sido en todos los pueblos antiguos símbolo de espiritualidad. Los egipcios lo adoraban como un dios. Es el Yod hebreo, el palo erecto, que es vehículo de comunicación entre el cielo y la tierra.

No se puede interpretar pues del mismo modo la sexualidad femenina y la masculina. Mientras el sexo femenino es símbolo de placeres materiales e ilustra una tendencia a la inversión de valores, muy característica de la sociedad actual, el sexo masculino es, al contrario, símbolo de una búsqueda intensa de la espiritualidad, de la comunicación con las fuentes primigenias del conocimiento.

La mujer con necesidades sexuales intensas, si la tendencia es correcta, es decir, dirigida al sexo contrario, es una mujer que necesita ampliar sus fronteras humanas, pero que no ha encontrado el camino y ha tomado como realidad lo que sólo es símbolo de un más allá creador.

Casi siempre coincide en la mujer una sexualidad poderosa y un afán de conocimientos trascendentes. Y su apetito sexual se calmará en la medida en que encuentre el camino hacia esos conocimientos.

La clienta de Freud llevaba un sombrero en forma de genitales, según imagen sacada de su vida real. El sombrero, en los sueños, significa siempre una limitación intelectual; es como una ruptura entre la fuente primigenia de energías creadoras procedentes del cielo y el cerebro humano que normalmente debe captarlas.

Cuando se entra en un servicio que exige fidelidad absoluta a un principio, la persona endosa un uniforme que comporta su sombrero. Ello significa que sus ideas están ya comprometidas, que no podrá tenerlas en propiedad, sino que deberá defender los postulados de la institución en la que ha entrado. Los sueños de sombreros corresponden siempre a esa limitación, y es como un grito que el alma lanza al Yo episódico: «¡Cuidado! Has puesto límite a tus pensamientos; ya no eres un creador, sino un repetidor de ideas cristalizadas, de ideas en digestión, de subproductos mentales».

Lo que impedía a la dama en cuestión encontrar su camino era aquel símbolo cristalizado de una espiritualidad latente. Los jóvenes oficiales que encuentra en las calles de su psiquismo representan los múltiples impulsos de su alma hacia la creación, representan su voluntad de saber y de rendir su cerebro fecundo. Pero desgraciadamente el sombrero le impide identificarse con esos impulsos y se siente «alegre y segura» adorando aquel símbolo cristalizado en lugar de traspasar esa barrera ilusoria para descubrir la verdad que hay detrás. Afortunadamente el sombrero es de paja, materia deleznable, y ello hace prever su corta duración, tanto más en cuanto que este tipo de sombreros son de temporada, sólo se llevan en verano.

Al dirigirse a Freud, no cabe duda de que esta mujer iba en busca del auténtico camino, que su alma esperaba encontrar en él la solución, no ya de sus angustias, sino la que la conduciría al camino de la trascendencia. Freud no pudo aportársela y se limitó a revelarle que ese sombrero eran los genitales de su marido, cosa que en el fondo la clienta ya sabía.

Otra interpretación sexual nos dará idea de hasta qué límite alcanzó en Freud la obsesión sexológica. Se trata del sueño de Bismarck, el canciller prusiano, relatado así en el tomo II de la obra citada:

«En sus *Pensamientos y recuerdos* comunica Bismarck una carta dirigida por él al emperador Guillermo, con fecha 18 de diciembre de 1881, de la que tomamos el siguiente párrafo:

»La que V. M. me escribe me anima a relatarle un sueño que tuve en la primavera de 1863, cuando la gravedad de la situación política había llegado a su punto máximo y no se vislumbraba salida alguna practicable. Así las cosas, soñé una noche —y a la mañana siguiente comuniqué mi sueño a mi mujer y a otras personas— que iba a caballo por una angosta senda alpina, bordeada a la derecha por un abismo y a la izquierda por una roca perpendicular. La senda fue haciéndose cada vez más estrecha hasta el punto de que el caballo se negó a seguir adelante, resultando también imposible, por falta de sitio, dar la vuelta o apearme. En este apuro, golpeé con la fusta que empuñaba en mi mano izquierda la roca vertical y lisa, invocando el nombre de Dios. La fusta se alargó infinitamente, cayó la roca y apareció ante mis ojos un amplio camino, al fondo del cual se extendía un bello paisaje de colinas y bosques, semejante al de Bohemia, por el que avanzaba un ejército prusiano con sus banderas desplegadas. Al mismo tiempo surgió en mí el pensamiento de cómo podría comunicar rápidamente tal suceso a V. M. Este sueño, del que desperté contento y fortificado, llegó luego a cumplirse.»

Freud explica primero que este sueño corresponde a una realización de deseos del durmiente: la de conquistar Austria, que luego realizó realmente. Según Freud ese deseo de conquista fue lo que provocó el sueño, que no era más que una mera escenificación de deseos. Al llegar al detalle de la fusta que se alarga infinitamente, el autor observa: «Un detalle que ha de llamar necesariamente la atención de todo conocedor de la técnica de interpretación psicoanalítica es el de la "fusta que se alarga infinitamente". La fusta, el bastón, la pica y otros muchos objetos de este género son corrientes signos fálicos. Pero cuando además se atribuye a la fusta la cualidad más singular del falo, esto es, la de dilatarse, no podemos abrigar ya la menor duda. La exageración del fenómeno hasta el "infinito" parece corresponder a una concepción infantil del mismo. El empuñar la fusta es una clara alusión al onanismo, referido, naturalmente, no a las circunstancias actuales del sujeto, sino a épocas muy pretéritas de su infancia. Nos resulta en este caso muy valiosa la interpretación hallada por el doctor Steckel de que la izquierda significa en el sueño lo injusto, o sea, en el caso presente, la masturbación infantil practicada contra una expresa prohibición.»

Total que, según Freud, además de realizar un sueño de deseos de poder, Bismarck realizó un sueño de deseos sexuales, y esa roca que se desmorona al ser golpeada con la fusta era, según él, una imagen sacada de la Biblia, de la historia de Moisés, que Bismarck conocía bien, y el agua que manó de la roca era la secreción que mana del falo en la masturbación.

Con las claves herméticas, el sueño se presenta muy simple a la interpretación. La senda alpina, cuesta arriba, anunciaba la difícil situación histórica que se le planteaba a Bismarck. A su derecha había un abismo. La derecha, en un sueño de este tipo, simboliza las soluciones nuevas, creadas con imaginación, las negociaciones que pueden llevar a un acuerdo, en suma, todo lo que signifique una creación original. De este lado estaba el abismo y no cabía esperar nada.

Como había avanzado hasta un punto en el que era imposible volver atrás, no le quedaba otro recurso que buscar una salida por la izquierda. Según Steckel, citado por Freud, la izquierda significa lo injusto. Nosotros no diremos tanto. Izquierda, en términos herméticos, es el pasado, con todas las soluciones consagradas por la práctica y la historia, entre ellas, claro está, la solución militar, el garrotazo, la fuerza bruta. Pero la izquierda es también la herencia, el residuo kármico, el destino que ineludiblemente debe cumplirse en virtud de las deudas contraídas por un determinado pueblo, o las deudas personales contraídas por el individuo en otras vidas, si se trata de una persona. Esa acción del pasado, limitadora de la potencialidad del presente y configuradora del porvenir en contra de la voluntad del individuo, puede parecer injusta al observador que ignora la existencia de ese pasado que ha determinado la acción.

El sueño de Bismarck le anunciaba pues que la solución de su conflicto residía en una ruptura de las estructuras (la roca) y que para ello disponía de un poder ilimitado, simbolizado por la fusta que se alarga. Se trató de un sueño premonitorio. Bismarck desencadenó una guerra contra Austria, rompiendo la estructura geográfica del país. Pero el sueño revelaba al mismo tiempo, mediante la imagen de ese abismo a la derecha, la total incapacidad del canciller prusiano para la negociación y para la búsqueda de una solución pacífica y humana al conflicto.

No es preciso que nos extendamos más sobre los símbolos sexuales de las interpretaciones oníricas de Freud. Aunque en el momento actual haya seguidores suyos que no han evolucionado y permanecen firmemente anclados al pensamiento del maestro, los que han continuado la marcha hacia adelante —Jung, Aeppli, Diel, Karen Horney, etcétera— han abandonado ese simbolismo y han admitido que los sueños no son una simple realización de deseos frustrados durante el día o no realizados anteriormente, sino que constituyen un diálogo abierto entre la personalidad trascendente y la efímera del individuo.

En ese diálogo, el ser trascendente toma imágenes de la realidad de la vida para lograr la comprensión por parte del Yo en funciones de director de conciencia. Freud confundió lo que es simple mecánica de la psique, confundió el vocabulario del lenguaje onírico, podríamos decir, con el mensaje del sueño.

Existen los sueños de tema erótico, en los que las imágenes se presentan con toda crudeza, viéndose el soñador en plena actividad sexual. Esos sueños tampoco se refieren a los complejos sexuales que el durmiente pueda tener, sino que desarrollan un tema de fecundidad, ya que si en la realidad de la vida se ha disociado en el acto sexual el placer de su auténtico objetivo, para la psique, que crea los sueños, la unión sexual sigue siendo un símbolo de fecundidad y de potencialidad creadora, de tal forma que los sueños eróticos anuncian siempre un período de felicidad material o de creatividad intelectual y espiritual, según que el objeto erótico del sueño sea una mujer o un hombre.

A pesar de sus errores interpretativos, Freud dio a la ciencia un método que debía conducirla al verdadero redescubrimiento del valor y del objetivo de los sueños. ¿Por qué él mismo no llegó hasta esa verdad? Misterios del destino humano. Freud, como Moisés, debía permanecer en el umbral de esa tierra de promisión en la que penetrarían aquellos a los que él había conducido. Él los guió, pero no pudo gozar de esa inmensa región psíquica, donde corre en abundancia la leche y la miel. Sin embargo, los sueños advertían a Freud de su error. Él mismo nos los refiere repetidas veces. Sueños en los que aparecen bellas mujeres que intentan seducirle, o mujeres enfermas que le piden que las cure.

Por ejemplo, en esa reunión de invitados que él nos refiere en el tomo I de la obra citada anteriormente.

«Varias personas comiendo juntas. Reunión de invitados o mesa redonda... La señora E. L. se halla sentada junto a mí y coloca con toda confianza una de sus manos sobre mi rodilla. Yo alejo su mano de mí, rechazándola. Entonces dice la señora: "¡Ha tenido usted siempre tan bellos ojos!" En este punto veo claramente algo como dos ojos dibujados o el contorno de los cristales de unos lentes...»

Para interpretar este sueño, Freud se lanza a la busca y captura de cada una de las imágenes que lo componen, y en un alarde de ingenio consigue encontrarlas. Sería largo reproducir su análisis, pero llega a la conclusión de que lo que ha provocado el sueño ha sido su deseo inconsciente de gozar un día de un amor desinteresado, porque todo ha tenido que pagarlo en su vida.

El sentido del sueño es sin embargo otro si lo desmenuzamos a través de las claves herméticas. Esa mujer que participa en el banquete anímico en el que se hallan presentes todas las tendencias interiores del soñador, es la imaginación, esa imaginación que pretende seducir a la voluntad actuante poniendo su mano en la rodilla, parte del cuerpo regida por el signo de Capricornio, que es símbolo de poder, signo de elevación y de servicio a la vez, bajo el cual y no casualmente nació Cristo.

La imaginación quiere seducir una voluntad que marcha por caminos independientes, que no eleva suficientemente la imaginación a la altura en que debería situarse y se pierde en el detalle de las observaciones clínicas, en las que encuentra su árbol que no le deja ver el bosque. Pero la voluntad no se deja conquistar. Y sin embargo, ¡tiene tan bellos ojos!, le dice la mujer. Y es cierto; Freud posee tal fuerza de penetración en las cosas, tal riqueza intuitiva, que es una lástima que haya pasado rozando la verdad sin descubrirla.

El sueño termina con la evocación de unos lentes a través de los cuales los bellos ojos perciben un paisaje psíquico que no corresponde exactamente al real. A los encantos de esa imaginación seductora, Freud no sucumbiría jamás.

5. Los sueños en la revolución psicoanalista de Jung

Carl G. Jung fue el discípulo predilecto de Freud en la escuela de Viena. Durante años fue brillante repercutor de las teorías del maestro, pero la trayectoria natural de los discípulos aventajados es sobrepasar a sus instructores y convertirse a su vez en maestros de los maestros. Freud no comprendió la fatalidad de ese simple esquema biológico y se produjo una ruptura brutal entre los dos hombres. Sería por las venas de Jung que transcurriría la corriente vital de las ideas psicoanalistas.

Con Jung asistimos a una revolución psicoanalista cuyas consecuencias empiezan ahora a dejarse sentir en otras ramas de la ciencia. El maestro suizo realizó una inversión completa de valores. Para Freud, el inconsciente estaba formado por residuos vitales que la conciencia había rechazado por inmorales, por monstruosos, por no ceñirse a las normas de la sociedad.

Para Jung el inconsciente es un océano de conocimientos que planea por encima de nuestras conciencias, en el que el Yo va a buscar sus materiales psíquicos con los que constituir su reserva espiritual. Jung describe así el inconsciente colectivo:

«Ni concentrado ni intenso, sino crepuscular hasta la oscuridad, abarca una extensión inmensa y guarda juntos, de modo paradójico, los elementos más heterogéneos, disponiendo, además, de una masa inconmensurable de percepciones subliminales, del tesoro prodigioso de las estratificaciones depositadas en el curso de la vida de los antepasados, quienes, por su sola existencia, contribuyeron a la diferenciación de la especie. Si el inconsciente pudiera ser personificado, tomaría los rasgos de un ser humano colectivo que viviera al margen de la especificación de los sexos, de la juventud y de la vejez, del nacimiento y de la muerte, dueño de la experiencia humana, casi inmortal, de uno o dos millones de años. Este ser se haría indiscutiblemente por encima de las vicisitudes de los tiempos. El presente no tendría más significación para él que un año cualquiera del centésimo milenio antes de Jesucristo. Sería un soñador de sueños seculares y, gracias a su experiencia desmesurada, un oráculo de pronósticos incomparables; pues habría vivido un número incalculable de veces la vida del individuo, la de la familia, la de las tribus y de los pueblos, y conocería —como una sensación viva— el ritmo del devenir, del desarrollo y de la decadencia.

»Por desgracia, o mejor, por fortuna, este ser está soñando, al menos tal nos parece, como si este inconsciente colectivo no tuviera conciencia propia de sus contenidos; sin embargo, no estamos más seguros de ello que con los insectos. Este ser colectivo no parece ya ser una persona, sino más bien una especie de marea infinita, un océano de imágenes y de formas que emergen a la conciencia con ocasión de los sueños o de los estados mentales anormales.

»Sería absurdo pretender que este sistema inmenso de experiencias de la psique inconsciente no es más que una ilusión. Nuestro cuerpo visible y tangible es también un sistema de experiencias por completo comparable, que guarda todavía las huellas de su desarrollo que se remontan a las primeras edades; forma indiscutiblemente un conjunto sometido a un fin, la vida que de otro modo sería imposible. A nadie se le ocurría negar todo interés a la anatomía comparada o a la fisiología; el estudio del inconsciente colectivo y su utilización como fuente de conocimientos tampoco puede ser considerado una ilusión.

»Desde el punto de vista superficial, el alma nos parece esencialmente el reflejo de procesos exteriores, que serían no sólo los promotores ocasionales de ella, sino su propio origen primero. Del mismo modo, el inconsciente no parece ser explicable en principio sino desde el exterior, a partir del consciente. Sabido es que Freud, en su psicología, hizo esta tentativa. Pero sólo hubiera podido tener verdadero éxito si el inconsciente fuera, de hecho, un producto de la existencia individual y del consciente. Sin embargo, el inconsciente preexiste siempre, al ser disposición funcional heredada de época en época. La conciencia es un brote tardío del alma inconsciente".»[1]

Esta concepción del desenvolvimiento humano se acerca mucho al de esa región de los arquetipos de que hablan los autores herméticos, donde residen las ideas de vida y de forma. Más tarde, en sus *Tipos psicológicos*,[2] Jung se acercaría aún más al pensamiento hermético al esbozar doce tipos humanos, animados cada uno de una gran idea de vida inconsciente y cargados con una voluntad humana que traiciona esa idea inconsciente que constituye su itinerario trazado de antemano. Cuando esas traiciones se producen el inconsciente se encarga de que el protagonista humano vuelva al «camino recto», y el sueño es uno de los elementos de acción utilizado por la parte trascendente para intentar corregir el itinerario según el modelo preexistente. Jung describe en el célebre capítulo X de la citada obra las medidas correctoras que emplea

---

1. Carl G. JUNG, *Los complejos y el inconsciente*, Alianza Editorial, Madrid.
2. Editorial Sudamericana, Edhasa.

el ego de los doce casos presentados. Pero no es éste el lugar para extendernos sobre este tema.

Vayamos a lo que Jung dice de los sueños: En el sexto capítulo de *Los complejos y el inconsciente*, Jung empieza con una afirmación: «El sueño es una creación psíquica», ilustrando su afirmación con un ejemplo:

«Un joven enfermo sueña: "Me hallo en un huerto y cojo una manzana. Miro con precaución en torno mío para ver si alguien me ha visto". Sus asociaciones son las siguientes: se acuerda de haber robado una vez, siendo niño, varias peras en un huerto. El sentimiento de tener la conciencia sucia, que es particularmente vivaz en el sueño, le recuerda una desventura de la víspera. Se encontró por la calle a una muchacha conocida, que le era indiferente, y cambió con ella unas palabras; en ese instante pasó un amigo suyo y se apoderó de él una curiosa sensación de malestar, como si tuviera algo que reprocharse. La manzana le recuerda la escena del paraíso terrestre y el hecho de que él jamás ha comprendido por qué el probar el fruto prohibido tuvo tan graves consecuencias para Adán y Eva. Siempre se había irritado por aquella injusticia divina, dado que Dios había creado a los hombres tal como son, con su intensa curiosidad y sus apetitos insaciables.

»A la mente del que ha tenido el sueño acude, asimismo, el recuerdo de que su padre lo castigó a menudo de forma incomprensible por ciertas cosas, y con severidad muy especial un día en que fue sorprendido observando, a escondidas, a unas niñas bañándose. Esto se asocia con la confesión de que últimamente se ha embarcado en una aventura sentimental con una criada, aventura que todavía no ha llegado a sus fines naturales. La víspera del sueño ha tenido una cita con una criada.

»El conjunto de estas asociaciones revela con toda evidencia la íntima relación del sueño y de este acontecimiento de la víspera. La escena de la manzana, a juzgar por los materiales asociativos que suscita, parece querer simbolizar evidentemente una escena erótica. Por otra parte, una multitud de motivos diversos incitan a pensar que esta cita de la víspera repercute en los sueños del joven: en ellos coge la manzana paradisíaca que la realidad le ha negado hasta entonces. Todas las demás asociaciones se refieren al otro hecho de la víspera: esa curiosa sensación de haber obrado mal, de tener la conciencia sucia, que se apoderó del joven mientras charlaba con la muchacha que le era indiferente. Esta sensación se encuentra en la evocación del pecado original y en la reaparición de las veleidades eróticas de su infancia, tan severamente castigadas por su padre. Todas estas asociaciones convergen hacia la culpabilidad.

»Consideremos estos materiales desde el punto de vista determinista inaugurado por Freud, "interpretemos" este sueño.

»De la jornada anterior subsiste un deseo insatisfecho; este deseo, en el sueño, es realizado en el símbolo de la manzana cogida. ¿Por qué la satisfacción del deseo se envuelve en una imagen simbólica en lugar de realizarse en un pensamiento sexual claro? Freud, por toda respuesta, llama la atención sobre el sentimiento de falta, de culpabilidad, innegable en nuestro ejemplo, y dice: es, la moral impuesta al joven desde su infancia lo que, al esforzarse por reprimir los deseos de esta clase, confiere a una aspiración completamente natural un tono molesto e ignominioso. Por eso el pensamiento incómodo reprimido no puede abrirse paso sino de forma simbólica. Puesto que hay incompatibilidad entre estos pensamientos y la conciencia moral, Freud supone, postula, una instancia psíquica a la que llama censura y que velaría para impedir que el deseo indecoroso penetrara sin ambages en la conciencia.

»Aunque la forma de ver finalista —que yo opongo a la concepción freudiana— no significa, como lo subrayo expresamente, una negación de las causas del sueño, no por ello deja de conducir a una interpretación completamente diversa de sus materiales asociativos. Los hechos en sí, a saber, las asociaciones, son los mismos, pero se les confronta con otra unidad de medida. Planteamos el problema de una forma muy sencilla y nos preguntamos: ¿para qué sirve, qué sentido tiene el sueño, qué debe suscitar? Esta pregunta no es arbitraria, puesto que se hace respecto a toda actividad psíquica. Respecto a cada una y en toda circunstancia, podemos preguntar «¿Por qué?» y «¿Con qué objeto?». Toda creación orgánica pone en marcha un sistema complejo de funciones con objeto bien definido, y cada una de estas funciones, a su vez, puede descomponerse en una serie de actos y de hechos que concurren por su orientación al edificio común. Es claro que el sueño añade al episodio erótico de la víspera materiales que subrayan, en primer lugar, un sentimiento de culpabilidad inherente al acto sexual. Esta asociación ha revelado, el día anterior, toda su eficacia durante el encuentro con la muchacha que le era indiferente; también en este caso la sensación de la conciencia sucia se superpuso espontánea e inopinadamente, como si este encuentro implicara culpabilidad por parte del joven. Este episodio se mezcla también con el sueño; se encuentra en éste amplificado por la asociación de materiales correspondientes y está representado más o menos bajo la forma del pecado original, que nos valió las calamidades que todos sabemos.

»Yo concluyo que el sujeto de este sueño lleva en sí una tendencia, una inclinación inconsciente a ver una falta, algunos dirían un pecado, en todo lo que afecta a las esferas y a las satisfacciones eróticas. Es característico que el sueño se enseñoree del pecado original, cuyo castigo draconiano el joven, por otra parte, no ha comprendido jamás. Esta relación muestra por qué el soñador no ha pensado simplemente: "Lo que hago no está bien". No parece saber —la idea ni siquiera le pasa por la cabeza— que podría condenar sus iniciativas eróticas a causa de su dudosa moralidad. En realidad, es éste el caso. Conscientemente piensa que su conducta es, desde el punto de vista moral, totalmente indiferente: todos sus amigos y conocidos hacen lo mismo; además, él no realiza nada por lo que alguien pueda ofenderse.

»¿Es absurdo este sueño o está cargado de sentido? Lo importante es saber si el punto de vista inmemorial de la moral tradicional es absurdo o tiene un alcance capital. No quiero perderme en los detalles de una discusión filosófica, sino simplemente observar que la humanidad ha obedecido, sin duda, a poderosos móviles al inventar esta moral; si no fuera así, no se comprendería verdaderamente por qué ha refrenado una de sus aspiraciones más poderosas. Si apreciamos este estado de cosas en su justo valor, es preciso que reconozcamos la profunda significación de un sueño que muestra al joven la necesidad de considerar sus iniciativas eróticas desde el punto de vista moral. Las poblaciones más primitivas tienen a menudo una reglamentación sexual extraordinariamente severa. Esto prueba que especialmente la moral sexual constituye en el seno de las funciones psíquicas superiores un factor que no se debe subestimar. En nuestro caso se podría decir, pues, que el joven, ligero y como hipnotizado por el ejemplo de sus amigos se abandona a sus tentaciones eróticas; olvida que el hombre es también un ser moralmente responsable que, habiéndose dado a sí mismo la moral, quiera o no quiera tiene que agachar la cabeza bajo el yugo de su propia creación. En este sueño podemos discernir "la función contrapeso" del inconsciente: los pensamientos, inclinaciones y tendencias que la vida consciente no valora suficientemente, entran en acción, como por alusión, durante el sueño, estado en que los procesos conscientes están casi totalmente eliminados.

»Cierto que nos podemos preguntar qué provecho obtiene con ello el sujeto que sueña, dado que, seguramente, no será capaz de comprender su sueño.

»Señalemos a modo de respuesta que la comprensión no es un fenómeno puramente intelectual; la experiencia muestra que una infinidad de cosas incomprendidas, intelectualmente hablando, pueden influir e incluso convencer y orientar al hombre de forma decisiva. Recordemos tan sólo la eficacia de los símbolos religiosos.»

Añadamos a esa exposición de Jung que la manzana adquirió su reputación de símbolo sexual gracias a su utilización por Eva en el paraíso. Pero es preciso tener en cuenta el contexto de la fábula de la manzana. Cuando la serpiente la invita a comerla, no le habla de la confrontación sexual que tendrá lugar más tarde con Adán, sino que comiendo de la manzana llegará a poseer el conocimiento de Dios. Es su sed de conocimientos lo que tienta a Eva y luego a Adán, no el apetito sexual, que después del pecado descubrirían. ¿Qué puede significar pues esa manzana que aparece igualmente en la mitología griega, de oro por añadidura, colgando en el jardín de las Hespérides?

La manzana, por su forma, es un fruto venusiano, magnetizado por el planeta Venus. Los que poseen nociones de astrología pueden ya tener una primera pista. Venus es el planeta de la emotividad, del amor, del deseo. El apetito por un fruto de Venus significa por parte de Adán y Eva la sensibilización a los deseos, la elección de las experiencias sensibles como vía de evolución rápida hacia el conocimiento. En efecto, el camino propuesto por Dios al hombre, el de la obediencia y el desarrollo mental, era lento. El propuesto por el diablo era en cambio rápido, aunque comportando numerosísimos errores con el consiguiente dolor y sufrimiento. La humanidad eligió el camino de espinas de la experiencia venusiana a fin de llegar más rápido al conocimiento.

El soñador se encuentra pues en un punto de dramática opción, como Adán y Eva. No a igual nivel, evidentemente, puesto que desde entonces hasta nuestros días se ha producido una larga evolución, pero ese desarrollo se produce por ciclos y constantemente nos encontramos ante un ciclo nuevo en el que deberemos enfrentarnos con experiencias similares, pero a un nivel superior. Una y otra vez debemos decidir si mordemos la manzana de los deseos o si nos deslizamos por la vía lenta y sin problemas. Si optamos por la manzana, por precipitarnos de nuevo en el torrente de los deseos, de los errores, de los sufrimientos y del triunfo final, es natural que el alma tiemble y que dé una mirada a su entorno con angustia y temor.

Ese joven del sueño se encontraba probablemente en el instante de la opción, como el paracaidista en el momento de dar el salto, y la turbación de su alma, provocando la enfermedad, reflejaba la indecisión. El que asocie después la manzana a sus deseos eróticos y al castigo del padre no hace más que abundar en lo que estamos diciendo, puesto que como ya hemos expuesto la sexualidad es a su vez símbolo de goces materiales más amplios y radicales; el padre es símbolo del padre divino, de la ley que las jerarquías primordiales hubiesen querido ver aplicada a la evolución humana, pero que el hombre desobedeció para escalar por la vía rápida hacia las cimas del conocimiento.

Los autores herméticos hablan a menudo de la época en que la ciencia, el arte y la religión serán ramas distintas de un árbol común. En Jung encontramos ya esa fusión de la ciencia y la religión, entendiendo por este último término no la práctica de un culto exotérico, sino el ejercicio de un saber esotérico. Y resulta que cuando ciencia y religión se han unido, aparece el arte por añadidura, ya que la ciencia deja de ser el análisis de una serie de datos para elevarse en alas de la intuición y la imaginación hasta esa vasta región de las interpretaciones artísticas. Veamos lo que dice Jung en la obra citada:

«Según mi convicción, nacida de una larga experiencia y de innumerables análisis, la actividad general del espíritu y la productividad de la psique son probablemente tanto fruto del inconsciente como del consciente. Si este punto de vista es exacto, no es sólo la función inconsciente la que es compensadora y relativa respecto a la conciencia, sino también la conciencia la que está subordinada al contenido inconsciente momentáneamente constelado. Así, la conciencia no tendría el privilegio exclusivo de la orientación activa hacia una meta y una intención. El inconsciente, en determinadas circunstancias, sería igualmente capaz de asumir una dirección orientada hacia un fin. Si ello es así, el sueño, llegado el caso, puede revelar el valor de una idea positiva directriz o de una representación dirigida, de un alcance vital superior a los esbozos conscientes correspondientes».

Más adelante añade: «Cuando un individuo se aparta de la norma y su actitud consciente, tanto objetiva como subjetiva, se va haciendo cada vez más inadaptada, la función del inconsciente, por lo común puramente compensadora, gana en importancia y adquiere rango de función prospectiva dirigente, susceptible de imprimir a la actitud consciente un curso totalmente diferente, claramente preferible al curso anterior.

»Mencionemos ahora otro aspecto de la cuestión que no hay que olvidar. Son numerosas las personas cuya actitud consciente, adaptada al ambiente exterior, cuadra mal con el carácter personal. Son individuos cuya actitud consciente y cuyo esfuerzo de adaptación superan a los recursos individuales: parecen mejores y más valiosos de lo que son. Este excedente de actividad exterior no está jamás, evidentemente, alimentado sólo por las facultades individuales; son, en gran parte, las reservas dinámicas de la sugestión colectiva las que le mantienen. Tales personas se aferran a un nivel más elevado que el que les corresponde por temperamento, gracias, por ejemplo, a la eficacia de un ideal común, a la irradiación de una ventaja colectiva o al apoyo ciego de la sociedad. Interiormente no están a la altura de su situación exterior, y por eso, en tales casos, el inconsciente juega el papel negativo y compensador de una función reductora. Es claro que una reducción o una depreciación representa, en estas condiciones, una compensación al punto de vista de la autorregulación del individuo, y que esta reducción puede tener un carácter eminentemente prospectivo.»

Más adelante Jung nos ofrecerá un ejemplo de ese tipo de sueños:

«Un hombre de elevada posición social viene a consultarme. Padece angustias, incertidumbre, vértigos que llegan a hacerle vomitar, con embotamiento cerebral y molestias respiratorias; en resumen, un estado que se parece, casi hasta confundirse, con el mal de altura. El paciente ha tenido una carrera excepcionalmente brillante: hijo ambicioso de un campesino pobre, comenzó modestamente en la vida, pero gracias a sus dotes naturales se elevó de peldaño en peldaño, merced a una incesante labor, hasta una situación dirigente, eminentemente favorable para un nuevo ascenso social. De hecho, acababa de alcanzar el trampolín desde el que podía pensar en los grandes saltos si su neurosis, de pronto, no hubiera venido a estorbar sus proyectos. El enfermo no podía dejar de expresar su contratiempo con una de esas frases conocidas que comienzan por las palabras estereotipadas: "Precisamente ahora que...". La sintomatología del mal de altura parecía ser particularmente apropiada para expresar de forma metafórica, la situación específica del enfermo. Por otra parte, me contó dos sueños que había tenido la noche anterior.

»He aquí el primero: Me encuentro de nuevo en mi pueblo natal. En la calle, un grupo de campesinos con los que yo había ido a la escuela. Fingiendo no reconocerles, paso de largo. Oigo entonces a uno de ellos que dice señalándome: "No suele venir por el pueblo".

»Sin la menor acrobacia de interpretación este sueño recuerda la humildad de los comienzos y resulta fácil comprender lo que esta alusión quiere decir; con toda evidencia significa: "Tú olvidas que empezaste muy bajo."

»He aquí el segundo sueño: Tengo mucha prisa, porque parto de viaje. Quiero hacer mis maletas y no encuentro nada. El tiempo apremia, pues el tren sale pronto. Al fin consigo reunir mis cosas y me lanzo a la calle; pero me doy cuenta de que he olvidado mi cartera de mano que contiene papeles importantes. Vuelvo a buscarla, apresurándome hasta quedarme sin aliento; la encuentro y corro hacia la estación, pero avanzo dificultosamente. Por fin, con un supremo esfuerzo, llego corriendo al andén, pero sólo a tiempo de ver como el tren abandona la estación. El tren describe una curva extraña en forma de S. Es muy largo y pienso que si el maquinista no tiene cuidado y se pone a todo vapor cuando llegue a la línea recta, los vagones de cola estarán todavía en la curva y la aceleración los hará descarrilar. En efecto, el maquinista da todo el vapor, yo intento gritar, los vagones de cola se bambolean de forma alarmante y acaban por descarrilar. Es una catástrofe espantosa. Me despierto lleno de angustia.

»También aquí es fácil comprender las imágenes del

sueño. Describe primero la precipitación nerviosa y vana con que el enfermo trata de ir adelante. Pero como el maquinista avanza en cabeza sin preocuparse de lo que le sigue, en la parte de atrás se produce esa pérdida de equilibrio, esas oscilaciones —es decir, la neurosis— que provocan el descarrilamiento.

»El paciente ha alcanzado manifiestamente en su situación actual el punto culminante de su existencia; su origen modesto y las dificultades de su largo ascenso han agotado sus fuerzas. En lugar de contentarse con los resultados alcanzados, su ambición le empuja hacia metas todavía más altas, en una atmósfera en la que corre el riesgo de perder el aliento y a la que no está adaptado. Es entonces cuando sobreviene la neurosis, dando la alarma.

»Lo que la anamnesis consciente no permitía sino suponer —a saber, que el mal de altura era como la representación simbólica de un agotamiento ascensional—, el sueño lo transforma en certeza. Hay en ello un factor de primera importancia que habla en favor de la utilización del análisis onírico: el sueño describe la situación íntima del que sueña, situación de la que el consciente no quiere saber nada o cuya verdad y realidad no acepta sino de mala gana. Conscientemente, el enfermo no ve el menor motivo de interrumpir su camino; al contrario, aspira por ambición a alcanzar las más altas cimas y niega su incapacidad, que fue claramente demostrada por los acontecimientos que siguieron. (El paciente desoyó los consejos del analista y sufrió un grave fracaso profesional.) En semejante caso, el solo dominio consciente nos deja siempre inseguros. Una anamnesis puede dar lugar a tal o cual interpretación. Al fin y al cabo, cualquier simple soldado puede llevar en la mochila el futuro bastón de mariscal, y muchos hijos de padres humildes han llegado a los supremos honores. ¿Por qué no va a ser éste el caso? Mi juicio puede carecer de base: ¿por qué va a tener más fundamento mi opinión que la de mi enfermo? Es aquí donde interviene el sueño, exteriorización de un proceso psíquico inconsciente, involuntario, sustraído a la influencia consciente, que representa la verdad, la realidad interior tal cual es; no tal como yo la supongo o la deseo, sino tal cual es realmente.»

Poco más podría añadir un hermetista a la interpretación de ese sueño. Tal vez comentaría esa curva en S que el soñador percibe y que produce el descarrilamiento del tren, haciendo observar que la letra S del alfabeto hebraico corresponde a la carta número 15 del Tarot, simbolizada por la figura del diablo y que debe interpretarse como una intervención del destino en la vida de una persona, doblegando su voluntad y haciendo que descarrilen los planes mejor concebidos y más sólidamente estructurados.

Por otra parte, ese tipo de sueños «reductores», como los llama Jung, resultan absurdos desligados de su verdad esotérica. En efecto, ¿no resulta estúpido el empeño del inconsciente en limitar la escalada de ese buen hombre de origen humilde que se había elevado por sus propios medios? Si nos contentáramos con decir: las cosas son así porque son así, sería como para morirse de tristeza ante la estupidez de la vida y de las jerarquías que la han creado, o habría que aceptar la idea de que el sadismo ha sido una de las ideas rectoras en la Creación.

Sólo la explicación hermética del por qué de ese tipo de sueños nos reconcilia con la lógica. Esa explicación ya la hemos apuntado en el primer capítulo de este libro, pero no estará de más volver a ella a la luz de ese ejemplo. Hemos dicho que según la ciencia hermética, el hombre vuelve una y otra vez a la Tierra, unas veces como varón, otras veces como hembra, para vivir experiencias que luego asimila en los períodos comprendidos entre dos encarnaciones, cuando decimos que está muerto.

Esas experiencias son de tipo intelectual, de tipo emotivo y de tipo físico. Es importante que desarrolle equilibradamente esos tres aspectos de su personalidad y cuando el ego, en el umbral de una nueva vida, pasa revista a las experiencias que le faltan por adquirir, decide con plena lucidez aquello que será más conveniente para sus intereses evolutivos. Si en una existencia anterior se ha desarrollado mucho intelectualmente, elegirá una vida que sea rica en experiencias físicas o emotivas. Así puede venir al mundo en un rincón oscuro, pueblerino, lo más alejado posible de una universidad, con el fin de vivir las experiencias de un campesino. Pero ese hombre habrá conservado toda su habilidad mental desarrollada en vidas anteriores y cuando alcance su mayoría de edad, cortado todo contacto con su Yo trascendente, se dirá probablemente que aquello de ser campesino no es para él y gracias a su saber puede conquistar cimas que le llenarán de orgullo, porque todo lo habrá hecho con su solo esfuerzo, sin deber nada a nadie.

Entonces se le presenta al Yo trascendente un conflicto de difícil solución: el ser humano es una unidad, una unidad elástica que permite que la cabeza se despegue de la cola hasta un cierto punto, pero si la cabeza sigue avanzando sin que la cola se mueva, ha de producirse fatalmente una ruptura entre la vanguardia y la retaguardia. Ruptura quiere decir muerte, quiere decir locura, quiere decir enfermedad o accidente que conducen a la parálisis, a la imposibilidad. Antes de que esto ocurra, mejor es detener la cabeza, para que la cola pueda situarse en su justo lugar.

Algo por el estilo debía sucederle al paciente de Jung, y el sueño le anunciaba que había llegado a un punto en que no podía avanzar más en honores, dignidades, experiencias intelectuales y que debía ocuparse necesariamente de promocionar su aspecto emotivo y su aspecto físico. Cuando éstos se encontraran en el lugar que les correspondía, entonces podría de nuevo vivir la existencia cómoda de un directivo y de un intelectual.

Más adelante Jung nos facilita más información sobre su paciente, relatándonos un tercer sueño que tuvo durante su tratamiento. Helo aquí:

«El sujeto del sueño se halla en una granja de una campesina desconocida. Le cuenta que proyecta hacer un largo viaje hasta Leipzig y que tiene que hacerlo a pie. La campesina le contempla con los ojos abiertos de admiración, lo que no deja de disgustarle. Él mira en ese momento por la ventana y contempla el campo, donde están trabajando los segadores. De pronto, en el trasfondo de este paisaje, estando el sujeto del sueño fuera, aparece un enorme cangrejo o un enorme lagarto; se ve entonces enfrentado con el monstruo, el cual se dirige primero hacia la izquierda y luego hacia la derecha, de modo que él se siente cogido en el ángulo de estos dos movimientos, como entre las hojas de unas tijeras. El monstruo se aproxima lentamente, y él se pregunta qué debe hacer. Se da cuenta entonces de que tiene en la mano una varita mágica; le da un golpe con ella al monstruo, que muere instantáneamente. El sujeto, de pie ante el cadáver, tiene que contemplarlo larga e intensamente. Se despierta en el transcurso de este largo recogimiento.

»Las imágenes de este sueño son muy sencillas y muy claras. ¿Cómo abordarlas? Preguntemos al sujeto lo que evocan en él esas imágenes. La granja evoca en él el hospicio de Saint-Jacques, donde, en 1444, mil quinientos confederados encontraron una muerte heroica. (Este episodio constituye un hecho notable en la historia suiza. Se produjo en las condiciones siguientes: estos mil quinientos hombres constituían la vanguardia de las tropas suizas, que habían recibido la orden estricta de no atacar, sino de esperar a que el grueso de las fuerzas se les uniera. No obstante, las órdenes recibidas fueron transgredidas, y apenas descubierto el enemigo, la vanguardia se lanzó contra él. Contuvo su avance mediante este sacrificio, pero fue exterminado hasta el último hombre. Nos encontramos aquí con la idea de lanzarse hacia adelante, que lleva a consecuencias fatales, idea ya expresada en el segundo sueño, en el que el frenesí del maquinista que conducía el tren determina el descarrilamiento.) Esto es lo que evoca en la mente del sujeto la casa de su sueño. Ninguno de nosotros habría pensado en esa evocación y él era el único que podía darla.

»El gran viaje a Leipzig le hace pensar en la gran empresa que proyecta (es decir, la ascensión a las altas cimas, que es el origen de su mal de altura figurado). Espera, en efecto, que le nombren profesor en Leipzig; en ello tiene puesta su máxima ambición.

»Tiene que ir a pie, es decir, por sus propios medios, por sus méritos personales y no gracias a la suerte.

»La imagen de los segadores evoca en su mente un cuadro que tiene en su casa, una litografía que representa a campesinos en las faenas de la cosecha. Nada más. "Éste es el origen de esa escena de mi sueño." Es como si el sujeto me dijera: "El sueño no es más que un fresco en un muro, algo sin importancia, y no le concederé más atención."»

Este tercer sueño y sus asociaciones clarifican aún más el panorama del soñador. Jung nos refiere a continuación como su paciente tenía unos padres campesinos que le producían cierta vergüenza y como se había casado con una mujer que le había dado hijos y que había permaneci-

71

do en la esfera de la sencillez y la modestia, que era la propia cuando aquel hombre ambicioso la había conocido. Ser nombrado profesor en Leipzig significaba probablemente la ruptura definitiva con una familia que le venía estrecha para sus ambiciones.

Esa ruptura le era anunciada por la aparición de ese cangrejo mítico, símbolo del signo de Cáncer, que rige la personalidad emotiva en su pureza primordial y que es guardián de la familia. Ese cangrejo es la imagen sagrada de la familia que se le aparece de pronto queriéndole aprisionar entre sus tentáculos. La varita mágica representa los poderes espirituales adquiridos por el soñador y que utiliza para destruir a la vez su propia emotividad, su ser sensible y su familia. Una vez muerto el «monstruo» familiar, una vez desprendido de su sensibilidad que le hacía sentirse culpable, el camino de Leipzig estaba abierto, pero ese profundo recogimiento con que termina el sueño indica que algo en su alma vibraba todavía. Una duda subsistía, y esa duda le hizo emprender el camino que le conduciría al fracaso final de su ambición, reconciliándolo de este modo con su destino.

Tropezamos aquí con el problema de la libertad que tan a menudo se plantea cuando se habla del destino del hombre. ¿Somos realmente libres o todo está programado de antemano y no hacemos más que interpretar un guión escrito antes de nuestro nacimiento?

Hemos mencionado ya como la necesidad de desarrollar aspectos de nuestra personalidad que hemos descuidado exige de nosotros una determinada calidad de vida, pero hay otra contingencia que limita nuestra libertad: nuestra propia actuación en vidas anteriores.

Imaginemos a un juez, que con toda justicia, según el código por el que se rige, condena a muerte a un hombre que ha liquidado a toda su familia y que aparece a los ojos de todos como auténtico merecedor de la pena. Este juez habrá tomado sobre sí la responsabilidad de cortar una vida humana y por ello mismo, según la ley que rige nuestro desarrollo, deberá vivir una vida futura en la vertiente del criminal. En una nueva existencia, el que antes era juez se verá sometido a todas las presiones, a todas las dificultades, a todas las limitaciones que viviera el criminal que él ajustició. Es posible que las soporte sin ejercer violencia contra los suyos ni contra la sociedad; también es posible que sucumba, como el otro sucumbió. Pero tanto en un caso como en otro, su experiencia le llevará a comprender que se pueda asesinar, y en lo sucesivo se negará a juzgar a sus semejantes.

Cuando el juez viva la existencia de un aspirante a criminal dispondrá de poca libertad de acción, puesto que siendo el objeto de su vida experimentar las presiones, los fracasos, las limitaciones, cada vez que intente edificar su vida sobre bases sólidas, las cosas se le hundirán por exigencia de su destino. Pero será un destino que él mismo se ha creado en completa libertad, porque nadie le obligó a ser juez ni nadie le obligó a condenar a muerte. Es nuestra total libertad de acción y nuestro desconocimiento de la ley los que van forjando las cadenas que nos atarán a la necesidad. Y de ellas sólo puede librarnos la comprensión de esa ley.

Lo difícil en cada vida es reconocer los límites que no podemos sobrepasar. Sólo nuestro ser superior los conoce y nos informa a través de los sueños. Hace unos años, en los ambientes hermetistas de París se habló de este problema a propósito de la novelista Albertine Sarrazin, que entonces acababa de morir en un quirófano debido a un banal accidente operatorio, cuando no padecía ninguna enfermedad grave. Albertine, que nos ha dejado varios libros biográficos, cuenta sus experiencias de prostituta, de ladrona, sus huidas del hogar, sus estancias en reformatorios y cárceles. Esa en su vida antes de que decidiera ejercer su talento literario, un talento surgido de Dios sabe donde, proveniente, no de lo que había aprendido en esta vida, sino que era prerrogativa de su pasado.

Albertine Sarrazin llegó a la literatura y triunfó inmediatamente. Se hizo rica, se hizo célebre, se casó con un hombre que la amaba profundamente. Pero ella misma, en uno de sus libros, había escrito: «Los caminos fáciles y rectos no son para mí; yo estoy hecha para las sendas tortuosas.» Y era verdad, tan verdad que sus experiencias de la fama y de la riqueza se habían convertido en algo totalmente inútil, en algo ya experimentado y que nada nuevo podía aportarle. Y un buen día, banalmente, estúpidamente, Albertine Sarrazin murió. ¿Había ido más allá de su marco natural para la presente vida? Probablemente.

En aquella misma época los periódicos publicaron un «suceso» que sugiere igual interpretación. Un ciego de nacimiento se empeñó en luchar contra su condición, se negó a ser ciego. Hizo estudios, siempre brillantes, llegando a obtener el título de abogado, y más tarde hizo el doctorado. Los periódicos hablaban de él como de un fenómeno, deshaciéndose en elogios. Más tarde, ya con su título de doctor que probaba que la ceguera no era ningún obstáculo, unos granujas lo asaltaron en plena calle, al parecer para robarle. Le encontraron unos pocos francos y llevados por una furia incomprensible, lo apalearon hasta que el infortunado murió. Ahora que había alcanzado su máximo triunfo, ¡cuán amarga resultaba aquella muerte!, comentaban los periódicos. Pero mirando las cosas desde el punto de vista hermético, no se es ciego por casualidad, y cuando un individuo se ve anonadado por esa desgracia, lo mejor que puede hacer es vivir en profundidad las limitaciones que su condición le impone, reflexionando sobre las causas que hayan podido situarlo allí. Salir de su condición burlando su destino le expone a un peligro todavía mayor. Hay una máxima esotérica que dice: «Cuando hay adaptación (a condiciones nuevas, imprevistas) hay progreso; cuando no hay adaptación, se retrograda.» Es difícil y hasta cruel adaptarse a la ceguera o a las limitaciones que impone cualquier otra enfermedad. Sin embargo, de cara a la evolución, es el ciego-ciego quien progresa, mientras que el ciego-abogado retrograda.

Más recientemente, el caso del presidente Pompidou nos inspira las mismas reflexiones. Georges Pompidou era un poeta, era un esteta, un hombre sensible, contrario a la pena de muerte, un verdadero humanista. Pero siendo presidente de la República francesa se vio obligado a firmar condenas a muerte, se vio obligado en muchas ocasiones a pronunciarse en contra de sus principios, en contra de aquello que había erigido en la línea directriz de su vida. Y una enfermedad mortal se declaró en él como una guerra civil librada consigo mismo, en la cual sucumbió. Los que han estudiado su tema aseguran que en él no había fibra de presidente, pero no sabremos nunca si sus sueños le advirtieron del peligro que estaba corriendo.

Hay sin embargo una aspiración natural en el hombre que le empuja a ser más de lo que es, en términos de valoración social. A nadie puede reprochársele intentar salir de su condición y aspirar a una vida mejor. Pero ¡cuidado! Cuando los reproches vienen de uno mismo, del Yo superior, expresados a través de los sueños, a esos hay que escucharlos porque nos anuncian que hemos alcanzado el límite, más allá del cual corremos el peligro de ser destruidos moralmente o físicamente.

Jung comprendió todas estas cosas, no por revelación ni por iluminación, sino siguiendo el camino de la ciencia.

Al final de su vida, Jung era ya un hermetista consumado, y bien podemos decir que gracias a él, en esta rama de la ciencia, ciencia y religión se han unido ya. En un futuro próximo, otras ramas dispersas irán colocándose en ese gran tronco común del arte, la ciencia y la religión.

6. El porvenir de los sueños

En los capítulos anteriores hemos pasado revista al panorama onírico actual. Los sueños están lejos de inspirar una opinión unánime, debido principalmente a que los autores que se han ocupado del estudio de los fenómenos oníricos, no todos están en posesión de las mismas fuentes informativas y juzgan los sueños según los datos de que disponen. Hay muchos médicos que piensan aún que los sueños proceden de fuentes somáticas porque no poseen otros conocimientos que los provenientes de la medicina.

Pero si abarcamos el fenómeno de los sueños desde el principio, tomando en consideración los datos provenientes de las antiguas civilizaciones, donde los oniromantes eran forjadores de la historia, de la política y de la misma civilización, es casi forzoso concluir, como Jung, como Aeppli, como los hermetistas, que los sueños son instrumentos de acción empleados por el inconsciente, por el alma, por el Yo superior, por nuestro ser trascendente, denominaciones distintas de una misma cosa.

En el capítulo anterior, Jung, citando a Nietzsche y abundando en su opinión, dice que los mitos proceden de los sueños; eso es lo que enseña también la ciencia hermética. Por su parte, los cabalistas aseguran que los antiguos semitas recibieron la Cábala o enseñanza sagrada de los ángeles, lo cual es una manera de decir que les fue inspirada en sueños, porque durante el sueño es cuando el hombre toma contacto con seres que no tienen su sede en el mundo físico.

De este modo, tal como ya apuntábamos en el primer capítulo, cuando el hombre empezó a tomar conciencia de su realidad material, fue instruido sobre el funcionamiento del universo y sus leyes a través de los sueños, gracias a los cuales guardaba contacto con una realidad espiritual, para él mucho más real en aquel período que la realidad física.

En el segundo capítulo hemos visto, gracias a las observaciones de los misioneros cristianos, como realmente en las sociedades primitivas era auténtico el proceso descrito por los hermetistas.

Luego vemos que a partir de un momento de su historia, la generación de los dioses cesa en sus funciones de instructores, y que es la propia alma del individuo la que asume esta tarea, dialogando por las noches con su contrapartida psicofísica.

Mientras las generaciones que nos preceden en la evolución fueron los encargados de enviarnos mensajes, utilizaron para darse a entender un lenguaje simbólico que a través de las edades ha conservado toda su vigencia. En este lenguaje, por ejemplo, el fuego significa acción; el aire significa ideas, pensamientos; la tierra significa oportunidades, riqueza, felicidad material o, al contrario, miseria; el agua significa emociones, sentimientos. Todo lo que suceda en esos elementos se referirá a la virtud psíquica a que corresponde. Los pájaros serán pequeños pensamientos, negros o blancos, susceptibles de llevarnos hacia el futuro (la derecha) o reintegrarnos en el pasado (la izquierda). Y de igual modo los monstruos marinos se referirán a la monstruosa emotividad inconsciente.

Estos símbolos son vigentes, son actuales, pero al tomar nuestra propia alma las funciones instructoras, amplió el vocabulario onírico con imágenes que evocaron algo a nuestra conciencia; con ello, a los valores firmes e inalterables de ciertos símbolos se le unió un vocabulario subjetivo, sacado de elementos de la vida cotidiana. Freud confundió ese vocabulario con el sentido del sueño, y buscando la verdad en la vana fraseología se le escapó el mensaje que el sueño encerraba.

Por otra parte, el alma, en su acción creadora, eleva todos los hechos de la vida ordinaria a la categoría de símbolo. Las funciones del Yo superior no se limitan a fabricar sueños, sino que se encuentra activo a cada minuto del día. El Yo superior jamás duerme.

Si de pronto nos duele el pie izquierdo o nos lo torcemos andando por un camino pedregoso, atribuiremos el dolor al reuma o al mal estado del firme, y estaremos en lo cierto en lo que se refiere a la verdad en el plano físico, pero ésta no será la única verdad. Mediante ese hecho anodino, el alma habrá querido advertirnos que corremos el peligro de caída moral o que un dolor moral va a presentarnos su factura, dolor que nos pertenece en vista de nuestra actuación en un lejano pasado. Podremos descifrar ese mensaje si sabemos que el pie, regido por el signo de Piscis, es símbolo del alma humana, de esa alma que nos vamos «haciendo» día a día en virtud de nuestras experiencias. La izquierda es símbolo del pasado, de modo que el pie izquierdo dolorido significa que se nos presenta una cuenta a pagar. El mensaje no tendrá la misma significación si es nuestro pie derecho el protagonista del dolor. Entonces significará que es nuestra actuación consciente, nuestros errores de hoy los que provocarán un descalabro, a menos que rectifiquemos a tiempo nuestro itinerario humano.

Una muchacha, a punto de casarse, refería a una compañera sus desgracias: «El domingo fuimos a la playa —decía— y mientras nos bañábamos nos robaron todo el equipaje que dejamos en el coche. Se llevaron mi maquillaje, mi reloj, mis vestidos, mi perfume y todos los vestidos de Juan, incluso su pasaporte. ¡Qué desgracia!»

En el plano material, la enseñanza de ese robo es que no puede dejarse objeto alguno en el interior de un coche estacionado, pero a nivel psíquico aquel robo significaba algo más: anunciaba el fin de un período de placeres un tanto inconscientes (el mar) y el comienzo de una etapa de duras experiencias en la que la muchacha se vería despojada de lo que constituía su ropaje psíquico y debería afrontar la vida en su más dura y radical verdad, sin poder recurrir a apariencias engañosas, sin esos perfumes y esos cosméticos que dan bella y atrayente presencia a paisajes psíquicos más bien desagradables. Y a ese Juan de la historia, que perdió vestidos y pasaporte, el robo le anunciaba que había terminado para él el alegre cruce de fronteras, de un estado a otro, tanto psíquico como emotivo. Juan tendría que confrontarse con la monotonía de lo cotidiano.

Si la muchacha hubiese soñado por la noche con ese robo de que había sido objeto, o si el sueño hubiese precedido al robo, cualquier Freud diría: «Fueron las imágenes de la víspera lo que inspiró el sueño», o bien: «El sueño se anticipó a un hecho real en virtud de no se sabe qué misteriosas conexiones psíquicas.» Y la verdad sería que el alma había repetido su advertencia, como el profesor que repite la lección a los alumnos duros de entenderas. Es por ello que a veces soñamos lo que ya nos ha ocurrido, porque el Yo superior sé dice: «Éste no me ha comprendido bien, se lo voy a repetir.»

Cuentan que el famoso torero El Gallo, de raza gitana y con conocimiento instintivo de los símbolos, si al ir a la plaza de toros se cruzaba en su camino un gato negro, aquella tarde ya no toreaba. Era inútil que lo amenazaran con meterlo en la cárcel, con ponerle una multa. Él prefería la multa y la cárcel a tener que enfrentarse con el toro. Los empresarios se vieron obligados a transportarlo del hotel a la plaza en una carroza totalmente opaca y con los ojos vendados. El público, enfurecido, le acusaba de supersticioso, pero él sabía, aunque fuera incapaz de explicarlo, que el gato negro era una imagen saturnina anunciadora de que las fuerzas obstructoras de Saturno moldeaban la realidad en aquellos momentos, y que era peligroso por lo tanto habérselas con un toro.

Los que no son sensibles a los símbolos, se dirán: «En el mundo hay constantemente miles de gatos negros en todas partes.» Pero El Gallo no temía a estos miles, sino a aquel que se había cruzado en su camino y que se le había metido en la psique.

Todo cuanto nos ocurre en el mundo físico lleva consigo tres cargas de verdades: una verdad física, una verdad emotiva y una verdad intelectual o espiritual. Descubrir las dos verdades que se ocultan en las espaldas de la física forma parte de nuestra tarea humana esencial, y haciéndolo nuestra vida se ensancha prodigiosamente, mientras nuestra mente asiste a un verdadero espectáculo lleno de fascinación.

Llegados a este punto, cabe preguntarnos cuál puede ser el porvenir del sueño. Y ante todo, ¿tienen los sueños un porvenir? La respuesta es sí. Nada hay estático en el mundo, y si en un pasado remoto se han producido cambios en el universo onírico, puesto que las jerarquías que nos aconsejan han cedido el paso a nuestro propio ego, es de suponer que se producirán cambios aún más importantes en el porvenir.

Pero esos cambios ya no afectarán tanto la estructura del mundo onírico como la sensibilidad del hombre a los sueños. Hemos visto que en un principio el hombre primitivo obedece sus sueños como si fuera el mismo Dios quien hablase en ellos. Es decir, creen auténticamente que en los sueños hablan con Dios.

Después, a medida que van avanzando hacia los conocimientos materiales, van desensibilizándose para los sueños, obedeciendo sólo a sus deseos y a su voluntad. Pero como la ruta de la involución está llegando a su punto más bajo y muchos son los que se encuentran ya en el arco ascendente, de espaldas al mundo material y de cara a las realidades espirituales, sucede que el hombre moderno va siendo cada día más sensible a sus sueños y que éstos acabarán por dirigir enteramente su vida, como sucedía con los salvajes y los pueblos antiguos.

Sin embargo, ello no quiere decir que el hombre vaya a volverse salvaje. Su actitud frente a los sueños será muy distinta. El salvaje los obedecía ciegamente, pero el hombre moderno, de regreso a la espiritualidad, los analizará, los sopesará, sacará deducciones y conclusiones, y reorientará su vida de acuerdo con los contenidos de sus sueños.

El intérprete de los sueños volverá a ser un hombre afortunado; incluso cabe pensar que en las universidades se abra una cátedra donde se tratará de interpretación de los sueños, y que esa será una de las enseñanzas básicas del futuro.

A continuación ofrecemos un pequeño diccionario de símbolos oníricos. Que el lector no los tome como un dogma, sino como una puerta abierta a través de la cual debe transcurrir su intuición creadora. Todas las grandes verdades son muy simples, y a veces tal vez le ocurra al oniromante que no consiga interpretar su sueño debido a la gran sencillez del lenguaje onírico. Que trate de ver su sueño con los ojos de un niño y todo se le aparecerá con claridad diáfana.

Comprender los propios sueños es comprenderse a sí mismo, hacerse dueño de sus impulsos y forjador de su propio carácter, ese carácter que es el verdadero motor de su vida presente y de las futuras. Existe una máxima hermética que así lo dice:

Siembra un pensamiento y cosecharás un acto;
siembra un acto y cosecharás un hábito;
siembra un hábito y cosecharás un carácter;
siembra un carácter y cosecharás un destino.

SEGUNDA PARTE

Diccionario de símbolos oníricos

ABANDERADO. Soñar con un abanderado significa que una promoción importante y tal vez peligrosa se prepara para ti. Todo dependerá de las circunstancias que rodeen al abanderado de tus sueños. «He soñado que era el abanderado de mi regimiento. Estábamos en plena guerra y yo conducía a los hombres hacia la victoria. El cielo estaba azul, el sol brillaba en lo alto y al poco tiempo conquistamos una colina muy alta. Los que nos disparaban se rindieron. Entre los nuestros no hubieron bajas. Todos estábamos muy contentos y mis compañeros me abrazaban como si fuera un jefe victorioso, a pesar de ser un soldado raso.» Este sueño significa que una gran victoria está próxima y que la voluntad del soñador debe movilizarse para aceptar el puesto que le

será ofrecido. Se tratará de un puesto de responsabilidad e incluso de peligro, pero su misión se verá coronada de éxito.

En cambio, he aquí otro sueño: «Yo llevaba la bandera de mi regimiento. Estaba anocheciendo y recibimos orden de atacar. Llovía a cántaros y todo estaba encharcado. No se veía nada a tres metros de distancia, tan espesa era la niebla. Sin embargo, atacamos. El enemigo disparaba de no sabíamos dónde y nuestros hombres caían. Tenía un miedo atroz de morir. Finalmente conseguimos ocupar el puesto que nos habían señalado, pero muchos de los nuestros habían muerto, y los que quedábamos estábamos tan cubiertos de barro que toda huella humana había huido de nosotros y parecíamos fantoches. Cuando todo parecía terminado, un gran cañonazo estalló cerca de nosotros. El enemigo contraatacaba y entonces desperté.» Este sueño significa: en una empresa peligrosa encontrarás —moral o físicamente— la victoria, pero para conseguirla tendrás que ensuciarte tanto, que mejor harías renunciando a esa gloria.

Hasta aquí se trata de victorias, pero el abanderado del sueño puede también sufrir declaradamente una derrota. En tal caso, significa: bajo ningún pretexto debes aceptar una responsabilidad que te pondrá en evidencia para mejor derribarte del pedestal.

ABANDONO. El tema del abandono es uno de los más ricos en simbolismos. ¿Qué niño no ha oído el relato de los dos hermanos a los que su madrastra abandonó en el bosque y que pudieron regresar al hogar del padre gracias a las piedrecitas blancas que iban dejando en su camino de ida?

Si la persona que te abandona es la madre, el sueño significa: dificultades materiales; las fuentes de sustento se cortarán y deberás buscar otras en circunstancias difíciles. Si es el padre el que abandona, significa: la voluntad te faltará para emprender lo que deseas; no posees el necesario espíritu de creación y, una de dos, o bien renuncias a lo que proyectas o forjas dentro de ti esa voluntad creadora que te ha abandonado.

Si es la esposa la que te abandona, significa: por tu acción en la vida te has creado circunstancias materiales difíciles y te ves privado de beneficios que parecían seguros. Si es el esposo el que abandona: te verás momentáneamente privada de medios de acción. Cuando es el propio soñador el que abandona a los demás o abandona su propia casa, significa: estás viviendo con unos principios, sobre unas bases que deben ser superadas. Vives detenido, parado en un universo en marcha y se hace necesario que abandones los hábitos que te retienen prisionero para ir hacia un más allá.

ABANICO. «Sueño que estoy en un baile, la música suena y unas damas, en primer término, se abanican, impidiéndome ver todo lo demás.» Este sueño significa: te mueves en un círculo muy superficial; todo es falso alrededor de ti. Estás lleno de pretensiones ridículas, tus sentimientos son superficiales y las gentes que te rodean muy frívolas. Este sueño traduce la necesidad de vivir más profundamente, de interesarse por algo.

ABARRANCAR (*encallar*). «La mañana era azul, el paisaje soleado y radiante. A bordo de la nave, todos estábamos contentos y éramos felices. De pronto el piloto me llama: "Conduce tú, verás qué fácil es". Me hago cargo del timón, pero cuando todo parecía marchar sin problemas, he aquí que surgen unos escollos y el navío encalla. Se ha abierto una vía de agua y nos estamos hundiendo. Me entra un pánico atroz, pero mis compañeros siguen riendo como si se tratara de una broma. Entonces despierto.»

Este sueño significa: el camino fácil, soleado, sin problemas, gratísimo, que estás siguiendo, no ha sido hecho para ti. Por agradable que sea todo cuanto te rodea, tu sendero es otro, tal vez con espinas y accesos difíciles, pero es en ese camino donde las cosas te irán bien, donde se realizarán los intereses superiores de tu ser trascendente. Si sigues por la senda de lo fácil, todo se hundirá en torno a ti, y mientras tus compañeros de ruta seguirán su vía alegres y felices, tú te encontrarás en plena catástrofe, en la que podrías perder, entre risas, incluso la vida.

Todos los sueños de accidentes, de obstrucción cualquiera, pueden ser interpretados de manera similar. La gravedad del acontecimiento dependerá de su dramatismo, de los colores del cielo que lo acompañen. En cada caso, el alma viene a decirle a la inteligencia ejecutora: has equivocado el camino.

ABDICACIÓN. Este sueño expresa la necesidad de abandonar en manos de sus hijos, asociados, etc., parte de las posesiones y de los poderes que el durmiente ostenta. También indica que la persona está ejerciendo un autoritarismo sobre los que dependen de ella, y que esta situación debe cesar. Abandona voluntariamente tus poderes excesivos antes de que la vida te obligue a ello, es el mensaje de este sueño.

ABEJA. Las abejas aparecen en sueños de tipo positivo. Soñar con una colmena en la que las abejas se aplican a fabricar miel, es como una invitación al trabajo en equipo, a la tarea comunitaria, es una manera de decir al soñador: no seas individualista, todo te saldrá mejor si laboras en el seno de un equipo. Es un sueño que promete suerte y dinero, porque el soñador se aprovecha del trabajo del equipo de abejas, es decir, de la labor de sus asociados o de sus obreros.

Por el contrario, si se sueña que una colmena es destruida, significa que una labor colectiva es amenazada por algo relacionado con lo que ocasiona su destrucción en el sueño. Si se sueñan abejas enfurecidas que persiguen al soñador, significa: conflicto con los asociados o bien que los excesivos deseos de goce egoísta amenazan la fuente que hace posible ese goce. En este caso, se trata de un aviso que puede traducirse así: renuncia a ciertos placeres que desencadenarán reacciones imprevisibles en tu propio campo.

ABISMO. «Me encuentro paseando por una montaña cercana a mi ciudad, a la que solía ir a jugar cuando era niña. Voy recogiendo flores silvestres y plantas aromáticas, me siento feliz. De pronto, veo a un hombre sentado en una roca, de apariencia amable, que me dice no sé qué. Me siento a su lado y tenemos una grata conversación, pero al poco rato me doy cuenta de que el cielo se ha oscurecido de repente y que a mis pies hay un abismo cuyo fin no veo. El paisaje ha cambiado, ya no es el de mi niñez. No he estado nunca en ese sitio y empiezo a deslizarme hacia el abismo. Pido socorro al hombre con el que he estado hablando, pero él, en lugar de tenderme la mano, sonríe bondadosamente sin intervenir. Sigo deslizándome hasta que la caída es totalmente vertical. Lanzo un grito de pánico y me despierto.»

He aquí un típico sueño de abismos. La muchacha que sueña ha perdido de pronto el paisaje de su niñez al encontrar a un hombre de aspecto amable con el que se ha puesto a charlar. Tras la charla con el extraño, ya nada era como antes y todo tomaba carices amenazadores. ¿Qué había ocurrido para que se operara esa transformación? Simplemente, el extraño había hecho perder a la muchacha sus certidumbres, le había arrebatado el terreno firme sobre el que hasta entonces pisara, para descubrirle un mundo nuevo, diferente, lleno de peligros; un mundo en el que se movía mal y en el que ya no le servía lo anteriormente aprendido.

El abismo que surge de improviso y que traga al soñador indica pues que la seguridad sobre la que se asienta su vida es ficticia, es ilusoria o es provisional y que se va a hundir. Esta seguridad puede ser económica, y en este caso el sueño pretende decir: «No te confíes demasiado; el tinglado sobre el que has montado tu vida se hundirá. Busca soluciones más sólidas». Puede ser moral, y en este caso el sueño dice: «Tu moral es falsa. Crees que tus principios son sólidos, pero no lo son; todo no es más que una apariencia y pronto te verás desenmascarado». Puede tratarse de una seguridad profesional y el sueño vendrá a decir: «Tu situación no es tan sólida como parece; tu confianza en ti mismo no tiene fundamento. Perfecciónate, estudia, toma conciencia de las cosas».

Caerse en un abismo anuncia el fin ineluctable de algo que parecía firme, y la persona que lo soñó se verá humillada y rebajada de su posición.

Puede también traducir un sentimiento de culpabilidad por algo que la persona ha cometido y que su conciencia no admite. En tal caso, ese sentimiento lanzará a la persona hacia situaciones humillantes, situaciones de fracaso o situaciones peligrosas, a fin de autocastigarse y eliminar de su conciencia ese horrendo sentimiento de culpabilidad.

ABORDAJE. «Me encuentro en el camarote de un barco. Estoy dormida y junto a mí se hallan mis dos hijos, que también duermen. De pronto, entra un servidor y me despierta. "Señora —me dice—, estamos siendo víctimas de un abordaje." Me levanto presa de pánico e intento alumbrar los candelabros, pero en ese momento penetra en mi alcoba un hombre risueño y de buena planta, vestido de corsario. Ceñido al talle lleva una larga espada y me dice, sonriente: "Señora, estáis salvada". Entonces me doy cuenta de que estamos en pleno día y que por la puerta abierta penetra un sol radiante. Mi pánico ha desaparecido y me siento bien, como nunca me he sentido. Al despertar conservaba todavía esa sensación de bienestar. Fue un sueño raro, porque debíamos estar en el siglo XV por lo menos.»

Este es el sueño de una mujer sentimental o sexualmente insatisfecha de su marido, y el sueño se dirige, más que a ella, al marido que la descuida. Al principio del sueño la soñante se ve dormida y en un barco, junto a sus hijos. Ello significa lo siguiente: alrededor mío las cosas se mueven, pero en ese mundo de actividad yo permanezco inmóvil, aletargada, sin poder desarrollar mis potencialidades (los hijos), que son desaprovechadas y duermen. El servidor que penetra en la alcoba son los instintos inferiores de la soñadora, que despiertan de pronto para advertirle de algo que de hecho existe ya: el enemigo está dentro. El enemigo de su orden moral preexistente, se entiende. Por un momento, ese descubrimiento produce pánico a la soñadora, pero de inmediato se hace evidente que ese enemigo no es tal enemigo, sino, al contrario, alguien que llena de luz su vida al entrar en contacto con ella. El enemigo se ha convertido en el libertador, y la sensación de bienestar indica que la vieja moral ha saltado hecha trizas y que la

soñadora espera con los brazos abiertos a ese capitán que ciñe una larga espada en el cinto, alusión evidente al órgano masculino. El sueño se sitúa en otra época, detalle que traduce el deseo de la durmiente de encontrarse en otro estado; en estado de soltería, por ejemplo.

El sueño del abordaje pone de relieve la idea de violencia. Si es el propio soñador el que realiza el abordaje, su inconsciente trata de decirle: pasa a la acción, no pierdas el tiempo con palabreos inútiles, tienes que forzar las cosas y sólo así saldrás adelante. Ello a condición de que el abordaje se termine con éxito, de que tenga lugar bajo un cielo claro y que no haya muchas víctimas o ninguna en uno y otro campo. Si el abordaje termina en fracaso; el mensaje debe leerse al revés, en este sentido: respeta las normas, no crees una situación violenta, haz funcionar la prudencia.

Si el soñador sufre un abordaje, tal como hemos explicado ya, significa que desea un cambio que no se atreve a producir; que está viviendo en una legalidad moral falsa, que ya no corresponde a sus ambiciones y a sus apetencias; que hay un volcán bajo su apariencia tranquila. Significa también que algo proveniente del exterior se producirá inesperadamente, transformando por entero la realidad de su vida. Abordaje es, pues, presagio de noticia, cambio, victoria, violencia salvadora.

ABORTO. Es el indicio de algo que no llegará a su término. Un empresario muy importante cuyos negocios declinaban, tuvo un día este sueño: «Una mujer se encontraba tendida en la sala de operaciones. Se trataba de un parto y había mucho personal para asistirla: varios médicos vestidos de blanco y con la "mordaza" puesta. Muchas enfermeras y una gran cantidad de aparatos electrónicos. Todos estaban esperando a que el parto comenzase, pero el parto no venía. La espera se hacía larga, larguísima y nadie se movía, hasta que al final, uno de los médicos decidió ir a buscar el niño en el interior de la madre. Veía cómo introducía su mano y luego todo el brazo en un largo y oscuro túnel vacío, pero inútilmente, allí no había ningún niño. Todos estaban muy confusos y al final se marcharon, dejando a

la mujer tendida en la mesa de operaciones. Después otro médico entró; solo y en un momento el niño vino al mundo y la madre se puso a dar gritos de alegría.»

En este sueño, la parturienta de la que no salía nada era la empresa de aquel industrial soñador. El equipo de médicos eran sus empleados, que no conseguían sacarle nada a la empresa. El médico solitario que consiguió hacerse con el niño era un elemento exterior a la organización y el sueño sugería al industrial que cambiara su equipo de dirigentes y pusiera al frente de la empresa hombres más capaces. Cosa que hizo y su fortuna cambió.

El sueño del aborto sugiere a menudo un cambio de métodos, viniendo a decir: si sigues de igual manera, las cosas no llegarán a su término; cambia de actitud, modifica tu modo de pensar o tu modo de operar y lo que no consigas ahora lo conseguirás después.

ABREVADERO. «Voy por un camino polvoriento, abrasado por el sol y tengo sed, mucha sed. Me cruzo con una mujer de apariencia muy bella y le pregunto dónde hay una fuente. Ella me indica que unos metros más allá. Sigo el camino, jadeante, y al llegar al lugar indicado veo que no es una fuente, sino un abrevadero para caballos. Pero el agua era limpísima y sumerjo mis labios en ella. Era deliciosa; sin embargo, al dejar de beber me doy cuenta de que en realidad era agua estancada y putrefacta. A lo lejos, la mujer me contempla riendo a grandes carcajadas. Cuando vuelvo los ojos hacia ella y la miro, veo que se ha transformado en una horrible vieja.»

Ese sueño que tuviera un día un joven, casi adolescente, nos habla de cómo la pureza se corrompe y cómo la juventud se pervierte. El agua es el símbolo de las emociones y de la sensibilidad. Soñar que se tiene sed indica que las emociones del individuo aumentarán de volumen, que su sensibilidad se hará más exigente y lo que antes eran plácidas emociones, ahora serán tal vez fuertes pasiones. El abrevadero, ya lo hace observar el soñador, no es el mejor lugar para aplacar la sed. Las aguas pueden parecer límpias, pero es una ilusión; en realidad, están polucionadas y son impropias para el consumo humano.

Soñar que se bebe en un abrevadero significa pues: estás nutriendo tu sensibilidad con materiales impropios, tus emociones te llevan a situaciones corruptas, de modo que no te extrañe que todo lo bello que hay en tu vida degenere pronto.

Es un aviso que el alma lanza al soñador y que puede traducirse de esta forma: vete en busca de otras fuentes de aprovisionamiento humano. Busca las fuentes primordiales de la pureza y no cargues tu organismo con elementos portadores de gérmenes patógenos. Dicho con otras palabras: estás buscando la pureza en un lugar equivocado. Guarda tu sed y ve más allá.

ABRIGO. El abrigo sugiere protección del frío y recubrimiento de unas apariencias. «Aunque el vestido esté sucio y desgarrado, como el abrigo es de última moda, salvaré las apariencias», decía un personaje.

Si alguien sueña que se despoja de su abrigo, ese sueño traduce la necesidad de sincerarse, de ir más al unísono entre los pensamientos y los actos. Si, por el contrario, se sueña que se endosa el abrigo, o que acaban de regalarle a uno un abrigo, significa que la persona se está alejando de su propio yo; que, de pactos en compromisos, va desdibujándose, despersonalizándose, banalizándose.

«Soñé que estaba haciendo de payaso en un circo, junto con Zutano (un amigo). Ambos llevábamos cuatro o cinco, abrigos encima y cada uno se los quitaba. A medida que nos los íbamos quitando nos enfundábamos los abrigos del otro. El público reía a carcajadas. No conseguíamos nunca quedarnos con el traje y nada más. El ejercicio resultaba agotador.»

Ese sueño significa que en el gran espectáculo de la vida, el soñador se afana en sincerarse, en despojarse de lo superfluo para quedarse con lo esencial, pero la circunstancia que vive anula al instante ese acto de voluntad. Algo está impidiendo que se sincere, y esa lucha contra las circunstancias resulta agotadora.

Muy a menudo los sueños se limitan a plantear una situación, y es el soñador quien debe sacar consecuencias de ella.

El rol del abrigo como elemento de protección contra las inclemencias del tiempo es inseparable de su rol como encu-bridor o disfrazador de la verdad espiritual del individuo. Es decir, el mensaje puede traducirse así: tendrás protección a condición de traicionarte a ti mismo. Es por ello que en las clásicas «llaves de los sueños», los «videntes» que las componen no consiguen ponerse de acuerdo sobre el significado del «abrigo» en sueños. «Recibirás un regalo», dicen unos. «Tendrás una desgracia», dicen otros. Y en verdad habrá regla si la persona consiente en no ser fiel a sí, misma y, al mismo tiempo, esa infidelidad puede ser considerada como una desgracia.

ABSCESO. Soñar que se abre un absceso en el cuerpo, del que mana abundante pus, indica que un mal período toca a su fin, que el destino se ha aliviado de un karma maléfico y que la mala suerte que parecía cernirse sobre el soñador ha finalizado. En cambio, soñar con un absceso en su primera fase de formación indica que un acontecimiento se prepara y que deberá tomarse una decisión. Posiblemente se trate de un conflicto que aún no ha llegado a su punto de madurez.

ABSOLUCIÓN. «Veo a un peregrino que avanza por un sendero escarpado. Está andrajoso y tiene hambre. De pronto, en un cruce de caminos, aparece una imagen luminosa, la de Cristo o la de un santo, que con voz muy dulce le dice: "He venido a darte la absolución." Hace la señal de la cruz en el aire y la visión desaparece. El hombre que veo después ya no es el mismo: es joven, ágil y lleno de fuerzas. Es otro hombre, y tampoco el paisaje es el mismo. Ahora se encuentra en un jardín. ¿Qué significa ese sueño?»

Significa que un período de dificultades acaba de finalizar. El soñador, que es en realidad ese peregrino sin identificación, se encontraba purgando errores cometidos en su vida pasada y el sueño le anuncia que el período de purgación ha tocado a su fin. Las circunstancias cambiarán, pues, para él; se encontrará en otro ambiente y su vida será fundamentalmente distinta.

Soñar que un acusado es absuelto por un tribunal humano significa triunfo en las relaciones con la sociedad, cambio de actitud en el medio ambiente; leyes o reglamentos colectivos favorables a sus empresas. Puede significar también el final de un período de ostracismo. En algunos casos es sueño premonitorio de la propia muerte.

ABUELA. Hay toda una simbología en torno al personaje de la abuela, expresada en cuentos infantiles tales como *Caperucita Roja*, donde vemos cómo al ir Caperucita a la casa de la abuela se encuentra con el lobo (el peligro). Y vemos cómo ese lobo se introduce en la cama de la abuelita, suplantándola de modo que cuando la niña (el alma humana) creía encontrarse en seguridad, resulta que está corriendo peligro inminente de ser devorada por el mal. En *Blancanieves* vemos cómo una abuelita ofrece a la niña la bellísima manzana que la dejará en estado letárgico hasta que el príncipe (principio activo, voluntarioso, creador), venga a liberarla.

Soñar que una abuelita hacendosa os está cuidando con ejemplar solicitud, equivale a un grito de alerta. Es como si el alma pretendiera decirle al soñador: «¡Cuidado, el peligro está cerca! ¡El lobo puede surgir de un momento a otro!» Se trata, generalmente, de un peligro moral, de un peligro de ceguera respecto al sentido que debemos dar a nuestra vida. Si no rectificamos el camino, el lobo saldrá, con toda seguridad, y nos tragará. Por eso la tradición interpreta este sueño como de carácter nefasto, anunciador de una desgracia. La desgracia ocurrirá si el soñador no modifica su conducta, ya que este sueño es indicio de que el individuo no sigue el camino precedentemente trazado por el alma; y cuando esto ocurre las fuerzas espirituales acaban siempre por rectificar bruscamente el itinerario, con el consiguiente castañazo existencial.

ABUELO. Si la personalidad de la abuela tiene un sentido material de perversión de las costumbres, el abuelo constituirá una imagen arcaica de la espiritualidad. Es decir, representa la espiritualidad corrompida: el rito, que ha sustituido al impulso espiritual. Si se sueña con un abuelo complaciente y bondadoso que juega con los niños, el mensaje es el siguiente: estás adorando el becerro de oro; destruye los ídolos y busca otra vía espiritual.

ABUNDANCIA. Hay una ley que todos los esoteristas conocen y que se enuncia así: tras un ascenso, viene un descenso, y viceversa. El alpinista que llega a la cumbre de una montaña, no le queda otra alternativa que descender, ya que permanecer en la cumbre no tendría sentido. Un sueño de abundancia es siempre anunciador de tiempos de penuria. Son las clásicas vacas gordas y vacas flacas del sueño faraónico. Cuidado, pues, soñador. Tu sueño significa: se acercan tiempos difíciles y debes llenar tus despensas para que te quede algo que roer. El sentido de este sueño puede no ser estrictamente material. Puede tratarse de una penuria de sentimientos, de una escasez de amores y también de un racionamiento de las ideas para los que trabajan con su intelecto, es decir, de una baja forma mental.

ACANTILADO. Soñar que uno se precipita por un acantilado puede ser anuncio de fortuna en el plano material, pero previo pago de una degradación de orden moral. Los sueños se refieren muy a menudo a la entidad moral del individuo. Una caída, en sueños, significa casi siempre una caída moral, un tropezón a nivel de conciencia. Y, muchas veces, gracias a ese descenso moral se obtienen ventajas materiales que de otra forma no se obtendrían. De ahí que los sueños de desgracias traigan a menudo una evanescente felicidad material. Ocurrirá así sobre todo si el soñador, al caerse por el acantilado, siente, mezclada con una sensación de angustia, una impresión de bienestar.

ACCIDENTE. Sueño que delata una situación conflictiva. El sentido del sueño depende de la situación del accidentado, de si es la víctima o el culpable, y de cuáles son sus medios de locomoción. «Iba en un avión y estaba tranquilamente viendo una película, cuando de pronto la azafata se me acercó: "Señor, debo comunicarle que el avión va a estallar." Su tono tranquilo me indujo a pensar que se trataba de una broma. "¿Va a estallar, eh?", le dije sin poder contener la risa. "Sí", confirmó ella, ya riéndose francamente. "¿Y qué podemos hacer?", inquirí con la voz ahogada por la risa. "Nada", dijo ella con jocosidad. En ese momento el avión

estalló realmente y la azafata y yo nos vimos lanzados por los aires. Un sentimiento de felicidad me invadió mientras caía a gran velocidad, pero al aproximarme a la tierra el descenso se hacía más lento hasta que, finalmente, me encontré suspendido en el aire como si fuera un globo. Mi madre se me acercó y me dijo: "¿Qué haces? ¿Cómo has venido hasta aquí?" Yo le dije que mi avión había estallado y que por eso me encontraba allí. Ella dijo "¡Ah, bueno!" Y se fue a tender ropa muy blanca, como si nada hubiese ocurrido.»

Ese sueño lo tuvo hace muy poco tiempo un piloto de línea y el oniromántico lo interpretó de esta forma: «Dentro de poco encontrarás una mujer, inesperadamente, por puro azar. No dejes que se marche. Esa mujer debe ser tu esposa y te salvará de una catástrofe. Gracias a ella encontrarás un buen empleo en tierra firme, no lejos del lugar en que naciste». Y así ocurrió. La mujer inesperada resultó ser la sobrina de un fabricante de aviones, el cual ofreció un puesto de consejero al piloto. Se casó y en plena luna de miel la pareja supo que el aparato que el soñador pilotaba se había estrellado, pereciendo todos los tripulantes y pasajeros. ¿Que le habría sucedido de no haber tenido aquel sueño aparentemente absurdo? Probablemente hubiera muerto en el mando de su avión. Se trató, pues, de un sueño premonitorio y redentor.

«Ruedo lanzado a 140 km/h por una autopista con mucho tráfico. Todo es luminoso a mi alrededor, el sol luce. A mi lado se encuentra mi amante y distraigo mi vista de la carretera para contemplarla. "¡Cielos, qué bella es!", me digo. Pero al volver los ojos a la carretera me doy cuenta de que estoy rodando en sentido contrario. Una avalancha de coches se precipitan contra el mío. Los conductores me insultan: "¡Borracho!", "¡Necio!". Yo intento maniobrar para evitar un choque, pero es imposible. Uno de los coches nos embiste y ambos salimos despedidos. Al perder el conocimiento, pienso: "Ahora todo se sabrá". Entonces despierto.»

Este accidente se refiere, naturalmente, a la vida emotiva del soñador. A él le parece que marcha en la buena dirección y por un camino seguro, pero de pronto toma conciencia de que va en dirección pro-

hibida, de suerte que el accidente es lo más natural que puede ocurrirle. Un accidente que descubrirá, a los ojos de todos, lo que debía permanecer oculto, y ese secreto revelado incidirá probablemente en su vida social y profesional, además de la conyugal. El mensaje de este sueño es evidente: «Pon fin a tu aventura amorosa —le dice al soñador— antes de que estalle el conflicto.»

El contexto del sueño, las personas que acompañan al soñador en el accidente, deben darle la pista de aquello que va mal en su vida, de aquello que debe ser detenido urgentemente antes de que el accidente se produzca.

ACERA. Subirse a la acera significa: «Estás entrando en una zona de relativa seguridad. Debes consolidar tu posición sin pérdida de tiempo.» Bajar de la acera significa: «La relativa seguridad en que vivías ha desaparecido. Te encuentras de nuevo en terreno inseguro, aunque aparentemente todo sigue igual. Trata de cubrirte.»

«Me veo andando por una acera ancha, pero mal iluminada. Las gentes de aquella calle, aunque bien vestidas y opulentas, me parecen inquietantes. Me miran con extrañeza y uno se acerca a mí para preguntarme: "¿por qué estás aquí?". Yo no sé qué responder y de pronto siento miedo.» Este sueño significa para el soñador: te has salido de tu órbita, no te encuentras en tu universo natural, y aunque las cosas te sean fáciles, estás rodeado de una hostilidad latente que en cualquier momento puede estallar. Vuelve a tu vida, a la tuya, aunque todo resulte más difícil.

ACERTIJO. «He vuelto en sueños a mi niñez. María, con su cabecita rubia, tal como era cuando teníamos siete años, es la que pone el acertijo a todos los niños y niñas sentados de cuclillas en torno a ella. "Un comerciante —dice— tiene que enviar un mensaje a otro que vive en distinto pueblo, pero no quiere que nadie sepa lo que le dice. Entonces coge una mandarina, la pone dentro de un sobre y la manda. A los pocos días recibe otro paquete en el que hay una pera. ¿Qué han querido decirse?" Todos reflexionamos, nadie lo, sabe, pero yo levanto la mano triunfalmente. "El pri-

mero —digo— ha querido decirle: manda harina; y el otro le ha contestado: espera." Todos prorrumpen en aclamaciones y María me mira sonriente.» ¿Qué significa este sueño?

Los acertijos ocupan un lugar importante en los juegos infantiles, tan llenos de símbolos. También suelen encontrarse en las mitologías. La Esfinge, ese monstruo que hacía reinar el terror en Tebas, planteaba a los hombres que encontraba un acertijo. «¿Cuál es el animal —les decía— que anda a cuatro patas por la mañana, a dos patas al mediodía y a tres al anochecer?» La respuesta era: el hombre, que va a gatas al nacer, anda sobre dos pies en su juventud y con un bastón —el tercer pie— a su vejez. Al que no sabía la respuesta, la Esfinge lo liquidaba, hasta que Edipo terminó con ella. ¿Qué significan, pues, esos acertijos, aparentemente tan inocentes, con los que juegan los niños y que a veces —en los tiempos míticos— podían costar una vida?

El acertijo plantea, en términos velados, la verdad que encierra, del mismo modo que la vida esconde su esencia en unas anécdotas que forman el ropaje de la realidad. El acertijo trata de decirnos que detrás de esa realidad aparente hay otra. Otra, que es la auténtica verdad y que está al alcance de los niños. Pero ¿nos ocupamos de descubrir esa verdad oculta tras las apariencias? Descubrirla forma parte de nuestra tarea esencial como seres humanos. Si no conseguimos hallarla, somos como muertos, aunque aparentemente continuemos vivos. Ese sueño viene a decirnos: «¿Te ocupas tú de esa tarea esencial...?»

ACICALARSE. Es uno de los más claros símbolos de traición, de disimulo, de disfraz de la realidad. «Al entrar en casa, me encontré a mi marido y a un grupo de amigos en el salón. Me extrañó verles a todos con los rostros pintados, incluso los hombres. "Es que ha venido la televisión a filmar nuestro hogar —me explicó mi marido— y nos han maquillado para salir bien." A mí me extrañó mucho que la televisión hubiese venido a casa durante mi ausencia y me sentí como excluida, pero todos mis amigos a coro me dijeron: "Sí, sí, es verdad; anda, ven y tómate una copa con nosotros." Estoy en mi propia casa y son ellos los

que invitan —me dije—, y no quise tomar nada.»

Este es el sueño de una mujer burlada, y significa: tu marido y las gentes que te rodean te mantienen en un clima irreal. Desconfía y desenmascara a los que te traicionan.

Si los personajes que aparecen en sueños van muy acicalados, especialmente las mujeres, significa que el soñador mantiene y alimenta relaciones falsas; que las personas con las cuales alterna no son como el durmiente cree que son o que tratan de dar una falsa impresión de ellas mismas. El sueño representa una llamada a la sinceridad, a la clarificación de las relaciones humanas.

Si es el propio soñador quien se acicala ante un espejo, es indicio de que se prepara a falsearse a sí mismo, que vivirá anécdotas que no le permitirán expresar la verdad de sus sentimientos o de sus pensamientos. En suma, se está preparando a traicionar, y el sueño viene a decirle: si sigues por el camino en que estás, cometerás una traición. El sueño en sí no moraliza, no dice: «no hagas esto». Simplemente informa, advierte la conciencia del durmiente de que esto será así y él debe sacar las conclusiones.

ACLAMACIONES. Todas las «llaves de los sueños» coinciden en afirmar que las aclamaciones significan «peligro». Expliquemos el sentido aparentemente paradójico de este símbolo: si alguien te aplaude, si un público te aclama, es evidente que están satisfechos de ti, de que los complaces. Pero ¿y tú? ¿Te sientes complacido de tu actuación en el fondo de tu conciencia? ¿Acaso no vas a buscar el aplauso de los demás para convencerte a ti mismo de que estás en la verdad, en lo cierto? Y si necesitas ese aplauso para convencerte, ¿no es acaso porque en realidad no estás convencido? ¿Y si no lo estás, no será por algo? ¿No será que en realidad navegas en pleno error y buscas para tus actos un apoyo exterior al no disponer del interior, del que emana de tu propia conciencia?

Ese sueño plantea todos estos interrogantes y muchos más. La masa, la gente que aplaude, no puede ser nunca manantial de pureza, de ética, de moral. La masa es por antonomasia el símbolo de lo instintivo y hasta de lo bestial. Si ves que te aclama una masa sin rostro, ten por seguro que lo que están aclamando son tus bajos instintos, tus licencias frente a ti mismo, ya que lo que existe en ti de elevado y sutil, esa masa informe no puede comprenderlo y no lo puede aplaudir.

Ahí está, pues, el peligro. Peligro de que te identifiques con tu ser inferior y de que seas capaz de todas las bajezas, puesto que una multitud te aplaude y te aclama por ello. Multitud que es el símbolo de tus deseos múltiples, de tus instintos gregarios y perversos que, al manifestarse ruidosamente, ahogan la voz de tu ser profundo, de tu ser ideal.

ACOMODADOR. «Me han dicho que en determinado cine dan un festival gratuito y decido acudir, pero me encuentro con la sorpresa de que a mí me hacen pagar la entrada. Cuantas explicaciones pido resultan inútiles: yo debo pagar si pretendo entrar. Me avengo a ello y me la cobran muy cara. Me siento ridículo y no me atrevo a hacer marcha atrás. El acomodador me acompaña a mi asiento y al iluminarlo con su linterna me doy cuenta de que encima de la butaca hay un montón ingente de excrementos humanos. "Esta butaca está sucia", le digo al acomodador, y como veo que la mitad del cine está desocupado, añado: "Búsqueme otro asiento." "Lo lamento, señor —me responde el acomodador con acento firme—. Es sesión numerada y éste es su asiento." "¡Pero, cómo voy a sentarme ahí!", protesto. Los espectadores empiezan a hacer "¡Chut!"; todas las miradas están clavadas en mí, las siento en la oscuridad y estoy confuso. En el escenario alguien canta de manera irrisoria. No parece que el espectáculo sea digno de verse, pero el acomodador me cierra el paso, amenazador, y acabo por sentarme encima de los excrementos...»

Este curioso sueño que tuvo un día un hombre de cierta edad nos permite estudiar la figura del acomodador: el festival gratuito a que alude el sueño es, no cabe duda, el grandioso festival de la vida, pero al soñador le cuesta hacerse con un sitio, es objeto de una discriminación que tiende a excluirle. Él se empeña contra viento y marea, y decide pagar ¡y pagar caro!, cuando todos entran gratis. Es evidente que el festival no ha sido hecho para él y que mejor haría yéndose a otro sitio.

Una vez dentro, el acomodador lo acomoda encima de un montón de estiércol, como para que se arrepienta de haber entrado, pero el soñador sigue aceptándolo todo con tal de asistir a ese espectáculo que él mismo califica de irrisorio. Ese acomodador es la figura misma del destino, que indica al soñador el puesto que le corresponde en el gran teatro del mundo. Ese sueño viene a decirle al soñador: ¡Peregrino!, ya estás bien ahí donde estás. Confórmate con lo que tienes, porque si te mueves, si esgrimes unos pretendidos «derechos» que los demás poseen y tú no, puedes encontrarte todavía peor.

ACOSTARSE. Soñar que uno se desnuda para acostarse es síntoma de huida ante las ambiciones, de renuncia a proseguir un esfuerzo. El alma no sigue el itinerario que le impone la personalidad física y prefiere replegarse. Si el soñador decide continuar la escalada deberá hacerlo solo, sin contar con la adhesión del ser profundo.

Si son otras personas las que se acuestan, personas conocidas del soñador, significa que van a desentenderse de lo que están haciendo, que el soñador se verá obligado a prescindir de ellas.

ACROBACIAS. Soñar que se hacen acrobacias o que se asiste a un espectáculo de circo en el que un acróbata realiza su número, delata una necesidad de singularizarse. El niño que sueña con un acróbata revela capacidades latentes en él que deben ser desarrolladas. En un sentido u otro, no es un niño como los demás y necesita una educación especial.

En una persona adulta, el sueño significa que el individuo está viviendo en posición inestable o que va a entrar en un período inestable. Un hombre al que le fue ofrecido un puesto muy superior al que estaba ocupando tuvo un sueño en el que se vio en su nueva oficina haciendo un número de cuerda floja. Advertido por el oniromántico, el soñador renunció al puesto y al cabo de un año la compañía se fusionó con otra, desapareciendo el puesto que debía ocupar. El sueño le advirtió de que aquel porvenir no era sólido.

Pero el sueño se dirige casi siempre a la personalidad moral, y si aparece el acróbata en sueños ello significa: tu moral es tambaleante, las piruetas que haces son reprobadas por tu conciencia.

ACRÓPOLIS. Los sueños de monumentos antiguos no son frecuentes y parecen reservados a una élite humana, lo cual no significa una élite social o económica.

«Me encuentro en un inmenso descampado, todo cubierto de luz. No veo la línea del horizonte porque la luz misma me la esconde. Parece como si allá lejos estuviera el mar, pero en realidad sé que hay montañas. Aquel paisaje me es desconocido y conocido a la vez. De pronto surge de la tierra, con hondo crepitar, una ciudad antigua, una ciudad griega, la reconozco por el estilo de sus monumentos. Me encuentro, pues, paseando por la antigua ciudad, siento que es la mía y, aunque no hay nadie, no tengo miedo y soy inmensamente feliz. Una voz me dice: "Es una ciudad muy importante, muy importante...", pero no veo a nadie a mi alrededor.»

Este sueño es atribuido al joven Edison antes de que se

convirtiera en el inventor genial que fue, cuando sólo era un niño travieso que todo el mundo azotaba. ¿Es necesario traducirlo? Casi no.

Significa: eres mucho más de lo que aparentas. Existen en ti potencialidades que desconoces, pero que se irán manifestando a lo largo de la vida. Tu genealogía espiritual arranca de muy lejos y los hombres de esta tierra no te ven tal como eres, pero las jerarquías creadoras te estiman en todo tu valor.

Si ves una acrópolis o cualquier otro vestigio de otros tiempos aparecer en tus sueños, es signo de que tus obras te sobrevivirán.

ACTOR, ACTRIZ. Soñar con actores que representan una comedia es casi siempre símbolo de la relatividad de las relaciones humanas en el mundo. Cuando aparece en sueños un espectáculo, éste es siempre el espectáculo de la vida. Este sueño viene pues a decirle al soñador: no te identifiques excesivamente con el papel que la vida te ha dado ni con las virtudes propias de ese papel. Los árabes no comen tocino porque Mahoma se lo prohibió hace siglos, por tanto no

tiene mérito suprimirlo de su dieta. Pero si a ti te gusta el tocino y dejas de comerlo por respeto hacia la vida animal, ya tendrás un gran mérito ya que habrás sido capaz de vencer un hábito.

Así ocurre en la vida, que a veces se ejercen las virtudes de un papel sin esfuerzo alguno. Se es «buen padre de familia», se es «madre abnegada», se es «honesto cajero» o «probo funcionario» y nada cuesta manifestar las virtudes propias.

Pero del mismo modo que el actor al terminar el espectáculo recupera su individualidad, cada uno de nosotros debe cultivar virtudes individuales, ajenas al papel que nos ha tocado vivir.

Ese sueño puede indicar también la necesidad de adaptarse a un papel determinado para el buen éxito de un episodio que tendremos que protagonizar en la vida. En este caso el sueño significa: juega la comedia o te irá mal.

ADELANTARSE. Adelantar a otra persona o adelantar a un coche por la carretera es símbolo que para su correcta interpretación debe tenerse en cuenta el contexto del sueño. Si la persona o el coche que se adelantan van a una velocidad moderada, el sueño quiere decirle al soñador: «Puedes ir más de prisa; estás siguiendo un ritmo lento impuesto por los demás, cuando tienes vía libre. Apresúrate.» Por el contrario, si para adelantar debe correrse o debe lanzarse el vehículo a una velocidad imprudente, el sueño querrá decir lo contrario; es decir: «Estás actuando con precipitación y ello puede conducirte a un accidente que te paralizará. Frena.»

ADIÓS. Las «llaves de los sueños» aseguran que una despedida con lágrimas es síntoma de felicidad a la vista. Veamos cómo se explica. Un adiós significa dejar a alguien y si se llora es, sin duda, que se trata de alguien que se quiere. Ese alguien, sea familiar o amigo, es la personificación de nuestros hábitos y los hábitos jamás son buenos. ¿Por qué? Porque significa que se vive estancado, cuando no esclavizado por el hábito. El hábito ocupa un espacio fijo en nuestra vida, un espacio que es como una urna de cristal, como una torre de marfil en la que nada puede penetrar. El hábito impide a las fuerzas vivas de la creación

llegar hasta nosotros y, sea cual sea este hábito, resulta antinatural y perverso. Por eso, soñar con despedidas significa que el alma queda libre de un obstáculo que la aprisionaba, libre para avanzar, y ello es algo por lo que podemos sentirnos felices, porque vivir significa marchar hacia adelante, significa decir constantemente adiós a todo lo que nos rodea y a todo lo que amamos.

ADOLESCENTE. Los sueños de adolescentes son muy frecuentes en las mujeres de cierta edad que han permanecido solteras. Esos adolescentes, que aparecen en escenas amorosas, indican que su ideal masculino ha permanecido estancado en una imagen arquetípica del «hombre ideal» y como esa imagen no corresponde a la realidad de la vida, por ello no encuentran al «hombre real» que podría convertirse en marido. Ese sueño les invita a tomar conciencia en su desfase sentimental y, por consiguiente, a evolucionar hasta atrapar la realidad que están viviendo.

ADOPCIÓN. Este sueño puede traducir el simple deseo de adoptar un niño por parte de una persona casada y sin posibilidad de tener hijos. Pero si el soñador no se encuentra en esas circunstancias, el sueño tiene un significado muy distinto. Quiere decir: «Vas a cargar con la responsabilidad de otro, con todas su consecuencias.» Es un aviso de que la persona puede verse acusada de algo que no ha hecho, o bien acepta voluntariamente una carga que no es natural y que se añadirá a las que ya tiene de un modo normal, haciendo su vida más pesada. Es señal de que el soñador tomará decisiones equivocadas.

ADUANA, ADUANERO. Soñar que se pasa por las formalidades aduaneras puede tener distintos significados, según el contexto. Será muy distinto si el protagonista se somete al registro de su equipaje como una simple formalidad, sin angustia alguna, que si ese mismo protagonista teme que le encuentren algo o que lo rechacen al identificarse, o que resulte que sus papeles son falsos, etcétera. Los sueños de aduana suelen aparecer cuando las personas cambian de situación civil, social o profesional: antes de casarse, al terminar los estudios, al em-

prender una nueva fase profesional, obtener un nombramiento o enfrentarse con unas oposiciones. Si todo ocurre felizmente y sin angustia, el sueño significa que la entrada en ese nuevo umbral de la vida será feliz. Si por el contrario el sueño va acompañado de angustia, traduce la inseguridad del soñador, su temor de no estar suficientemente preparado, su miedo a que lo rechacen, a que encuentren que no es lo que aparenta. Si el sueño se repite, si la angustia aumenta, tal vez sería conveniente para el soñador que se quedara ahí donde está, aplazando sus aspiraciones.

ADULTERIO. Los sueños sexuales, que los psicoanalistas freudianos interpretan erróneamente en su sentido literal, tienen en realidad una significación que va más allá de la acción que se visualiza. Este sueño significa, si eres tú la víctima del adulterio y si eres mujer: «Tu actividad está enriqueciendo a otra persona.» Si la víctima es un hombre: «Otro está fecundando tu terreno y recogerás los frutos en su lugar.» Si, por el contrario, es el propio soñador el que comete un adulterio, significará, para la mujer: «Gracias a los recursos de otra persona conseguirás una abundante cosecha», y para el hombre: «Estás fecundando un terreno que no es el tuyo y mientras tú pondrás el trabajo, otro se llevará sus frutos.» El sueño es positivo para la víctima masculina y la adúltera femenina, y negativo para la víctima femenina y el adúltero masculino.

ADVERSARIO. Si en una lucha el adversario os vence, significa triunfo total; si es el soñador el que gana, algo malo se avecina. Así se expresan las «llaves de los sueños». Veamos el porqué. Los personajes que vemos en sueños son emanaciones de nuestro propio «yo», aunque a veces les prestemos el rostro de parientes o amigos, a fin de orientarnos en la interpretación del significado. Cuando nuestra propia imagen aparece en sueños, se refiere siempre al «yo» consciente y representa los intereses de la personalidad evanescente. El adversario de este «yo», es el «yo» moral, el que está situado en un plano más profundo de nosotros mismos y que aparece a veces bajo rasgos terroríficos, porque nos da miedo; miedo a que nos castigue, a que se vengue de nuestras maldades. Si en la lucha entre el «yo» superficie y el «yo» trascendente, «el rival», gana este último, es que nuestros intereses superiores saldrán triunfantes en el planteamiento del drama de nuestra vida. Si por el contrario es la ceguera de nuestro «yo» epidérmico la que gana, entonces temblad, amigos, porque esa victoria será de muy corta duración, por haber sido obtenida en contra de las leyes eternas que rigen la vida.

ADVERTENCIA. La mayor parte de los sueños son advertencias. Cuando el que actúa —el ser consciente— duerme, el ser profundo trata de avisarle sobre los peligros que supone una violación de su propia ley, y lo hace mediante imágenes simples que la conciencia pueda descifrar. Es fácil descifrar un sueño y si no se hace normalmente es porque el soñador no se preocupa de reflexionar o porque no le da importancia. Analizar los sueños; tratar de descifrarlos, es un paso importante hacia una vida feliz.

AERONAUTA. Soñar que uno se encuentra en pleno espacio, a bordo de una máquina extraña (globo, dirigible, cohete, cápsula espacial, etcétera), es una advertencia de que el soñador se encuentra en una empresa arriesgada, en una empresa sin raíces en el suelo y cuyo porvenir no sólo depende de su habilidad, sino de otras causas contra las cuales no puede protegerse: fenómenos naturales, que en el sueño pueden estar simbolizados por una tormenta, o inherentes a la naturaleza de la empresa, que el sueño simbolizará como fallos mecánicos. Es decir, el sueño significa: estás corriendo un riesgo y mejor sería terminar ese viaje. Si el aeronauta no ha emprendido aún su vuelo y se dispone a emprenderlo, significará: pronto te encontrarás en una situación peligrosa. Haz marcha atrás.

AFEITARSE. El sueño puede tener varios significados, según lo que el soñador se afeite. La barba es símbolo de imaginación y de exuberancia espiritual, mientras que el mentón es la plaza fuerte de la voluntad. Cuando la voluntad flaquea en un hombre, inmediatamente le vendrán deseos de dejarse crecer la barba, la cual ha sido siempre atributo de los poetas y de los místicos. Ahora, en un momento en que las voluntades flaquean y en que los varones se feminizan, vemos florecer barbas por doquier. Afeitarse la barba traducirá, pues, el deseo del soñador de dar prioridad a la voluntad por encima de la imaginación; el deseo de ser más viril, es decir, más voluntarioso, más activo. El soñador perderá, pues, en imaginación, lo que ganará en voluntad. Si el sueño lo realiza una mujer, significará: vas a perder una parte de tus cualidades femeninas y te virilizarás, te harás más marimandona.

Si el afeitado se refiere al bigote, la interpretación ya será otra. El bigote se sitúa entre la nariz, órgano que simboliza el intelecto, y la boca, que simboliza el corazón. Una pared por en medio de esos dos órganos indica que el individuo está disfrazando la verdad, es decir, que no quiere que la verdad del intelecto sea apta a la verdad del corazón. Si una mujer casada ve que de pronto su marido decide dejarse bigote, puede tener la certeza de que pronto será una mujer traicionada, y que si finalmente no lo es, no será porque el marido no haya hecho lo posible por ello. Afeitarse el bigote corresponde a un deseo de sincerarse, de no seguir viviendo con dos verdades diferentes. Para una mujer casada, si su marido se afeita el bigote, puede decirse: «su aventura sentimental ha terminado».

Por otra parte, el pelo en el rostro es síntoma de virilidad. Soñar que uno se afeita significa en cierto modo pérdida de la virilidad; en algunos casos, peligro de impotencia.

AFILAR. Soñar que se están afilando objetos cortantes es síntoma de una agresividad que es preciso controlar. Los objetos cortantes sirven para dividir, para separar, para empequeñecer lo que es grande. Si los afiláis es para rendirlos más útiles, es decir, más destructores. Existen, pues, en el soñador, intenciones agresivas, probablemente hacia sus familiares, puesto que estos objetos cortantes se utilizan en casa. Debe renunciar a ellas.

AGONÍA. Soñar que una persona se extingue equivale al anuncio de que se producirá un cambio en las relaciones con dicha persona; un cambio radical, de 180 grados. Si es persona amiga, es un mal presagio; si es enemiga, anuncia el próximo fin de una enemistad.

AGRICULTURA. Soñar con campos cultivados es signo de que la persona está actuando al máximo de sus posibilidades; en cambio, si se sueñan con campos yermos o llenos de maleza, el sueño quiere indicar que hay espacios en la vida del individuo que no son lo suficientemente aprovechados. «Estás actuando por debajo de tu potencialidad —viene a decirle el sueño—. Dios te ha dado propiedades y tú te quedas parado sin hacerlas rendir.»

AGUA. Entramos aquí en contacto con uno de los elementos primordiales, rico en múltiples simbolismos. El agua representa las emociones, la emotividad, los sentimientos, los deseos informes, la sensibilidad. Si sueñas con aguas puras, ellas quieren hablarte de sentimientos sinceros, nobles, altruistas, relacionados con las personas o situaciones que aparecen en tu sueño. Si son aguas encharcadas, putrefactas, abundantes de gérmenes patógenos, ello indica que las pasiones, han hecho nido en los sentimientos y ya no hay sinceridad, ya no hay nobleza. Si sueñas con que el agua inunda y destruye cultivos o ciudades, ello constituye un grito de alerta: es que vives sumergido en tus sentimientos, sin que la razón consiga hacerse con el timón de la nave de tu vida. Es una advertencia para que dejes de actuar guiado exclusivamente por los buenos o malos sentimientos que te inspiran los demás. Si el agua con que sueñas se presenta en forma de lluvia mansa, es aviso de fecundación: tu sentimentalidad te llevará a ser fecundada. Si la lluvia cae tempestuosamente, puede anunciar parto triple, cuádruple o quíntuple, si la mujer se encuentra en estado. Indica también lucha de sentimientos, pelea con la persona amada. Las aguas de la mar sólo aparecen en los llamados «grandes sueños» y son evocadoras de las almas grandes. Si sueñas con el mar, peregrino, ello significa: «eres más grande de lo que aparentas, mucho más de lo que creen los pobres habitantes de esta Tierra, que no pueden comprenderte ni aquilatar tu valor. Pero en el cielo, de donde arranca tu genealogía espiritual, saben quién eres y desde allí siguen anhelantes tus pasos por la Tierra».

ÁGUILA. Es el símbolo de los altos pensamientos, de las ideas creadoras, de la voluntad de poder y de conquista alimentada por un ideal. «He soñado que una bandada de pájaros volaba de este a oeste. Luego sobrevenía un águila y los iba devorando todos.» Los pajaritos de este sueño son las pequeñas ideas, los pequeños ideales sin envergadura que son devorados por un gran ideal que ocupa todo el espacio de la vida anímica, no dejando lugar para otra vida, para otro parpadeo de la conciencia. Si en vuestros sueños aparece el águila es señal de que estáis a punto de sacrificarlo todo por una idea, por un designio, y que fuera de él no os quedará nada, absolutamente nada. Preguntaos si sois lo bastante fuertes para resistir esa soledad que se avecina.

AHOGADO. Si soñáis que os estáis ahogando, significa que vuestro «yo» naufraga en vuestras emociones, es decir, se sumerge en el inconsciente y deja que los deseos manden en vuestra vida. Es signo de envilecimiento general y progresivo. Si es el cadáver de otra persona el que flota en el agua de vuestros sentimientos, significa: amor por los bienes yertos o, dicho de otro modo: en vuestros sentimientos está flotando un cadáver, símbolo que las «llaves de los sueños» convierten en riqueza. Resumiendo, el sueño significará: os vendrá dinero si no tenéis inconveniente en envileceros.

AHORCADO. Símbolo de la carencia de medios, expresión de una fatalidad que arruinará vuestras empresas. Si el ahorcado aparece en vuestros sueños, no emprendáis lo que pensabais emprender y dejad que otros se ocupen de vuestros negocios, ya que la suerte os será contraria durante una temporada.

AIRE. Es otro de los elementos primordiales que simbolizan las ideas, los pensamientos. Un sueño que se desarrolla en el aire se refiere a la vida psíquica. Todo lo que ocurra en ese sueño estará, pues, en relación con las ideas, la imaginación, los intercambios intelectuales.

ALARMA. Si en tu sueño oyes sonar las sirenas de alarma, las de los bomberos, las de la policía o bien oyes voces de alarma, es señal de que en tu vida existe un peligro inminente, que puede ser de orden físico o moral. Al despertarte, medita profundamente sobre tu existencia y ve si lo que estás haciendo no resulta peligroso para ti o para los que te rodean.

ALFARERO. El alfarero que modela en barro figuras humanas es el reflejo de Dios modelando al hombre con el barro de la Tierra. Si esa imagen aparece en tus sueños, interpreta el mensaje de este modo. «En ti se encuentran los materiales con los que forjar tu individualidad. Modélate, hazte, pasa por el crisol de las experiencias, con agua y con fuego, créate tu propio "yo". Es hora de empezar la obra.»

ALMACENES. Soñar que uno va de compras en unos grandes almacenes se interpretará de distintas maneras según lo que ocurre en ellos. Si el soñador compra de todo, más de lo que se puede llevar, puede significar: «Concéntrate en lo esencial, no te disperses en mil cosas; los accesorios ahogan tu vida y no te permiten consagrarte a tu principal tarea». El gran almacén es una imagen reducida de la vida, en la que hay de todo. De un modo general, significa: «Escoge bien, no te apresures, examínalo todo y sabe elegir lo más conveniente.»

ALONDRA. Si en el cielo de tus sueños aparece la alondra, es señal de esperanza y de progreso en aquello en que se encuentran concentrados tus anhelos. Es signo, pues, de que debes persistir en tu acción, en caso de que empieces a desfallecer. Esa alondra anuncia un cambio en las circunstancias, cambio favorable, la llegada de alguien que te apoyará. Por el contrario, si la alondra desciende o pasa por algún desgraciado percance, deberá ser interpretado al revés: fin de tus esperanzas.

ALTAR. Este sueño puede ser significador de un próximo matrimonio para el soñador o para alguien de su familia, por ser el altar lugar de unión.

ALUMBRAMIENTO. Significa que algo que se encontraba dentro del soñador va a salir. Puede ser la llegada a buen puerto de un plan largamente perfilado, de una obra en la que se han depositado las más vivas esperanzas. Significa también el final de un período de incertidumbre, el final de un temor. Si el alumbramiento se realiza sin contratiempo, si se tiene la sensación de desahogo, ello confirma el buen presagio. Si por el contrario la parturienta ha necesitado mucha ayuda, si ha tenido que utilizarse un fórceps o recurrir a una cesárea, es síntoma de que la cosa saldrá, pero con grandes complicaciones.

AMANECER. Si la acción del sueño transcurre al amanecer, ello significa que se trata de algo que empieza, de algo que se encuentra en su fase primera, algo que aflora a la conciencia por primera vez. El porvenir de esa cosa, indicada por la acción misma del sueño, dependerá de lo prometedor que sea ese amanecer. Si el sol luce en un cielo radiante, el pronóstico es bueno. Pero si el cielo está cubierto de espesos nubarrones, si no hay sol, si llueve, entonces debemos concluir que aquello que empieza no progresará o lo hará con grandes dificultades.

AMBULANCIA. Soñar con una ambulancia significa: «Necesitarás socorro.» Los sueños se refieren casi siempre a nuestra entidad moral. Los peligros que se corren en sueños son casi siempre peligros psíquicos y morales. «Debes hacerte socorrer moralmente», dice este sueño. Pero si se realizan trabajos peligrosos, este sueño puede significar que el individuo tiene conciencia de ese peligro y que debe rodearse de seguridad.

AMOR. Los sueños de amor son frecuentes en los adolescentes, sobre todo cuando se encuentran en su primer amor. El soñador se ve junto a la persona amada, de paseo, en el cine, en mil situaciones distintas. Se trata de los famosos «actos fallidos» a los que tanto se refirió Freud. Son actos que el soñador no ha podido realizar en el curso de la jornada y que el alma, libre de trabas y de convencionalismos, realiza durante la noche. Esas escenas son escenas reales, vividas en otros mundos, puesto que durante la noche los «cuerpos superiores» del hombre se retiran a lo que los esoteristas llaman «mundo de deseos», y allí viven sin que esa vida se inscriba en la conciencia física. Pero cuando las emociones son muy grandes y desbordan, por así decirlo, de ese «mundo de deseos», entonces el físico guarda cierto recuerdo de ellas. No podemos extendernos sobre este tema, a fin de no desbordar nosotros el marco de esas interpretaciones.

Cuando se trata de escenas de amor erótico vividas en sueños, la cosa ya cambia. Lo sexual no es ese término hacia el cual confluyen todos los símbolos, como lo creyeron los primeros psicoanalistas y lo siguen creyendo los de la escuela freudiana, sino que es, a su vez, el símbolo de algo que está más allá. Todas las mitologías coinciden en estimar que el hombre es el emblema de las fuerzas creadoras celestes y que la mujer es el emblema de las fuerzas fecundadoras de la Tierra. Si es un hombre el que realiza un sueño erótico, ello será un síntoma de sus tendencias materiales, de sus necesidades de un mayor confort, de que está proyectando sus energías creadoras en vistas a la obtención de una mayor abundancia de frutos materiales. Si el erotismo del sueño adquiere formas perversas, ello le indicará que esa búsqueda de los bienes materiales es exagerada, que la está llevando a cabo a ultranza, con exclusión de toda espiritualidad, de toda moralidad y ética en la lucha por la conquista de una opulencia material.

Si es una mujer la que tiene un sueño erótico, el significado será completamente distinto. Será indicio de las aspiraciones espirituales de la soñadora, indicios de sus deseos de verse fecundada —intelectualmente— por las fuerzas creadoras del cielo; indicio, al mismo tiempo, de que la soñadora no encuentra el camino adecuado para que esa fecundación espiritual sea posible. La perversidad erótica en sueños significará para ella lo muy equivocada que está en persistir en un camino de búsqueda que no es el verdadero. Para el hombre, el sueño revelará una necesidad de materializarse; para la mujer revelará sus ansias de espiritualidad.

AMPUTACIÓN. Las piernas simbolizan la acción de los instintos y de los bajos sentimientos. Los brazos son símbolo de la acción inspirada por los sentimientos superiores y la mente. Si en sueños ves que te amputan la pierna izquierda, ello significará: «tus malos instintos hereditarios van a desaparecer». Si te amputan la pierna derecha: «tu capacidad de reacción instintiva ante los acontecimientos se verá disminuida». Si te amputan el brazo izquierdo: «tu fondo de bondad y de inteligencia se eclipsará». Si te amputan el brazo derecho: «tu capacidad de reacción positiva e inteligente ante las cosas desaparecerá». Verse amputar las piernas es un sueño que trae buenos presagios y, al contrario, verse amputar los brazos será un mal presagio. El simbolismo de los dedos es el siguiente: Meñique, la inteligencia práctica. Anular, la espiritualidad. Mayor, el destino, la fatalidad. Índice, las realizaciones, la actividad creadora. Pulgar, el amor, los afectos. Si sueñas que te amputan uno de esos dedos, te verás amputado de la cualidad que le corresponde.

ANCLA. El mar es símbolo de las emociones; el navío es símbolo de nuestro «yo» navegando por ellas. Echar el ancla significa el deseo de frenar las emociones, de detener ese navío en un punto fijo. Traduce el deseo de seguridad, de permanencia. Es como un «¡Basta!» que el alma lanza al durmiente, un grito impeliéndolo a la estabilización.

ÁNGEL. Si sueñas con ángeles u otros seres espirituales, ello es indicio de que tu destino superior se pone en marcha, de que se ha iniciado el despegue y de que descubrirás un nuevo mundo más amplio, más luminoso, con horizontes más anchos. Es indicio de que has sido «llamado» y sólo dependerá de ti el que seas «elegido». Pero como la vida espiritual es incompatible con el progreso material, el sueño significa restricciones económicas.

ÁNGELUS. Si en tus sueños oyes sonar el ángelus ello es indicio de paz y conformación. Si vives un conflicto, ese conflicto se solucionará próximamente gracias a una renuncia tuya y de la otra parte en la discordia.

ANGUSTIA. A menudo los sueños degeneran en pesadillas que sitúan al soñador en una posición angustiosa. La interpretación de esa angustia onírica sólo puede hacerse en función de la causa que origina esa angustia. Si es el fuego (una casa que se quema, por ejemplo), el sueño querrá indicar que la excesiva violencia interior, los deseos sobreactivados llevarán a una situación angustiosa. Si es la tierra lo que la produce (terremoto, por ejemplo), es que el cambio —de profesión, de casa, etcétera— no ha sido o no será bien inspirado, y el sueño sugiere replegarse a la anterior situación. Si es el aire (asfixia, catástrofe aérea), el sueño indica: tus ideas son peligrosas y pueden llevarte a la catástrofe. Si es el agua (temporal, inundación, etcétera) indica que la excesiva emotividad, los buenos o malos sentimientos inspirando la acción contra toda lógica, conducirán a una situación penosa.

ANIMALES. Si en tu sueño aparecen animales míticos que quieren devorarte o que se devoran entre sí, debes interpretarlo como una amenaza de retorno al primitivismo. Esos dinosaurios son tus instintos que amenazan con sumergir a la razón para imperar ellos en tu vida y regular el juego de tu existencia. El sueño es una llamada a la reacción de tu ser superior. Si, por el contrario, sales vencedor de una lucha contra animales prehistóricos, ello significará que tu ser superior ha vencido a los instintos y ello presagia un regreso tuyo a la «civilización» después de haber pasado una etapa de primitivismo integral.

ARAÑA. Si ves a una araña tejiendo su tela en un cuarto oscuro, desconfía de algo o de alguien, porque es aviso de que te están tendiendo una trampa. Como se trata de tu vida, no eches las culpas de lo que ocurra a los demás. Auscúltate y encontrarás esa tela de araña en algún lugar de tu inconsciente. Interpretando el presagio de una manera profunda, podemos decir: en tu inconsciente se teje algo que irá contra tu conciencia, generando un acontecimiento que puede estallar a manera de traición, de dependencia moral o física de una personalidad más fuerte, de seducción o subyugación. Tu libertad disminuirá, te dice el sueño, pero es en ti mismo, en lo más profundo de tu interior, que deberás ir para cortar las amarras.

ÁRBOL. En general, es símbolo de protección material. Verse arrimado a un árbol robusto es indicio de que nada ha de faltar desde el punto de vista material, de que en la vida del individuo habrá siempre un protector que le hará de madre. Los frutos y las hojas del árbol indicarán exuberancia de esa protección. Si se halla en una tierra fértil, ello será indicio de que el soñador se encuentra en un buen terreno, del que podrá sacar muchos bienes, de modo que el sueño es una invitación al trabajo. Si, por el contrario el terreno es estéril y el árbol raquítico, ello indicará exactamente lo contrario.

ARCO IRIS. Si en tus sueños aparece el arco iris en un cielo cargado de nubarrones, ello indica que tras una etapa de grandes dificultades todo va a mejorar de repente. Si te encuentras hundido moralmente y materialmente, si te ves excluido, marginado por la sociedad, si has apurado todos los cálices de la amargura, este sueño viene a decirte: Aunque tus vecinos no te comprendan, en el cielo hay quien vela por ti, quien sigue tus avatares y quien, en su momento, se revelará a tu alma. Cuando esto ocurra, ya nunca más te sentirás solo y conocerás lo que hay detrás de esas tinieblas que te cercan ahora.

Estás a punto de conquistar el amor universal.

ARMARIO. El armario es símbolo de las posesiones íntimas, del ropaje intelectual, cultural y humano que el individuo arrastra consigo. Lo que hay en el interior de los armarios nos indicará si lo que lleva «encima» es bueno o malo. Si hay objetos diversos, amontonados en desorden, será indicio de que la persona debe ordenar sus conocimientos para poderlos utilizar en un momento dado. El mensaje es este: tienes contenidos muy dispares dentro de ti, pero su utilización es imposible. En cambio, si el armario aparece muy bien ordenado será indicio de que la persona con la cual se sueña o uno mismo lo tiene todo muy bien estructurado. Si el armario aparece vacío, ello indica la necesidad de adquirir conocimientos y cultura que no se tienen. Si los objetos que hay en él son inútiles o superficiales, significa que los contenidos de la conciencia son también de poca utilidad, y el sueño es una llamada a una mayor profundidad.

ARMAS. El sueño de personas armadas se presta a varias interpretaciones. Si es una mujer la que sueña con un hombre armado que la persigue o la amenaza, el sueño casi siempre puede interpretarse en un sentido sexual. Se trata de una mujer insatisfecha sexualmente y sueña con las armas masculinas, de las que se ve privada. Si el sueño lo realiza un hombre, ello puede ser indicio de un sentimiento o un complejo de inferioridad. En tal caso, el sueño viene a decirle: lo que tienes que hacer debes realizarlo de una manera natural, sin una violencia artificial, extraña a tu naturaleza.

ASCENSIÓN. Soñar que se asciende es siempre indicio de que en la vida las cosas han de ir bien. Pero si esta ascensión entraña peligros, bien sea porque el personaje del sueño no se encuentra suficientemente preparado o porque la empresa es excesivamente arriesgada, entonces el sueño significará que la ascensión social y profesional no se realiza en condiciones naturales, que se fuerzan las cosas, que hay riesgo y que, tal vez, la empresa se ha llevado a cabo más por satisfacer la vanidad que por disponer de los conocimientos que hacen natural el ascenso.

Entonces lo aconsejable es hacer marcha atrás.

ASCENSOR. Soñar que se sube en ascensor significa que la persona o las personas implicadas en el sueño se valen de medios extraoficiales para situarse en puestos a los que jamás se encumbrarían si tuvieran que hacerlo con su propio esfuerzo. El ascensor es el símbolo del favoritismo, del enchufe, del artificio. Anuncia un ascenso en la vida, pero como faltan los méritos propios, el sueño lleva implícito un presagio de provisionalidad.

ASCO. Los sueños de asco constituyen un aviso de que hemos alcanzado el límite de lo permitido por nuestra personalidad moral. Si sueñas que algo o alguien te produce asco, piensa que esa materia corrompida que ves en tus sueños es una parte de tu yo. Es señal de que estás obrando contra ti mismo y tu ser profundo siente repugnancia por lo que está haciendo tu personalidad superficial. No sigas por ese camino.

ASEAR. Una mujer soñaba todas las noches que se estaba aseando, que se ponía infinidad de perfumes y de cremas y no obstante siempre olía mal. El oniromántico le dijo: «Ese sueño significa que hay en tu personalidad moral algo que está sucio, y es evidente que el producto que empleas para limpiarlo no sirve para el fin a que lo destinas. Te estás engañando a ti misma, ya que sabes perfectamente que hasta el agua clara sirve para limpiarse eficazmente. Si tú no lo consigues, es que no empleas ni siquiera esa agua primaria.»

Y es que cuando se trata de realizar un aseo moral, no basta con cumplir un rito religioso. El rito debe ir acompañado de una resolución profunda; de lo contrario te lavarás una y otra vez y siempre te encontrarás sucia. Hay mujeres que tienen el vicio de la limpieza, no en sueños, sino en su vida real, y no pueden vivir sin lavar tres veces por día el suelo de su casa. Esa psicosis de limpieza es síntoma de que hay algo sucio en su moral y que es preciso efectuar a ese nivel la limpieza que tanto prodiga a suelos y cacharros.

ASEDIO. Verse en una ciudad sitiada significa que la persona que lo sueña vive prisionera de sus condicionamientos. Cuanto más angustiosa sea la situación del soñador, más urgente será la ruptura con la rutina, aunque esa rutina cueste miles o millones de dólares. Cierto presidente director general tuvo un sueño de este tipo. El consejo de su oniromántico fue: «Dimita de todos sus cargos y cambie de vida. Sus responsabilidades profesionales le mantienen en una ciudadela llena de riesgos en la cual corre un gran peligro.» El hombre no siguió el consejo y al poco tiempo moría de un infarto.

ASEGURAR. Soñar que se está contratando un seguro de vida puede significar que la persona está enferma sin saberlo. En este caso es un aviso del inconsciente para que el ser actuante pase una visita médica. La misma interpretación puede darse si en la vida real aparece, de improviso, un agente de seguros en tu casa con la pretensión de asegurarte. En tal caso procede inmediatamente a una serie de análisis.

Si el seguro se refiere a un objeto la interpretación es otra: significa que tu libido se ha «atascado» en una cosa a la que supervaloras. El sueño quiere

decir al soñador: «No te detengas en tu camino, no gires alrededor de placeres que son por naturaleza pasajeros y que no debes tratar de eternizar.» La vida es camino, y los seguros que garantizan el gozo de algo no pueden ser más que estorbos, trabas, obstáculos.

ASESINATO. La violencia física del sueño es casi siempre violencia moral en la vida despierta. Un padre soñó que unos «desconocidos» asesinaban a su hijo. Los «desconocidos» eran sus propias tendencias inconscientes que estaban «asesinando» la personalidad psíquica del muchacho mediante una presión de orden moral que excluía toda manifestación espontánea por parte del hijo. Nosotros somos siempre los protagonistas de nuestros sueños, tanto si las caras que vemos en ellos son «conocidas» o «desconocidas»; se refieren siempre a tendencias que actúan en nosotros, a sabiendas o ignorándolas. El «hijo» también somos nosotros, el «hijo» es esa parte nueva de nuestro «yo» que se encuentra en fase insegura, emergente, y a la que hay que proteger y cuidar, por lo menos si se trata de «un buen hijo». Pero ello no obsta para que ese «hijo» psicológico no sea al mismo tiempo el hijo real, al que tratamos igual que al «otro». Este sueño debe incitarnos, pues, a modificar nuestro comportamiento frente a las personas identificadas en nuestro sueño, y frente a las tendencias propias que dichas personas representan. Si somos nosotros las víctimas del asesinato, debemos modificar nuestra política frente a nosotros mismos. Es posible que abriguemos un sentimiento de culpabilidad y es urgente que nos liberemos de él.

ASESORÍA. En el mundo moderno ha surgido la figura onírica del asesor, del hombre que da consejos sobre las leyes o los valores. Si aparece el consejero en tus sueños, es síntoma de que no estás bien informado y de que estás viviendo de ideas y hasta de sentimientos prestados por los demás, adoptando puntos de vista que no te pertenecen, mirando las cosas desde una perspectiva que no es la tuya. El sueño es una llamada a la independencia, una inducción a asumir la responsabilidad de tu propia vida sin la ayuda de terceras personas que no son las naturales que la vida pone frente a ti, sino las estipuladas. Si eres tú el asesor es una invitación a que dejes de colonizar mentalmente a tus pupilos, facilitándoles el acceso a las fuentes de información.

ASFIXIADO. Ya hemos dicho que el aire está en relación con las ideas. Si soñáis que os estáis asfixiando, es señal de que las ideas faltan. El mensaje del sueño es el siguiente: estás funcionando con ideas viejas, usadas, que ya han dado de sí todo el jugo que podían dar. Con esas ideas no se puede ser otra cosa que un muerto en vida, un cadáver ambulante. Será preciso, pues, desprenderse de esos materiales usados y adquirir otros nuevos. La fidelidad a unas ideas o a unos principios no significa entereza de carácter, ya que la vida es constante renovación y las ideas y los principios tienen que evolucionar de acuerdo con la corriente renovadora de la existencia.

ASIDERO. En los sueños de peligro, encontrar un punto fijo en que asirse significa que un elemento providencial surgirá y que ello permitirá salvarse del peligro moral que acecha al durmiente.

ASILO. Soñar con un asilo de ancianos significa que ya no se puede ir mucho más allá en el camino que el ser consciente está recorriendo. Sugiere pues un cambio de ruta, ya que lo que se lleva entre manos ofrece escasas posibilidades.

ASNO. El asno es un animal útil y modesto, con el que se pueden acometer grandes empresas si no se tiene prisa (los vietcong transportaron a lomos de asnos y mulas las piezas de artillería que les permitieron vencer a los franceses en la batalla de Dien-Bien-Fu). Cristo ilustró el simbolismo del asno al entrar en Jerusalén montado a lomos de uno de ellos. En su huida a Egipto, la Sagrada Familia utilizó también a un asno, que los transportó fielmente y con toda seguridad. El asno tiene, pues, un papel importante en la Historia Sagrada. ¿Por qué será?

El asno es el símbolo de los instintos que han sido vencidos, que han sido superados y sobre cuyos lomos se asienta la personalidad superior. Todas las escuelas esotéricas recomiendan a sus adeptos no matar los instintos, sino domesticarlos tan sólo para convertirlos en el motor dócil de una voluntad superior. Si soñáis que habéis matado el asno, es malo, muy malo, ya que significará que habéis dado muerte al único motor que podía transportaros y os encontraréis sin el vehículo natural. Será preciso que resucitéis a este asno de los sueños. Si, por el contrario, como hicieron Cristo o María, os veis montados a lomos de un asno, podéis estimaros satisfechos, ya que ello significa que estáis en camino, en el verdadero, el que no puede recorrerse a grandes zancadas, sino despacio. Esencialmente, el sueño querrá decir: tu ser instintivo se encuentra justo en el punto adecuado para ser utilizado en la conquista de lo trascendente.

ASPA. Soñar con molinos cuyas aspas baten el viento significa una lección de cosas que se ofrece al durmiente: las aspas son los ramales de la inteligencia que deben captar las ideas (aire) y transformarlas en acción (el trabajo del molino) para recoger la experiencia diaria (el grano molturado).

ASTILLERO. Soñar con un astillero en plena labor significa: tienes muchos materiales a tu disposición y te bastará con ordenarlos adecuadamente para edificar la gran nave de tu vida, la que conducirá tus sentimientos a puerto seguro. Si posees la ciencia de los constructores, a buen seguro que llegarás muy lejos. Pero ¿posee el durmiente esa ciencia? El sueño es una invitación a que se la procure. Se trata, naturalmente, de la ciencia de la vida, que aún no se enseña en las universidades y que sólo pueden adquirir los humildes, los que tienen conciencia de ser pobres en conocimientos.

ASTRO. Las estrellas salen de noche. Son luces que brillan en las tinieblas. Antiguamente los buques se guiaban por ellas, y en muchas canciones populares se habla de cómo las estrellas conducen el destino. Si sueñas con un cielo estrellado es signo de que tu voluntad renuncia a llevar el remo de la vida y que se abandona en manos del destino. El sueño quiere decir: el destino moldeará tu vida, puesto que renuncias a modificarlo con tu voluntad inteligente. Te llevará a puerto seguro, pero ¿cuántos

temporales deberás capear? Abandonarse al destino es signo de debilidad. La vida debe ser el resultado de la tensión, del tira y afloja entre voluntad y destino.

ASTRÓLOGO. Si en tus sueños aparece el astrólogo es signo de incertidumbre, de perplejidad interior. Te encuentras seguramente en una encrucijada y no sabes cuál camino es el mejor. Harías bien en consultar a ese astrólogo de tus sueños.

ASTUCIA. Si sueñas con una historia de astucia, en la que aparece un «listo» que con un ardid le saca ventaja a las cosas; es que te acecha el peligro de caer en esa trampa. La astucia no es una virtud de persona evolucionada; no tiene mérito aprovecharse de la ignorancia de los demás, ni de sus pasiones insensatas. Si sientes complacencia en el sueño, si te identificas con el «listo», mucho cuidado, es que tu nivel moral está bajando y necesita ser realzado.

ASUSTAR. Los sueños de miedo traducen la inseguridad del soñador en el escenario en que se desarrolla su vida. El sueño aconseja situarse a un nivel más seguro, bien sea en el plano profesional o en el amoroso, al pretender a alguien que por una razón u otra no conviene; o también en el plano moral. El soñador que se asusta en sueños debe analizar cuidadosamente su vida y ver lo que hay de espantoso en ella.

ATADO. Sueño de impotencia. Tal vez el soñador no se da cuenta de que en su vida real vive atado a algo o a alguien —a un principio, a un objeto—. Alguien soñó que estaba atado a un libro enorme, un libro más grande que él. Era un hombre que sentía un gran amor por los libros, un amor que excluía todo lo demás, hasta el punto de que sus ideas eran las de los libros. Este sueño le daba a entender que los libros lo esclavizaban, sugiriéndole que sería bueno que se liberara de ellos para poder vivir otras experiencias, para conocer otras dimensiones. Ved, pues, qué es lo que os ata y, sea lo que sea, procurad desataros.

ATAJO. Ir por el atajo tiene la ventaja de que se llega antes, pero casi siempre resulta peligroso porque los caminos

que son atajo están mal dibujados, hay espinos y hasta tal vez animales monstruosos acechando, como ha sucedido en más de un sueño de este tipo. Es preciso, pues, tener valor para ir por el atajo, o estar bien armado contra los peligros. El que sueña que se aventura por un atajo es necesariamente alguien que quiere salirse del camino trillado de las convenciones para llegar antes a esa meta espiritual a la que nos conduce siempre la vida. Se trata, pues, de un líder, de uno que sale del pelotón. El sueño le promete victorias espirituales, pero en el plano material es el anuncio de una etapa incierta y de posibles peligros.

ATALAYA. Se trata de un promontorio defensivo. Si te ves en esa posición, no cabe duda de que estás armado para la defensa, pero al mismo tiempo es que esperas el ataque de tus enemigos, de modo que tienes enemigos. El sueño querrá decirte: estás viviendo a la defensiva, y aunque tu posición sea relativamente segura, tu manera de obrar está creando muchos enemigos. Vivir a la defensiva significa no utilizar las fuerzas creadoras que hay en nosotros y que nos impulsan a la conquista de otros espacios intelectuales o emotivos. El sueño es una invitación a hacerlo. Es preciso consumir las energías creadoras que hay en nosotros o son ellas las que acaban consumiéndonos. Las atalayas han sido hechas para ser conquistadas, a la corta o a la larga.

ATAQUE. Los sueños de guerra son frecuentes y de gran riqueza imaginativa. Se trata de una guerra interior que ha estallado en el ámbito de nuestro ser, entre tendencias contradictorias. A menudo uno de los bandos está compuesto por soldados arcaicos, medievales, que atacan con armas de aquel tiempo, o tribus primitivas, indios que van medio desnudos. Esos soldados ancestrales simbolizan lo que hay de más antiguo en nuestro ser: los instintos. Y contra ello se alza un ejército más moderno, pero tal vez más reducido, o formado por niños. Ello simbolizará las fuerzas del intelecto, fuerzas nacientes y en inferioridad de condiciones ante el combate. Si el soñador está a favor de los primitivos, mala señal; es que se identifica con sus instintos. Si está en favor de los que re-presentan la civilización actual, no cabe duda de que se encuentra del buen lado de la contienda. Puede ser mero espectador imparcial, síntoma de que no participa en el drama de su propia vida. El sueño significa que vive un momento peligroso de su vida y debe tomar conciencia de ello.

ATASCO. Si es una tubería la que se ha atascado en tu sueño, desbordando el agua por todas partes, ello indica que hay en tu vida una emoción que no has digerido, un sentimiento que se te ha quedado clavado como una espina y que no permite el libre tránsito de tu vida emotiva por los conductos usuales. Digiere, pues, sea lo que sea, y todo volverá a la normalidad. Si es tu vehículo el que se atasca en una carretera enfangada, es síntoma de que vas por mal camino y debes rectificar tu itinerario.

ATAÚD. Este sueño significa el fin próximo de algo, de una situación determinada, de una servidumbre, de un condicionamiento. Significa, pues, una liberación, una mayor libertad, el final de una dependencia moral o física.

ATENTADO. Anuncio de un peligro. Si soñáis con un atentado, sea cuál sea el protagonista, significa que estáis despertando poderosos antagonismos y que es preciso rectificar vuestra acción.

ATERRIZAR. Si vuestro avión aterriza en sueños ello implica un feliz presagio, ya que vuestras ideas (el avión) se encarnarán armoniosamente en la realidad (campo de aviación). O sea, que gracias a vuestro sentido práctico conseguiréis llevar a la realidad vuestros proyectos.

ATORNILLAR. Soñar con mecánicos que están atornillando unas piezas, remachando clavos, revisando la instalación, significa que el engranaje de vuestra vida debe ser revisado, que es posible que haya alguna pieza suelta por ahí que impida el libre tránsito de la vida.

ATRACCIONES. El parque de atracciones es a menudo escenario de sueños. En él se encuentra de todo, desde el tobogán hasta la casa del miedo; desde la mujer más gorda del mundo hasta el que vive dentro de una botella. Es una imagen reducida del mundo, con todos sus simbolismos. Se podría escribir un libro sobre los sueños que se desarrollan en un parque de atracciones. Tal vez, como tantos, el soñador se vea seducido por el tobogán, sintiendo un inmenso placer al bajar y una angustia sofocante al subir. O tal vez se pierda en el laberinto de los mil espejos... El soñador puede aprender a conocerse a sí mismo analizando este sueño y viendo en cuáles atracciones se ha detenido y ante cuáles ha pasado de largo. Ello le dará un indicio sobre las cosas de la vida ante las que pasa sin detenerse, y sobre aquellas en que quizá se detiene demasiado.

ATROPELLO. Vas a cometer o serás objeto de una injusticia. Trata de ponerte a salvo de ella, tanto si eres el verdugo como la víctima de la historia.

AUTOBÚS. Soñar un viaje en autobús es una alegoría de ese otro gran viaje que es la vida. Si tu vehículo es un autobús, eso significa que tus movimientos no son enteramente libres. Que te ves condicionado por tus demás compañeros de viaje, por el conductor que guía. Deberás aceptar paradas que nada aportan a tu trayecto y circunvalaciones que tan pronto te alejarán como te acercarán a tu meta. El sueño es una invitación a darte cuenta de que no estás solo y de que debes hacer causa común con personas que tal vez ni siquiera conoces y que deberías conocer.

AUTÓMATA. Soñar con autómatas, con juguetes de cuerda o eléctricos, que realizan siempre el mismo movimiento; es signo de que el soñador ha renunciado a ejercer una acción mental sobre su cuerpo y que realiza, simplemente, los mismos movimientos que los demás. El sueño viene a decirle: «Te has convertido en un hombre-masa, en un hombre programado por los hábitos, que vive fuera de todo individualismo creador». Toma conciencia del hecho y vuelve a ejercer tus poderes intelectuales

AUTOMÓVIL. Los viajes constituyen un gran tema de sueños. Cuando el soñador se ve utilizando un medio de locomoción colectivo: tren, autobús, avión, conducidos por gente que no conoce, ello significa que es poco consciente de sus responsabilidades en la vida. Son sueños de inmadurez espiritual. Pero cuando el soñador se ve conduciendo su propio vehículo, ello equivale a una aceptación de su destino, implicando una madurez y un sentido de la responsabilidad verdaderamente superior. El sueño viene, pues, a decirle: «Tú eres el piloto de tu propia existencia: del cielo te vienen las energías creadoras que permiten a tu vehículo humano funcionar y tú las utilizas según las peculiaridades de tu voluntad.» La interpretación de la totalidad del sueño dependerá del paisaje que atraviese el vehículo, de lo ancho del camino, de la luz o la oscuridad que ilumine la escena. Pero sea cuál sea la circunstancia, una cosa es segura: el paisaje cambiará a medida que pasen los kilómetros, lo mismo que la luz. De igual modo, en el viaje de la vida lo agradable sucede siempre a lo desagradable y lo luminoso a lo oscuro.

AUTOPSIA. Este sueño macabro es anunciador de felicidad. Ello significa que te interesas por las causas que han provocado una muerte, una ruptura, una ausencia. Ir a las causas que provocan los efectos es síntoma de que estás asimilando las experiencias de la vida y que los errores que provocan los sufrimientos pronto desaparecerán.

AUTORIDAD. Si en un sueño intervienen agentes de la autoridad es síntoma de que el soñador vive en estado conflictivo, puesto que la autoridad es la que regula los conflictos e impone la ley. ¿De qué se trata? ¿De una rebelión de sus instintos que atacan los guardianes de la moral? ¿De un despertar súbito de las pasiones que amenazan con sumergir el frágil puente de los principios? O tal vez sea la autoridad la que reprima brutalmente —en el sueño— a los enfurecidos representantes de los instintos y las pasiones. El soñador debe analizar lo que sucede en su interior y hacer frente a la emergencia.

AUXILIO. «Estoy prestando auxilio a un moribundo, pero de pronto me entran dudas y me pregunto si no sería mejor dejarlo morir.» ¿Qué significa ese sueño cruel? Muchas veces hemos dicho que los personajes de nuestros sueños son siempre tendencias interiores. Los conocidos representan nuestras tendencias conscientes; los desconocidos, nuestras tendencias inconscientes. Ese moribundo del sueño es, sin duda, algo que está en el psiquismo del soñador y que fallece. Tal vez sea mejor así, puesto que todo nuestro ser psíquico debe morir paulatinamente para que una renovación pueda efectuarse. Prestar auxilio a alguien significa, pues, reavivar en nosotros mismos pedazos de nuestra alma que se van muriendo de puro viejos, pero que formaban nuestros hábitos y los auxiliamos artificialmente para que no desaparezcan.

AVALANCHA. Lo que nos viene de encima es siempre algo generacional por la espiritualidad, por lo que nos es superior. El soñador que se ve sepultado por una avalancha de nieve es señal de precipitación de energías espirituales y señal de que no está preparado para recibirlas, señal de que no ha abierto cauces apropiados en su ser para que los contenidos espirituales puedan transitar por su alma sin provocar una catástrofe. El sueño es una invitación a la apertura de esos cauces; de lo contrario recibirá un terrible castigo en el que su razón podría quedar sumergida. Cambia de vida, amigo. Renuncia y espiritualiza para que tu alma vaya derritiendo la nieve que se acumula en las fronteras de tu ser.

AVE. Las aves son símbolo de nuestros pensamientos. Si vuelan hacia arriba indican período propicio para la creación. Si van de izquierda a derecha indican mentalidad abierta hacia el porvenir; si vuelan de derecha a izquierda, indican repliegue mental, buceo en el pasado, en la tradición. Si caen en picado de arriba abajo indican que el pensamiento se apaga, que regresa a la materia.

AVESTRUZ. Es el símbolo por excelencia de la negación de la evidencia. Ese animal cuando se encuentra ante un peligro mete la cabeza debajo del ala para no verlo. Si sueñas con los avestruces es que tú también, de un modo u otro, niegas obstinadamente lo que es evidente. ¡Cuidado, pues, ya que te encuentras en el camino de la ceguera! En otra encarnación podrías despertarte invidente y te preguntarías por qué. Y figúrate que la invidencia es algo que se estudia también, que se aprende pacientemente.

AVIADOR. Ya hemos dicho que el aire, el espacio, es símbolo de nuestro mundo mental. Los objetos que se encuentran en él simbolizarán, pues, las ideas. Un pájaro es un pensamiento natural y espontáneo, pero un avión es ya toda una estructura mental, un engranaje pacientemente edificado. Si soñamos con un aviador con su avión, ello se refiere a algo muy complejo que tenemos en marcha, de lo cual dependen muchas personas. ¿Qué le pasa al avión o aviador de nuestros sueños? ¿Atraviesa una zona de tormentas? ¿Pierde velocidad? ¿Sube hacia un nivel más seguro? ¿Está bajando en picado? ¿Se presiente la catástrofe? Las vicisitudes del avión de nuestros sueños nos indicarán si esa cosa compleja en la que navegamos en la vida real, creada a fuerza de pensamientos unidos, va bien o va mal.

AYUNO. Soñar con la figura del asceta que ayuna es una invitación al soñador en el sentido de que debe también ayunar. Él mismo debe descubrir de qué debe ayunar. Es posible que esté comiendo demasiado y que todas las energías de su organismo se encuentren ocupadas en las tareas de la digestión, no disponiendo de fuerzas suficientes para pensar, para sentir, para vivir la vida en profundidad. Es posible que se trate de otra clase de ayuno. Ayuno sexual, por ejemplo. Ayuno de ciertos ingredientes intelectuales que penetran en demasía en su organismo mental, como unas determinadas lecturas, la visión de unos determinados filmes. El ayuno de eso que consuma en exceso permitirá al soñador diversificar su vida, prestar atención a otras cosas que le pasaban inadvertidas. Es preciso un cambio cualitativo, viene a decir el sueño.

AZUL. Es el color de la virtud activa, militante, al revés del blanco, que es el color de la pureza pasiva, antes de pasar por la prueba de la acción. Azul significa verdad, sinceridad, bondad, poder de realización. En los sueños en color, las personas y objetos azules o la acción que se desarrolla en paisajes azulados, indican cosas positivas, reali-zaciones, apoyos providenciales, rectitud.

BABEL. Soñar con la torre de Babel indica la extrema confusión a que ha llegado la vida del soñador y la imposibilidad de realizar la obra trascendente encomendada a todo ser. Necesidad de clarificación.

BACANAL. Soñar con orgías indica que los sentimientos están exasperados, que la sensibilidad es anormal y que los afectos que puedan surgir serán pasajeros y durarán lo que dure la anormalidad. Mensaje: no tomes compromisos amorosos ni amistades.

BAGAJE. Frecuentemente en los sueños aparecen los bagajes. Se pierden, se cambian, van en un tren cuando el soñador sube en otro. O bien el exceso de equipaje dificulta los movimientos. Los bagajes contienen los accesorios de nuestra personalidad, los vestidos con los cuales cubrimos nuestro «yo» auténtico, dándole una apariencia distinta. Son también la serie de instrumentos que nos permiten expresarnos socialmente a través de nuestro trabajo. Si soñamos que nos quedamos sin bagajes para tomar trenes distintos, ello puede significar que hemos emprendido una dirección en la que estamos poco preparados. Perder los bagajes corresponde a un proceso de sinceramiento, en el que nuestros actos acabarán por corresponder a nuestros pensamientos. Cambiar de bagajes significa que hemos trocado nuestro modo de ver por el de otro, que nos están colonizando mentalmente.

BAILE. Si te encuentras en un baile donde son muchos los que se mueven al mismo son, el sueño te sugiere la necesidad de adaptarte al ritmo de la vida y al contexto humano en que te ha tocado vivir. No te singularices y haz como todo el mundo, no des una falsa nota.

BAJADA. Los personajes que se mueven cuesta abajo indican que te encuentras en una situación abocada a una disminución. Examina detenidamente lo que tienes entre manos y ve si vale la pena salvarlo. Si decides que sí, ármate de paciencia y espera a que vuelva el ritmo cuesta arriba.

BALANZA. Significa: necesidad de equilibrio, en los juicios, en los amores. No desorbites las cosas. Sé ecuánime, sobre todo si alguien depende de ti.

BALNEARIO. Soñar que uno se encuentra en un balneario puede ser una advertencia de que un órgano de nuestro cuerpo empieza a ser dañado y necesita un tratamiento a base de aguas medicinales. En otro orden de ideas, el agua, que justifica la existencia del balneario y es síntoma de emociones, significa: purifica tus sentimientos.

BALLENA. Símbolo materno que indica necesidad de protección. El soñador está temiendo algo, y si teme es porque pisa terreno poco seguro que supone un peligro para él. Que estudie la conveniencia de ir a otro terreno. Es decir, tal vez su orgullo o su ambición le han llevado a un terreno profesional que no consigue dominar y que genera angustia. Tal vez ha entrado en relación con personas que no corresponden a su nivel cultural, financiero o humano. Si no puede hacer el esfuerzo para alzarse a ese nivel, es mejor que descienda voluntariamente de él. Eso es lo que sugiere el sueño de la ballena, sobre todo si se ve uno en su interior, como Jonás.

BANCA. Para sacar dinero de un banco es preciso haberlo depositado previamente. El dinero es el símbolo de nuestro poderío y la banca es el lugar donde se guardan esas energías creadoras. Lo que le ocurra a la banca de nuestros sueños nos concernirá íntimamente. Alguien soñó que su banca le comunicaba que disponía de una inmensa fortuna que él ignoraba. Era un momento de su vida en que el soñador se disponía a iniciar una empresa de gran envergadura y de porvenir incierto. El sueño le avisaba de que disponía de energías creadoras suficientes para llevarla a cabo. Otros soñadores, por el contrario, se encuentran con que su cheque no tiene provisiones. Hay que interpretar este sueño en el sentido de que se ha agotado la cuenta de confianza que concede la vida y que toda iniciativa está condenada al fracaso.

BANDERA. Es un sueño de triunfo, de felicidad, si la bandera ondea al viento, si no está rota o enlutada y no lleva señal alguna de derrota. Tras la bandera se agrupan los ejércitos, de modo que es símbolo de gran poder: significa que aquello por lo cual se lucha, aquello que se anhela, será defendido por todas las fuerzas de la voluntad y que acabará por imponerse.

BANDERILLERO. La figura del banderillero y de las corridas de toros inherentes a él aparece en sueños, no sólo en países donde las corridas de toros son frecuentes, sino en lugares que no se practican, y es soñada por personas que no han visto nunca una corrida. ¿Qué puede significar?

La corrida de toros es un rito de profunda significación, en la que el «hombre vestido de luces» (la parte trascendente del individuo) se dispone a matar la bestia (las pasiones, los bajos instintos. la parte evanescente de la personalidad humana que debe morir para que la parte superior triunfe). El rito de la corrida enseña cómo debe desarrollarse el combate contra la bestia. Es primordial que no sea atacada en su terreno, donde tiene más fuerza y poder, y tampoco conviene abordarla de frente, sino mandarle los peones, símbolos de los accesorios de nuestra personalidad, las tendencias secundarias. Ello permitirá al Yo-superior, al que «se viste de luces», observar y aprender sobre la personalidad de la bestia, a la cual se debilitará con unas puyas y unas banderillas. Al final, cuando esté ya cansada de rastrear, sonará la hora de la verdad y entraremos directamente en contacto con ella para darle muerte. Si sueñas con la figura del banderillero, ello significa que debes cambiar de «suerte» en el combate con tu ser inferior, que debes pasar a un ataque más directo. Ya no basta pasarle la capa a la bestia, es preciso herirla en su carne y correr el peligro de que el ser superior sea herido por ella. Es un sueño de peligro, de riesgo, pero que indica que te encuentras en un punto muy avanzado de tu recorrido hacia la conquista.

BANDIDO. Las acciones de los bandidos en sueños tienen casi siempre lugar en el campo, en el bosque; es decir, fuera de los lugares civilizados y conocidos que constituyen el paisaje de nuestra conciencia. Las afueras, los bosques, describen el terreno de nuestro inconsciente, y las bestias o los bandidos que transitan por ellos se refieren a nuestra vida anímica inconsciente. A veces se trata de bandidos del Oeste peliculero, o bandidos de otra época, en ciudades de otra época. Los unos y los otros se encuentran «más allá» del tiempo, es decir, de la inmediata conciencia, en el inconsciente. Soñarlos es como si el ser trascendente que hay en nosotros nos dijera: «Cuidado. Si en tu conciencia todo está en orden, en cambio en el bosque del inconsciente hay un peligroso bandido que puede amenazar en un momento dado el orden establecido en tu conciencia, y entonces te encontrarás viviendo sin ley. No des armas a ese bandido, no contribuyas a darle fuerza.» Si el soñador siente simpatía por el bandido es síntoma de que su conquista de la ciudad, del campo de la conciencia, está ya muy próxima.

BANQUETE. Los banquetes de los sueños suelen referirse al hambre espiritual, no al hambre física. Platón lo entendió así al escribir su famoso diálogo titulado *El banquete*. Y es que los que sienten hambre y sed de alimentos espirituales suelen comer solos; dicho de otro modo: emprenden la escalada espiritual en cordada solitaria. Y en ese acceso a los mundos del espíritu, si bien hay una parte que debe ser realizada en completa soledad, hay un camino que debe recorrerse acompañado, compartiendo con los demás anfitriones los conocimientos que vayan obteniéndose. El sueño del banquete significa: «Comparte tus riquezas espirituales, dalas en pasto a los demás, es decir, a los que son dignos de sentarse en tu mesa.» Al escribir dignos quiero decir capaces de comprenderte.

BAÑO. Si el baño tiene lugar en aguas puras, corresponde a un deseo y a una necesidad de purificación. Si, al contrario, el baño tiene lugar en aguas sucias o cenagosas, es síntoma de que el soñador cree purificarse con sus acciones, cuando en realidad lo que hace es ensuciarse más. Ese sueño suele surgir cuando una persona se dispone a mejorar, pero emprende un camino equivocado. El sueño trata de advertirle de su error. Por otra parte, el agua es generadora de abundancia y, según la orientación del sueño, puede ser anuncio de bienestar material.

BARAJA. Soñar que se baraja o que se juega a las cartas es señal de que el destino está operando y de que deben respetarse sus mandatos. La baraja, sobre todo la española, es casi una reproducción de los arcanos menores del antiguo Tarot, palabra derivada de la serie Tora, Rota, Ruta, que significan al mismo tiempo la Ley y la Ruta de la vida. En las figuras del Tarot todas las vicisitudes humanas están previstas y pueden expresarse en ecuaciones y como la vicisitud que vivimos la llevamos encima, así como el camino hacia el cual nos conduce, no resulta tan extraño que al cortar las cartas y sacar tres o cuatro del montón, expresemos la realidad espiritual que cuelga de nosotros. Para quien conoce el lenguaje de los símbolos que encierra cada naipe, el sueño de la baraja podría revelarle su porvenir. Los que lo ignoran deben saber, al soñar la baraja, que están viviendo un tiempo fuerte impuesto por su destino y deben ayudar con su voluntad la eclosión de ese destino, sea cual sea, sin intentar contrariar las tendencias de la vida.

BARBA. Ya hemos hablado de las barbas al examinar la

palabra «Afeitarse». Añadamos aquí algo más a la explicación del símbolo. El mentón es símbolo de voluntad. Los griegos, cuando querían obtener favores de los dioses les acariciaban el mentón para conciliarse su voluntad. La barba, al ocultar el mentón en su pelambre, es indicio de una renuncia a la voluntad para dar poder a la imaginación, que es la virtud contraria. La barba ha sido siempre atributo de místicos y poetas y de gentes que en general trabajan con la imaginación. Los personajes barbudos de nuestros sueños indican que nos encontramos en una situación en la que será necesario recurrir a la imaginación y que la voluntad no será operante.

BARCO. El barco es un símbolo del alma humana en su viaje por la vida, dejándose llevar por la fatalidad en ese mar del inconsciente. El sueño es una invitación a participar más intensamente en la empresa de la vida. Estamos aquí para hacernos con los bienes espirituales y materiales de que disponemos, no para ser simples objetos en manos de la providencia. Por otra parte, el barco puede traernos visitan-

tes inesperados, tesoros o desgracias; en ese caso debe interpretarse como novedades, buenas o malas, que nos aguardan.

BARNIZ. El barniz utilizado para recubrir una realidad poco presentable es símbolo de los subterfugios que el soñador utiliza para disfrazar la ruina de su «yo». El sueño invita a una mayor sinceridad, a vivir más de acuerdo con el ser profundo.

BARRACA. Los interiores de las casas se refieren al interior de nuestro propio ser, a las reservas y posibilidades que hay en nosotros. Si se sueña con una barraca, es que nuestro interior es muy pobre y arcaico, sin recursos. Debemos crearnos, pues, una morada más cómoda, más rica, en la que sea agradable vivir. Ello se obtiene mediante la reflexión, la introspección, la meditación, la convivencia íntima con uno mismo. Este sueño indica que debemos renunciar a una parte de nuestra vida exterior y cultivar el jardín de nuestro «yo».

BARRERA. Es frecuente el sueño en que aparece alguien

que va con prisas hacia un punto fijo, y de pronto se encuentra detenido por una barrera. Esa barrera es el símbolo de un obstáculo interior que no nos permite llegar allí donde nos proponíamos, tal vez a la cita con la gloria, con la fortuna o con la espiritualidad. La naturaleza misma de la barrera nos indicará cuál es ese obstáculo. Alguien soñó que su barrera era un enorme puerco espín muerto que impedía todo paso. El puerco espín es el símbolo del instinto erótico enfurecido. Aquel era su obstáculo.

BARRIO. El barrio en que vivimos es a veces escenario de nuestros sueños. Ello significa que el sueño se refiere a algo de lo cual somos perfectamente conscientes, pero que por interés o por estar reñido con la moralidad no queremos ver. En algunos sueños, el barrio que vemos es el de nuestra infancia. «Soñé que volvía a la antigua casa de mis padres. A pesar de que el barrio se ha transformado enormemente, en mi sueño estaba igual: el descampado seguía estando sin edificar e incluso continuaba de pie la barraca que habíamos levantado. Allí estaba el Goyi-

to, el Miguel, el Zozo. Sólo yo había crecido, pero me reconocieron inmediatamente al verme...». Este fragmento de un sueño es el de un hombre que, indudablemente, siente la añoranza del pasado, no tanto quizá del pasado físico, como del pasado moral o del pasado sentimental. Esos amigos de infancia que no han cambiado son las convicciones, los deseos, el estatus psicológico de una época anímica que ya ha sido superada, pero no de un modo total, puesto que la nostalgia está viva. Sin embargo, la barraca en que se encuentran esos fantasmas del pasado nos sugiere lo perecedero, lo provisional. El soñador está luchando sin duda por superar su pasado anímico, en un doloroso tránsito, de personalidad en personalidad, en ese camino sin fin hacia el hombre superior.

BASTÓN. Mal van las cosas cuando necesitamos un bastón en que apoyar nuestra vitalidad. Si se sueña que se busca un bastón —que a veces no se encuentra— o si vemos a un personaje apoyado en un bastón, interpretad ese objeto en el sentido de un artificio que permite mantener de pie algo sin lo cual no se mantendría. Entonces buscad en vuestra vida real que es lo que precisa de bastón para mantenerse de pie. Cuando lo hayáis hallado, renunciad a ese algo, sea lo que sea, ya que todo en la vida —los sentimientos, las ideas, las virtudes— deben mantenerse por su propio pie. Si cojean, si para mantenerse precisan de un medio artificial, es que ya no son irrigadas por las energías creadoras y hay que tener el valor de renunciar a ellas.

BASURA. Las «llaves de los sueños» suelen asimilar la idea de basura, excrementos, con la de dinero, de modo que soñar lo uno significa una promesa de tener lo otro. Expliquemos la mecánica de esta analogía: la basura es lo que queda de un objeto después de su grado máximo de utilización. El dinero es lo que queda tras un acto creador generador de experiencia. En el acto de ganar dinero, lo verdaderamente importante, lo que comemos o asimilamos, es la experiencia inherente del esfuerzo. Los restos, lo que queda, es ese dinero que sirve de motor a esa pobre humanidad desde el Renacimiento. Así vemos, pues, como soñar con ba-

sura es realmente promesa de dinero.

BATALLA. (Ver «ataque».) Nuestro mundo interior se encuentra en estado conflictivo. Ya no hay ley y el bando que gane la contienda establecerá la suya. Si son las fuerzas instintivas las que vencen, impondrán la ley de la satisfacción de los placeres y se producirá una regresión en el soñador. Si por el contrario vence el «yo» superior, se impondrá seguramente una ley represiva que condicionará severamente al individuo. Soñar con batallas equivale, pues, a un porvenir incierto, ya que nuestra política dependerá de quien sea el vencedor.

BAÚL. En el baúl suelen encerrarse las cosas que ya no sirven, los vestidos que están fuera de temporada, también los recuerdos que deseamos conservar. Si en un sueño aparece un baúl, se trata, sin duda, de una advertencia de que en vuestra vida estáis arrastrando un peso muerto, inútil, valorizado por una sentimentalidad negativa. En el viaje de la vida, si se pretende avanzar, hay que llevar poco peso. Deshazte de todo lo que no sea esencial.

BAUTISMO. Al hablar de agua ya hemos dicho que este elemento se refiere a los sentimientos. Si sueñas que un recién nacido es bautizado, es el presagio de que un nuevo sentimiento está anidando o anidará en tu pecho. Será muy puro, será sagrado para ti y te vinculará fuertemente a la persona que lo ha suscitado. Este sueño anuncia pues noviazgo, compromiso.

BEBER. (Ver «abrevadero».) Este sueño puede significar: sequedad de sentimientos, y de ahí la necesidad de beber, de procurar agua al cuerpo, es decir, más emotividad, más capacidad de sentir y de obrar teniendo en cuenta los imperativos del corazón.

BELÉN. Soñar en el nacimiento del Niño Dios es algo sólo al alcance de unos pocos elegidos. Hay sueños inaccesibles por su alto valor espiritual, del mismo modo que en la vida material hay objetos inaccesibles por su alto valor monetario. No se sueña con el nacimiento del ser espiritual si uno mismo no está preparado para tan alto acontecimiento, ya que el sueño indicaría que la naturaleza crística está pronta a

emerger en el soñador. Todos los años nace Cristo en el alma de algunos hombres, en algún lugar de la Tierra y en la noche del 24 de diciembre, día en que las fuerzas físicas se hallan en su máximo ocaso y las fuerzas espirituales en su máxima intensidad, favoreciendo los nacimientos místicos, a las doce de la noche, cuando en Oriente se alza el signo zodiacal de Virgo.

BEODO. El alcohol produce en el hombre una exaltación artificiosa y pasajera al no poder ser asimilado por la sangre. Si los personajes de tu sueño están bebidos, ello significa que se producirá en tu vida una mejora que te llenará de euforia, pero será algo de corta duración, debido sin duda a un artificio, un favor, una recomendación, una ocasión pasajera. Traduce pues el sueño como felicidad pasajera en perspectiva.

BERMEJO. El rojo es el color de la acción, el color del planeta Marte, dios de la guerra, el color del peligro, el color del diablo. Si aceptamos el bermejo como una tonalidad del rojo y no como su sinónimo, podemos decir que si los personajes de tus sueños son de tez bermeja, pelirrojos o van vestidos en ese color, se trata de personas que te conducirán a situaciones peligrosas, violentas, diabólicas. Todo lo que se desarrolle en fondos rojos o bermejos, decorados interiores, tonalidad de la luz, etc., te conducirá a experiencias fuertes, a situaciones dramáticas, anunciadoras de un período de vida tenso, generador de conciencia. Vivirás a lo Caín.

BIBERÓN. «Soñé que estaba dando el biberón a un extraño monstruo, a una criatura inhumana, especie de araña con rostro de mono que no existe en la naturaleza.» ¿Qué puede significar tal sueño? El biberón sirve para alimentar a seres débiles que no pueden aún valerse por sí mismos. Es también un instrumento de precisión que permite calibrar las dosis, conduciendo a la idea de alimentación racional. El sueño significa pues: estás alimentando persistentemente algo extraño a tu naturaleza, algo repugnante que no merece los cuidados que le dedicas. En el sueño todo dependerá de qué se alimenta con el biberón.

BIBLIOTECA. Deseo de instruirse. Sugerencia de que tal vez existan facilidades insospechadas relacionadas con los libros. Si ves una biblioteca aparecer en tus sueños, búscala en la vida real.

BICICLETA. Este sueño no significa lo mismo para un chino que para un europeo. Los símbolos de los sueños evolucionan junto con el nivel económico de un país. Para nosotros, es un modesto medio de locomoción, el más modesto de los medios artificiales. Si en sueños haces tu camino en bicicleta es un consejo a que no abrigues grandes ambiciones, ya que los medios de que dispones no te permiten ir muy de prisa. Adáptate a tus posibilidades.

BIFURCACIÓN. Muy a menudo ocurre que el soñador se encuentra ante dos caminos o más, y que se encuentra indeciso sobre el que debe seguir. Esta incertidumbre del sueño es casi siempre imagen de la que existe en la vida real. Si el sueño no se interrumpe, es muy probable que revele al soñador los dos paisajes, el del camino de la derecha y el de la izquierda. En ese caso el individuo debe elegir el paisaje más bello, el más cómodo y halagador. En el lenguaje de los sueños la derecha simboliza siempre el porvenir y la izquierda el pasado, lo ya conocido, lo convencional, lo tradicional.

BIGOTE. El bigote es como una muralla que separa la nariz (emblema de la mente) de la boca (emblema del corazón), significando que la verdad de la mente no es la verdad del corazón. Si los personajes de tus sueños llevan bigote, es signo de que las personas que te rodean no son sinceras, que esconden una verdad.

BILLAR. Si te ves jugando al billar y consiguiendo ligar las carambolas, ello es indicio de tu habilidad en la consecución de apoyos y en la obtención de beneficios, los cuales te vienen de carambola, sin arriesgar nada de tu parte, por pura habilidad de malabarista. Pero como la vida debe vivirse en profundidad, esa habilidad tuya te impedirá cosechar experiencias y comprender cosas que son, en último análisis, el mayor de los bienes. El sueño significa, pues, período de vida fácil y parasitaria que te llevará

ulteriormente a mayores dificultades.

BILLETE. Los billetes aparecen muy a menudo en nuestros sueños. A veces se trata de billetes de tren. «El tren estaba en marcha y de pronto me apercibo de que viajaba en segunda cuando mi billete era de primera. Cojo el equipaje dispuesto a mudarme de clase, pero en el umbral del vagón de primera me encuentro con el revisor que me pide el billete. "Su billete es de segunda", me dice devolviéndomelo. Pero yo veo que está marcado "Primera" y protesto, insisto, pido hablar con el jefe. El revisor, imperturbable, me dice: "Aquí no hay más jefe que yo." Me resigno, pero permanezco en el pasillo del vagón de segunda, junto a la entrada del de primera, esperando una oportunidad para deslizarme dentro.» He aquí un típico sueño de billetes. Es asombroso la de líos que se organizan con los billetes en sueños: billetes que se adquieren para un tren que no parte, billetes que se utilizan fuera de tiempo, billetes falsos, billetes para un espectáculo en el que no se puede entrar.

El billete que da derecho al viaje de la vida o al espectáculo de la vida o al confort cotidiano que se obtiene con el billete de banco, se refiere a nuestra energía psíquica, a nuestro potencial humano. Bien cierto es que muchos están intelectualmente equipados para viajar en primera y que, por algo que parece arbitrario, deben viajar en segunda, es decir, por debajo de sus posibilidades. Se trata, sin duda, de una exigencia de su destino y mejor harían, en lugar de situarse en un incómodo umbral de acceso a primera, que trataran de establecerse en su clase con todo el confort posible. Cuando con el potencial que se lleva no se puede transformar la realidad que es la nuestra, la sabiduría aconseja conformación y adaptación al ambiente en que se desarrolla nuestra circunstancia. Si hay problemas de billetes en tus sueños, es que hay problemas de adaptación a un ambiente determinado, y será tal vez conveniente que modifiques la orientación de tu vida.

BISONTE. Los animales salvajes que aparecen en sueños se refieren siempre a nuestros instintos inferiores, a nuestra naturaleza pasional, tanto más robusta en cuanto que esos animales sean poderosos. Si existe una complacencia por parte del soñador en la evolución de los bisontes por la selva, es signo de que vive identificado con sus instintos. Si por el contrario sueña con un safari, es síntoma de que su ser superior ha empezado a dar caza a la bestia. En el primer caso, el sueño intenta decirle: ¡Cuidado! Te estás degradando, te complace lo bestial. En el segundo, el sueño lo anima: ¡Acorrala sin piedad a la bestia, destrózala con las armas de la espiritualidad!

BISTURÍ. Los objetos cortantes nos hablan de agresividad, pero en este caso se trata de una agresividad bienhechora, puesto que el bisturí se utiliza para extirpar el mal. Si sueñas con instrumento de cirujano, ello puede significar: no dudes en extirpar de cuajo una situación que acabaría matando la convivencia.

BLANCO. Es el color de la pureza que no ha sido hollada. Si los personajes de tu sueño aparecen vestidos de blanco, se trata, sin duda, de personas con intenciones muy puras, pero también de personas sin experiencias de la vida, de las que no te puedes fiar porque ignoras cómo reaccionarán ante la prueba, ante la presencia del mal.

Pero al final de todas las pruebas, cuando los vestidos humanos han sido manchados con todos los colores del arco iris, el blanco vuelve a aparecer, simbolizado en ese vestido de novia ante las bodas místicas del que hablan los iniciados y los alquimistas. Si en tu sueño aparece la pureza virgen, ello indica la necesidad de zambullirte en el baño de las experiencias del mundo, para templarte en ellas y madurar. Si aparecen en tus sueños personajes celestiales vestidos de blanco, indican la próxima reconquista de la pureza y el final de tus vicisitudes físicas.

BLANQUEAR. Si te ves utilizando un producto químico, una pintura para blanquear alguna pared sucia, el sueño te indica que estás utilizando un artificio para darte buena conciencia. Tu pureza es una ficción al alcance de cualquiera.

BLASFEMAR. Si te ves blasfemando contra la divinidad y lo sagrado, es síntoma de que tu actitud vital es una actitud de rebeldía contra las leyes de la vida. Puede que seas muy piadoso en el plano ritual, pero estarás obrando contra la organización cósmica y, por lo tanto, contra ti mismo, aunque en tu modesto modo de ver las cosas no lo creas así.

BLINDADO. Viajar en un vehículo blindado indica, en primer lugar, que estás viviendo de un modo peligroso, puesto que, sientes la necesidad de blindarte. En segundo lugar, el sueño indica que vives aislado del mundo exterior, que vives obstinado en tus pequeñas certidumbres, no permitiendo que llegue hasta ti la corriente vivificadora del pensamiento universal. Tu seguridad te asfixia y te irá descalificando en el plano humano.

BOCA. La boca, en la simbología esotérica, es el vestíbulo del corazón, de manera que está vinculada directamente con los afectos. Los dientes que se encuentran en ese antro representan a la familia y demás seres queridos. También simbolizan, en general, la capacidad de afecto, el poder de atracción. Si se sueña, pues, una boca con dientes cariados o que se caen, ello se referirá a una pérdida de afectos, a la desaparición física o moral de seres queridos. Por su relación con el corazón, soñar con una boca enferma puede ser la revelación de una enfermedad del corazón y convendría que el soñador pasara un examen médico.

BODA. Este sueño sugiere la necesidad de unir la imaginación a la voluntad; la necesidad de aunar tendencias contrarias en la psicología del individuo; la necesidad de conciliar, de pactar, de ceder, de hacer concesiones para que lo que se lleva entre manos salga bien. Esta ceremonia exterior es una llamada a la ceremonia interior, la que se realiza en el fuero íntimo del individuo y que hace que las tendencias dispares y anárquicas sintonicen y colaboren en la edificación de esa mansión singular que es el ser humano. El sueño significa también deseo de casarse, pero surge únicamente cuando en nuestro interior se ha realizado ese trabajo de síntesis que acabamos de describir. Cuando en nuestro interior se ha preparado el acontecimiento, entonces éste salta al exterior, cristaliza en la vida objetiva y junto con el deseo de casarse surge la persona que ha de ser el esposo o la esposa.

BODEGA. La bodega es el lugar en que se almacena ese espíritu fermentado, producto de una putrefacción, que es el alcohol. Los sueños que tengan lugar en una bodega se referirán a exaltaciones momentáneas y fugaces. Los proyectos que se hagan en ella, las realidades que eclosionen, durarán el tiempo de una borrachera y nada más. Serán cosas insensatas y el sueño viene a decirte: estás navegando en plena insensatez; tus proyectos no son muy cuerdos y para llevarlos a cabo algo tendrá que pudrirse, algo de ti mismo, de modo que su éxito constituirá para ti una derrota, un mal.

BOHARDILLA. Si un sueño se desarrolla en una bohardilla, quiere referirse a las zonas oscuras y descuidadas de tu cerebro, puesto que la bohardilla se sitúa en la parte superior del edificio —del edificio humano, claro está—, pero en una parte que no se habita, donde se arrinconan los trastos que el polvo invade. Si la bohardilla de tus sueños está mal iluminada, si en ella hay objetos sin identificar, abandonados, ello querrá darte a entender que hay zonas de tu cerebro que no utilizas, a las que no llega la luz de la conciencia y que no estás desarrollando todas tus potencialidades humanas. Si, por el contrario, sueñas que estás viviendo en una bohardilla, con estrecheces, con poca luz, ello significa que vives identificado con la parte más singular e insólita de tu cerebro, descuidando las moradas comunes, aquellas que te permitirían comprender mejor y fraternizar con los demás.

BOLSO. El contenido de un bolso revela la personalidad de su propietaria. Son frecuentes los sueños en los que un bolso se pierde, o es robado, o se ha olvidado. Se refieren a la personalidad superficial, aparente. Perder un bolso significa pues: alguien que no conoces está al corriente de tus pequeños secretos. Si el bolso es robado, significará: te arrebatarán un secreto violentamente y darás a la cosa más importancia de la que tiene. Olvidar un bolso significará: te arrepentirás de tu sinceridad, ya que en el bolso se encuentra el disfraz con que la arropas.

BOMBA, BOMBARDEO. Ya hemos explicado alguna vez que el aire, el espacio, simboliza las ideas. Si sueñas con un bombardeo, ello significará que pensamientos destructores amenazan el edificio de tu personalidad. Pensamientos que vendrán de fuera de la esfera de tu «yo» consciente, de un espacio incontrolado, sobre el que no tienes jurisdicción. El sueño anuncia pues la destrucción del «yo» en su estructura actual, en provecho de una personalidad más amplia. Una expansión de conciencia no se logra nunca sin catástrofe, sin muertos, heridos y sangre; ciertas tendencias, hábitos, placeres tienen que morir para que otros se levanten sobre sus ruinas.

BOMBERO. Si lo ves en tus sueños apagando un fuego, ello indica que tu entusiasmo, tu fe, tu deseo de acción se verá apagado por una intervención oficial. Es posible que un proyecto que acaricias sea incompatible con los reglamentos sociales. Si sueñas al bombero, examina con cuidado lo que llevas entre manos y adáptate a las exigencias sociales, de lo contrario te verás frustrado. En el plano psíquico, el sueño indica: conflicto entre la personalidad convencional y los impulsos creadores que son ahogados por aquélla.

BOMBÓN. Algo vendrá a endulzar tu vida. Dependerá de la reserva de bombones que tengas en tu sueño el que esa dulzura sea larga o de corta duración. Pero el sueño puede traducirse por: pequeño acontecimiento grato.

BORDAR. El vestido es el símbolo de la personalidad aparente, la que queremos darnos en los contactos sociales; es el disfraz de nuestro verdadero «yo». Si te ves bordando un vestido es síntoma de que consideras que tu apariencia no está bastante trabajada, de que es preciso disfrazarla más para alcanzar el objetivo que te propones. Así, pues: tendencia a la falsedad, obra maestra de falsedad, eres un artista en la falsificación de ti mismo. Eso viene a decirte el sueño.

BORROSO. Cuanto más claras y luminosas sean las imágenes de tus sueños, más certeros serán los presagios. Si en cambio son borrosas, es síntoma de que el contenido del sue-

ño es algo que está madurando, que todavía no es seguro, pero que se perfila, y de ti dependerá el que suceda o no.

BOSQUE. El bosque simboliza la zona que escapa al control de nuestra conciencia, el terreno virgen que nuestro «yo» no ha colonizado aún. Los sueños cuya acción se sitúa en el bosque se refieren, pues, a nuestra vida inconsciente o a peligros lejanos. Los niños perdidos en el bosque, sueño del que tantas versiones existen en cuentos infantiles, simbolizan nuestra personalidad espiritual —infantil todavía, frágil, subdesarrollada— que se abre camino en nuestro inconsciente, sin llegar a encontrar la senda que conduce a la conciencia. Ese sueño es una llamada al alma: ¡Ayuda a esos niños, a esa espiritualidad naciente, en la conquista del reino de tu vida!

BOTE. El agua, ya lo hemos dicho otras veces, simboliza el mundo de los sentimientos. Y ese mar de los sentimientos es siempre encrespado, con mil tempestades que se desencadenan una tras otra. Para surcar ese mar, un bote es utensilio harto frágil. Si te ves en sueños a bordo de un bote y en aguas movidas, ello significa: no estás armado para luchar en el mundo de los sentimientos. No inicies, pues, ninguna guerra sentimental, porque la perderás.

BOXEO. «Asisto a un espectáculo de boxeo. Dos púgiles pelean en el *ring*. Mi vecino, que no conozco, me dice: "No ganará el más fuerte, porque el combate está trucado."» ¿Qué significa este sueño? El combate que ve el soñador no puede ser otro que el de su propia vida, ya que todos los sueños se refieren a nosotros mismos. Un *match* de boxeo es en principio un combate noble, desarrollándose según unas reglas y con un árbitro que vela para que éstas se cumplan, pero si esas reglas se violan, entonces todo se reduce a una comedia interpretada por dos pillos. Eso es lo que pretende decirle el sueño al soñador: No te engañes, le susurra, el combate de tu vida no tiene nada de sagrado ni de edificante; es un simple simulacro que te ofrecerá seguramente pequeñas ventajas, cobrarás tu bolsa, pero nada aprenderás. Será una experiencia humana negativa y tal vez cuando se presente —ineludible— el verdadero combate, no estés preparado para ganarlo. Ese vecino desconocido que te avisa del trucaje, es algo que está en tu interior, una voz aún no identificada, a la que todavía no has dado tarjeta de identidad y que te advierte del engaño.

El sueño de combate de boxeo se refiere, pues, a las tendencias en lucha en nuestro interior, y el sentido del sueño dependerá del contexto que acompañe esta lucha.

BRUJA. La bruja es una figura habitual en los sueños y en los cuentos infantiles. Sus especialidades son los filtros adormecedores, la preparación de manjares que parecen deliciosos, pero que son corruptos, las transmutaciones psíquicas que hacen que los personajes se pierdan en su camino. Generalmente es una mujer vieja y fea y está ligada a una tendencia arcaica de nuestro psiquismo que nos mantiene sujetos a actitudes que de puro anacrónicas se han convertido en perversas. Si la bruja aparece en tus sueños sabrás que hay algo en tu carácter, en tu modo de ser, que debe ser extirpado. Se trata de una tendencia arcaica, tal vez de un hábito heredado de tus padres, de tus abuelos, de tus antepasados. Se presenta a ti como algo sagrado, pero es sólo una apariencia; en realidad adormece tu espíritu, te aleja del verdadero camino.

BUEY. Es la imagen de la pasividad, de la rutina. Si en tus sueños ves a un buey que te impide la realización de algo, el mensaje será el siguiente: debes tener un interés más despierto por las cosas. Tu vida está pasando en blanco, encerrado en la cárcel de la rutina, y no es provechosa ni para ti ni para los demás. Sal de tu pasividad y de tu atonía.

BURLADERO. Si en una corrida de toros te ves refugiado en un burladero, debes interpretarlo así: tu vida instintiva pone en peligro a tu «yo» superior, lo ridiculiza y lo reduce a la permanencia en un callejón sin salida. El «yo» superior debe aprender el arte de torear a la bestia.

CABALLO. El caballo simboliza las energías psíquicas, la potencia espiritual. Soñar con caballos y sobre todo soñar que se monta un caballo, significa,

pues: posees un poder espiritual que te asegurará la victoria en la empresa que estás realizando. Si el caballo es de color blanco, ello indica que las energías psíquicas son de alta categoría, de gran elevación, de modo que presagia una victoria que enaltecerá al soñador, procurándole no solamente bienes materiales, sino honores, dignidades, gloria. Si el caballo de los sueños es de color negro, esas energías psíquicas se utilizarán en una empresa egoísta y perversa, en la que, desgraciadamente, el soñador triunfará. Del blanco al negro, la tonalidad del caballo nos indicará la categoría de la empresa en que serán utilizadas esas energías psíquicas.

CABAÑA. Hay sueños que se desarrollan en otras épocas y aparecen en ellos tribus primitivas viviendo en cabañas, o bien se sueña en una cabaña que unos niños construyen en el bosque. Al examinar la palabra «bosque» ya hemos dicho que los sueños que tienen por escenario un despoblado se refieren a esta parte de la vida psíquica no colonizada por nuestra conciencia, que escapa a nuestra jurisdicción. Allí no hay leyes, todo está permitido. Si instalamos una cabaña en esa zona para organizar en ella la vida —esa vida primitiva que aparece en la pantalla del sueño— es que hemos decidido detenernos allí, no seguir hacia adelante, hacia la ciudad. El sueño nos habla, pues, de un peligro de regresión psíquica. El mensaje puede leerse así: te has anclado en una edad que ya no es la tuya y pretendes vivir en ella al margen de las leyes, desenganchado de tu oleada generacional. Es preciso que avances al ritmo de tus camaradas.

Este sueño es frecuente en los períodos «fronterizos», cuando se transita de la juventud a la madurez o de ésta a la vejez. El individuo tiene entonces el sentimiento de estar más «al día» si se identifica con las generaciones más jóvenes en lugar de hacerlo con la suya, cuando lo que hace en realidad es retrogradar, y el sueño aparece para recordárselo.

CABELLOS. Son símbolo de poder, de autoridad espiritual. Si se sueña que se pierden los cabellos o que el peluquero los recorta, ello constituye un presagio seguro de pérdida de poder en cierta medida. Para algunos significará un descenso en el escalafón profesional, para otros una disminución del volumen de sus negocios. Si se sueña que uno se queda calvo ello presagia una gran desgracia, ya que puede traducirse como pérdida radical de sus posesiones. El mito de Sansón, al margen de su significado macrocósmico, es buen ejemplo de lo que significan los cabellos. Por el contrario, si se sueña que la cabellera se incrementa, será un síntoma muy bueno, presagiando prosperidad y escalada profesional.

CABRA. Es símbolo de acción irrazonable y es un aviso al soñador en el sentido de que debe meditar antes de pasar a los actos. Al mismo tiempo indica que hay exceso de energías en estado de disponibilidad y convendría que el soñador se desembarazara de ellas practicando algún deporte.

CACERÍA. Si son animales salvajes los que cazas en la selva de tus sueños, ello significa que estás dando muerte a energías primordiales antes de ser domesticadas y utilizadas. Tu inconsciencia te lleva a suprimir potencialidades que, debidamente canalizadas, contribuirán a edificar positivamente tu vida. El sueño de una cacería organizada tiene un significado distinto a la lucha con un jabalí o un puerco espín que surge de improviso, y que en este caso debe interpretarse como la lucha de la personalidad superior contra las fuerzas instintivas. Si la cacería de tus sueños se refiere a la llamada «caza menor»; conejos, liebres, tordos, entonces es que estás dando muerte a entidades perfectamente identificadas, como son: pensamientos, sentimientos, intenciones, proyectos. En una palabra, el sueño te indica que te estás empobreciendo, que estás eliminando tu fauna interior para convertirte en un ser unidimensional, de estructura primaria, en un utilitario amputado de toda profundidad.

CADÁVER. «Iba por un camino incierto cargado con un inmenso baúl. No sé, creo que huía de algo. Apenas podía andar, pero en el baúl se encontraban todos mis tesoros, todos mis bienes. De repente el baúl se abrió encima de mis espaldas y vi con horror que contenía un cadáver a medio consumir, despidiendo un hedor nauseabundo.» En los armarios de los sueños también suelen aparecer cadáveres. ¿Cuál es el significado de esos macabros personajes que apestan, pero que siguen en la casa o en el baúl de los tesoros sin que hayamos reparado en ellos? Sin duda alguna esos personajes forman parte de nuestra vida psíquica. Son acontecimientos del pasado que no hemos digerido y que siguen influyendo nuestra conducta actual: viejos odios que no se han extinguido, descalabros sentimentales que seguimos llevando a cuestas, fracasos profesionales o sociales que siguen creando bilis. El sueño pretende hacernos conscientes de que en nuestra vida hay uno o más cadáveres a los que debemos dar sepultura para que no sigan infectando nuestra vida psíquica.

CADENA. La cadena, con sus infinitos eslabones que se sujetan unos a otros, es el símbolo de como todo en la vida tiene una continuidad, una coherencia; como es solidario, artífice y causa de todo. Si te ves encadenado y reducido así a la impotencia, es que tú mismo, con tus acciones, has ido creando los eslabones de esa cadena, y tan sólo tú podrás liberarte de ella, deshaciendo poco a poco, con mucha paciencia, lo que tan concienzudamente hiciste.

La cadena sugiere al soñador la idea de hacer marcha atrás en muchas cosas.

CAÍDA. Los sueños de caídas significan advertencias de distinto tipo. Si el soñador se encuentra en plena escalada de una cumbre y se cae, ello sugiere la conveniencia de no elevarse demasiado, profesional, social o amorosamente. Limita tus ambiciones, viene a decir el sueño, ya que de otra forma vivirás peligrosamente y probablemente te caerás.

Si, andando por terreno llano, el soñador se cae a un abismo (ver esa palabra) que no ha sabido ver, el sueño se refiere a un peligro moral que está corriendo una persona excesivamente confiada.

Como ya hemos indicado en otras ocasiones, esos sueños pueden ser anunciadores de suerte material, ya que al «caer» el nivel moral del individuo le puede parecer aceptable participar en «negocios» que le permitirán enriquecerse.

CALENDARIO. Símbolo del tiempo, que indica al soñador que no debe apresurarse, que cada estación da sus frutos y que a veces se precisan cuatro estaciones para que lo que es importante germine.

CALLE. Es la arteria por la que transcurre tu vida cotidiana. ¿Qué sucede en esta calle de tus sueños? ¿Hace noche en ella y está mal iluminada? ¿Hay zanjas, personajes patibularios, navajeros? ¿O por el contrario es una calle llena de sol y de alegría, con niños jugando, pájaros que pían, gentes tranquilizadoras? El ambiente de esta calle te indicará si debes cambiar algo o perseverar tal como eres.

CALLEJÓN. Si la calle con que sueñas es un callejón sin salida, ello es indicio de que te has metido en algo de lo que no podrás salirte. Puede referirse a tu vida profesional, a tu vida sentimental, a tus ideas, a tus compromisos con sociedades, agrupaciones, etcétera. No tienes más remedio que hacer marcha atrás y enfilar otra dirección.

CALLO. Los pies son el símbolo del alma humana, de esa alma formada con las experiencias conscientes de cada día, que se realiza a base de andar por caminos y veredas, por senderos escarpados y autopistas fáciles. Si sueñas con que tienes callos en los pies, es señal de que andarás mal y despacio y te cansarás más fácilmente. No estás, pues, en buenas condiciones para andar; es decir, el sueño indica que no estás en condiciones para «hacer alma», para engrandecer tu habitáculo espiritual y ser cada día un poco más de lo que eres. En tu vida hay mucha «piel muerta» que debes extirpar para estar en buenas condiciones en vistas a esta larga marcha hacia el conocimiento de las cosas.

CAMA. La cama se encuentra en la más íntima habitación de la casa; pocas personas son admitidas en ella. A menudo nos encontramos desnudos en ese lugar, sin ficciones, sin maquillajes, sin disimulos. El sueño se refiere, pues, a los estratos más íntimos de nuestra existencia. Una mujer soñó que la cama de su habitación iba ampliándose hasta ocupar todo el espacio libre que había en ella. Es evidente que en la vida de esta mujer había problemas de cama, bien porque pasara un tiempo excesivo tendida en ella, descuidando otros frentes vitales de la existencia, o bien porque las actividades que desarrollaba en la cama la dejaran sin energías para emprender otras cosas. El mensaje del sueño es simple: o bien significa «las cosas de la cama te absorben demasiado» o, por el contrario, si la cama es de reducidas dimensiones, debe interpretarse como «haz que en tu vida haya más cama y todo irá mejor».

CAMBIAR. A menudo en los sueños ocurren fantásticos cambios: nos han cambiado la maleta en el tren, nos han cambiado el traje mientras nos bañábamos, dejándonos uno que nos va ridículamente ancho o dramáticamente estrecho. O bien queremos cambiar algo sin conseguirlo: moneda que ya no tiene curso legal, joyas que resultan ser falsas. Todo ello es indicio de nuestro apego a valores precarios que están llamados a desaparecer y a los que concedemos excesiva importancia, hasta que un día nos damos cuenta de que nada valen. Las cosas tienen un valor relativo, viene a decirnos el sueño, y lo mejor es que no fijes tu felicidad en los objetos que posees, sino que debes ser igualmente feliz bajo los mil y un disfraces que te imponga la vida.

CAMINAR. CAMINO. Los soñadores recorren a veces centenares de kilómetros que les conducen a los más extraños paisajes, atravesando países fantásticos, bosques donde viven duendecillos o monstruos como la Quimera. Esos sueños desembocan a veces en el país de la infancia, o en el de los ancianos sabios; pueden también desembocar a extraños mundos, en otros planetas. Todo ello corresponde a nuestro paisaje interior, donde el alma se mueve buscando algo, en el pasado, en el porvenir, en el más allá. Hay mucha riqueza, mucho contenido en tu mundo interior —viene a decir el sueño—, y debes ordenarlo, interpretarlo, dar un sentido a todo.

CAMPANARIO. CAMPANAS. «Me están hablando, pero en un campanario próximo suenan campanas y me es imposible oír nada. Mi interlocutor se enfada, pero a mí aquel toque de campanas me seduce y experimento gran placer al oírlas.» Sueño que revela una vocación espiritual. El toque de campanas puede asimilarse a la llamada a las tareas superiores. Has sido de los llamados; de ti depende que figures entre los elegidos.

CAMPO. Si el campo es fértil, en un paisaje soleado, es presagio de que un período de abundancia y de felicidad está en puertas. Si en tu sueño ves campesinos que se dedican a las faenas de la tierra, obsérvalos, porque ellos te indicarán lo que debes hacer en tu vida activa. Si siembran, es que tú debes sembrar también, debes arrojar, expulsar de ti las semillas que lleva tu corazón. Busca terrenos fecundos para ello; es decir, almas capaces de recoger esas semillas de tu personalidad y transformarlas en grano que nutra su intelecto y sus sentimientos.

Si los campesinos de tu sueño podan, hazlo tú también. Sin duda en el árbol de tu vida hay demasiado ramaje y ello no te permite discernir bien el horizonte. Elimina la hojarasca, sé sobrio en el hablar y en el actuar, prescinde de lo superfluo y cultiva lo esencial.

Si están cosechando, es señal que en el jardín de tu vida las frutas ya están maduras y deben ser arrancadas de la planta para que no se pudran en ella y para que el árbol dé nuevos frutos. No dejes que las virtudes se pudran en ti. Toda virtud tiene un plazo de duración más allá del cual deja de ser virtud para convertirse en hábito, en trazo de carácter estéril. La virtud es siempre creación, gestación de algo nuevo. El sueño significará, pues: deja de cultivar tus virtudes, asimila el fruto que te han dado y busca más allá de ti mismo virtudes nuevas, más elevadas, en el sendero de la perfección interior.

Si el campo de tus sueños es yermo, significa que hay en ti espacios que no han sido cultivados. El sueño tal vez te indique si lo que falta es el agua; en tal caso deberás poner más sentimiento a las cosas, hacerte más sensible a lo que te rodea. Si lo que falta es sol, calor, ello significará que deberás ser más activo, más entusiasta, tener más fe en ti mismo. Si el aire está corrompido, lo que necesitas es más imaginación, más estímulo en las ideas. Cada detalle del sueño tiene su importancia y su significado.

CANALIZACIÓN. Los sueños de canales por los cuales transcurren tranquilas aguas sugieren al durmiente la necesidad de construir, en su ser interior, un sistema de canalización para evitar que las energías se desborden y se produzcan catástrofes. Todas las conductas antisociales se deben a problemas de canalización. Ciertos individuos disponen, en un momento dado, de energías psíquicas excesivas. Si esas energías tuvieran un cauce podrían crear electricidad para iluminar una ciudad entera, o podrían regar cientos de hectáreas de tierras yermas. La falta de cauces las lleva a la violación de las leyes. Es importantísimo, pues, que los cauces existan, y es uno mismo quien debe crearlos en su interior, creando al mismo tiempo su utilidad, su aprovechamiento.

CÁNCER. Los sueños de enfermedades son frecuentes y se refieren, por lo general, no a enfermedades físicas, sino a deficiencias psíquicas. El sueño de cáncer se refiere al signo zodiacal de Cáncer, cuyo emblema es el cangrejo, ese animal que se caracteriza por su marcha hacia atrás. Significa, pues, que se ha avanzado demasiado en determinado frente y que es preciso hacer marcha atrás. En la vida, las experiencias físicas, emotivas e intelectuales deben avanzar en una misma línea. Si la parte intelectual lleva mucha ventaja a la emotiva o a la física, es preciso que se detenga para esperar a las demás. El sueño tiene ese significado: necesidad de dar marcha atrás a la actividad emotiva, puesto que el Cáncer está ligado al elemento agua, es decir, a las emociones.

CANCIÓN. Si la canción es melodiosa, es un feliz presagio. Si el que canta da falsas notas, es indicio de que estamos desentonando en nuestro cometido humano y, por lo tanto, las cosas nos irán mal.

CANÍBAL. Soñar que una tribu de caníbales devora un ser humano significa que no estamos utilizando alimentos apropiados para la manutención de nuestro ser psíquico. Utilizamos elementos nobles para fines mediocres, sin duda por no saber apreciar debidamente las cualidades del material de que disponemos. Falta de discernimiento, perversidad natural e inconsciente, tal es el mensaje del sueño.

CAOS. Soñar situaciones caóticas indican confusión interior y necesidad de proceder a una revalorización de las co-sas. La dirección del sueño puede indicar dónde está la solución, pero el soñador debería pedir consejo de todas formas a las personas que él cree en situación de dárselo. Cuando en una ciudad se produce una situación caótica, lo primero que se hace es pedir ayuda. Pida ayuda, pues, no deje que ese caos se institucionalice en su interior o progrese.

CARÁCTER. «Cuando llegué a la casa, Juan lo estaba rompiendo todo porque no me había encontrado. Pensé que tenía mal carácter y que había que hacer algo para cambiarlo.» Los sueños donde interviene el «carácter» de las personas que aparecen indican una disconformidad del soñador con su carácter y su preocupación sobre la manera de cambiarlo. Citemos aquí un dicho esotérico que reza así: «Siembra un pensamiento y cosecharás un acto; siembra un acto y cosecharás un hábito; siembra un hábito y cosecharás un carácter; siembra un carácter y cosecharás un destino.» Así pues, deshazte de los hábitos, por inofensivos que te parezcan. Y tu carácter se modificará, y con él tu destino.

CARBÓN. Del carbón salen los diamantes, las piedras más puras y luminosas que la Tierra ha creado. La piedra negra carbonaria, de la cual han salido las vírgenes negras, es el punto de arranque de los alquimistas para realizar la gran obra de transmutación de la vil materia en oro puro, ese mineral que es producido por una condensación de la luz. Si sueñas que estás sepultado en una mina de carbón, ello es indicio de que en ti se encuentra la piedra filosofal con la que debes realizar tu gran obra.

CÁRCEL. Los sueños de prisiones son frecuentes. Indican que el alma se encuentra entre los barrotes de los instintos, de las pasiones, de los sentimientos, de los pensamientos incluso. Si te ves en una prisión en tus sueños, ello es una invitación de tu «yo» superior a liberarte. Suelta las amarras que te atan a las cosas, no utilices disfraces nobles para ocultar falsos deseos.

CARETA. Si los personajes de tus sueños van con careta, como en carnaval, es indicio de que hay poca sinceridad en tu vida. Te estás comportando de una manera que no va de acuerdo con tu alma y ello te conducirá hacia gentes y situaciones que tampoco encajarán con tu verdadero modo de ser y te encontrarás como extranjero viviendo entre extranjeros. Sé más sincero y rechaza toda imitación. Mira las cosas desde ti mismo y no según la perspectiva de los demás.

CARIES. Los dientes simbolizan a la familia: los padres, los hermanos, los abuelos, los primos, los tíos, todos están ahí representados. Una muela cariada significará que un elemento de la familia no ejerce o no estará en condiciones de ejercer sus funciones normales. Los dientes representan a los sostenes fundamentales de la familia. Las muelas a los elementos secundarios. El sueño es, pues, un indicio de malestar familiar y, en caso de tratarse de dientes cariados y no de muelas, puede significar pobreza.

CARNE. En algunos sueños aparece la carne que se tiene que comer. Se trata casi siempre de sueños desagradables en los que el soñador está ingiriendo forzadamente pedazos de carne crudos y sangrantes. El sueño trata de decirle al soñador que es preciso descender hasta la vulgaridad, revolcarse en ella, para comprender así a los que viven inmersos en esa dimensión y evitar la tentación de juzgarles por sus vilezas. Algunos se han visto comiendo tierra o comiendo excrementos. El significado es todavía más preciso: no puede haber espiritualización sin haber experimentado lo vil y haberlo digerido. Toda pureza anterior a esa experiencia es pureza provisional y destinada a desaparecer mientras no haya sido contrastada en el crisol de la experiencia. El sueño puede ser una invitación a ese baño experimental.

CARNERO. Muchos soñadores han visto aparecer de pronto en sus sueños a un mítico carnero rojo. Un carnero rojo que sale de las aguas de un río o de un pozo. Se trata de un representante del signo de Aries que quiere indicarnos que hay en nosotros, en nuestros sentimientos, un impulso apasionado que es preciso controlar con la razón, para que no se suba a la montaña, a la cima de nuestra vida y desde allí dirija toda nuestra estrategia vital. Ten sujeto al carnero rojo, soñador, y hazle marchar

a tu paso; no debes ser tú el que ande al suyo.

CARRO. Algunos se ven en sueños tirando de un modesto carro; otros viajan montados en un carruaje; otros aún van en carroza con ribetes de oro, sin que nada tenga que ver la posición social de cada uno en la vida real. Ese vehículo de andar por la vida viene a indicar al soñador el valor en contenido que tiene su existencia. Si Onassis se viera un día en sueños tirando un carro, la interpretación sería: a pesar de todos tus yates, compañías y petroleros, la vida que estás viviendo no vale nada, en el sentido de que el alma se queda pobre en experiencias. Puede ocurrir que el más humilde andariego se vea montado en carroza en sueños. La interpretación será: estás viviendo una existencia lujosa, mirando las cosas de cara al alma.

CARTERO. Soñar con el cartero es casi siempre señal de que van a recibirse noticias importantes, susceptibles de transformar de un modo u otro la vida del individuo. También puede significar: hay algo que debes saber y que ignoras. Busca qué es y entérate.

CASA. Muchos sueños se desarrollan en el interior de una casa. La casa es el símbolo de nuestro propio ser interior y nos indica la estructuración de nuestra personalidad. Una señora soñaba que la casa en la que se encontraba tenía una cocina enorme, bien ordenada, llena de armarios, de cacharros, con nevera, máquina de lavar, vajilla. Casi toda la casa era una cocina, ya que si bien había muchas puertas, éstas permanecían cerradas y la señora en cuestión no sabía lo que había detrás. El mensaje del sueño resulta evidente: esta señora se ocupaba demasiado de la cocina y habían en ella muchas otras potencialidades —las puertas cerradas— que no se desarrollaban, debido a lo cómoda que resultaba una cocina tan grande y bien equipada.

Otros sueños se desarrollan exclusivamente en la alcoba, indicando que la persona está demasiado ocupada en asuntos propios de esta habitación, no sólo en los sexuales, sino en las dormilonas. En otros sueños aparecen unas escaleras que conducen a un piso superior de la casa, pero les faltan escalones, o son escaleras de caracol que hacen difícil el acceso, y ese piso superior se encuentra desocupado. El significado es transparente: en esa persona hay desidia para las cosas superiores, y un temor de aproximarse a ellas.

El significado de los sueños que se desarrollan en una casa es muy amplio, pero creemos haber dado el hilo que puede conducir a su interpretación.

CASINO. El sueño en el cual interviene el casino con salas de juego significa: deja que en tu vida intervenga el azar; no te opongas con tu voluntad al curso de las cosas.

CASTIDAD. Si el tema del sueño ronda en torno a la castidad, ello significa, para un hombre: tu egoísmo te conducirá, tarde o temprano, a la pobreza, ya que es preciso engendrar, fecundar en el mundo con las energías creadoras que hay en ti; engendrar pensamientos, sentimientos, contagiar tus virtudes a tus semejantes. Te abstienes de ello y en justo retorno de las cosas serás víctima de tu falta de generosidad.

Para una mujer significa: estás impidiendo con tu actitud mental que el libre flujo de energías creadoras vivifique tus pensamientos y tus sentimientos, de modo que los átomos de tu cuerpo se viciarán y acabarás enfermando. Para él, pobreza; para ella, enfermedad. Lo uno y lo otro generado por una actitud negativa del soñador ante la vida.

CASTRACIÓN. Klingsor, el mago negro de *Parsifal*, se castró para obtener poderes espirituales. La relación entre lo uno y lo otro es la siguiente: la misma fuente energética nutre los órganos de procreación física y los órganos de procreación espiritual, es decir, el cerebro. La energía utilizada por uno de esos polos no puede ser utilizada por el otro. De ahí que para disponer de energías en cantidades operatorias en el plano de la espiritualidad deba necesariamente practicarse la continencia. Pero esa continencia debe ser una conquista del individuo. Cuando ese individuo es débil para ganar semejante guerra, si a pesar de ello desea fuertemente los poderes espirituales, entonces recurre a la castración. Es lo que hizo Klingsor. Pero no siendo suficientemente purificado, el hombre que así procede sólo podrá utilizar sus poderes para el mal y por un corto espacio de tiempo.

Soñar el tema de la castración significa, pues, que el soñador procede erróneamente, buscando un atajo que no ha de conducirle a ningún sitio; en todo caso no al sitio que él desearía ir.

CATALEJO. Ver las cosas con un catalejo significa: estás desorbitando la realidad, no ves las cosas tal y como son y debes reajustar tu visión del mundo y de las gentes.

CATÁSTROFE. Los sueños de hecatombes corresponden siempre a un período de crisis interna en el que las estructuras de la personalidad saltan pulverizadas por la irrupción de elementos nuevos que no han sido asimilados normalmente, día a día, y que nos caen encima de improviso, cuando creíamos encontrarnos en plena seguridad. ¿De qué elementos se trata? El sueño nos lo dirá.

Si la catástrofe se produce por algo que viene del aire: bombas, por ejemplo, significará que la alteración de nuestra normalidad psicológica será debida a ideas, a pensamientos, a ideologías. Ideas nuevas penetrarán en nuestro cerebro arruinando el edificio ideológico anteriormente construido.

Si la catástrofe se produce por agua (inundación), los agentes actuantes serán los sentimientos, las pasiones. El soñador se verá invadido seguramente por pasiones insuperables que hundirán el edificio de su respetabilidad.

Si la catástrofe es debida al fuego, el soñador debe temer un exceso de acción, movido por una fe y un entusiasmo delirantes que nada pueden detener.

Si la catástrofe viene de la tierra misma (terremoto), el soñador puede tener la seguridad de que se moverán las estructuras sobre las cuales asienta su poder. Su vida profesional se verá afectada por cambios en los consejos de administración o en los ministerios.

El sueño de catástrofe corresponde siempre a una mutación importante en uno u otro orden de la vida.

CATEDRAL. La catedral de los sueños es una imagen sublimada de la madre (la Santa Madre Iglesia). La catedral surge a menudo en los sueños de peligro. Tras mil y una peripecias, el héroe tropieza en su camino con una iglesia y está salvado. Pero para penetrar en el interior a menudo se le exige que deponga las armas, que renuncie a todos sus medios de defensa y de ataque, que sacrifique sus poderes. Ello significa que la protección del templo sólo es concedida a aquellos que renuncian a toda acción personal, a toda individualidad, para seguir un camino trazado de antemano que les conducirá con toda seguridad al hogar del Padre, pero después de un lento caminar, de un paso de procesión. Y llegarán a ese hogar del Padre cuando los «impacientes», los «audaces», ya estarán en él.

Soñar un templo significa pues que el soñador está cansado de su batalla espiritual y que desea reposo y protección. Significa la retirada de un puesto de vanguardia, en el camino de lo sublime, para ingresar en esa inmensa retaguardia de los «vencidos» en el seguro vientre de la madre.

CAVERNA. Son corrientes los sueños de niños que se aventuran en una caverna, generalmente habitada por un dragón o cualquier otra bestia mitológica que produce estragos. Esa caverna es la del inconsciente, en la que ha encontrado refugio nuestra vida instintiva, simbolizada por la bestia. Todos esos sueños giran en torno a la lucha con esa bestia. Mientras no hayamos conseguido darle muerte, el dragón se lo tragará todo: las buenas acciones, las buenas cualidades que poseemos, los impulsos nobles y generosos, todo irá a parar en el vientre de la bestia. El sueño indica la necesidad de tomar conciencia de nuestros impulsos instintivos y dominarlos.

CAZA. Cazar bestias salvajes en sueños es la continuación lógica del sueño de caverna. El «yo» se ha dado cuenta del peligro de esas bestias feroces que están en su psiquismo y empieza a darles muerte. Significa pues: te encuentras en el camino de la purificación interior. Sigue matando las bestias que hay en ti.

CEGUERA. Los sueños de ciegos significan: estás negando la evidencia; tienes ojos y te comportas como un ciego.

CELEBRIDAD. A veces, en sueños, nos vemos al lado de una gran *vedette* del cine, de la actualidad o de la política. Ello indica que la persona será

protagonista excepcional de unos hechos, que la vida pondrá su personalidad en relieve y debe prepararse para ese acontecimiento. Los detalles del sueño le indicarán en qué dominio tendrá lugar.

CEMENTERIO. Los sueños que se desarrollan en cementerios quieren indicar al soñador que debe dejar de vivir entre cosas corruptas para integrarse en ambientes más sanos. Esas cosas corruptas son los hábitos, los ideales que han muerto a fuerza de viejos e irrealizados sentimientos fermentados que apestan. Entierra todo eso y ve en busca de ingredientes psíquicos vivificantes, viene a decirle el sueño.

CENA. Los manjares que aparecen en sueños son siempre manjares espirituales y se refieren al hambre de espíritu, tan conocida por los esoteristas. ¿Qué es lo que comes en la cena de tus sueños? ¿Son manjares selectos, lentamente masticados y bien digeridos, o es la *grande bouffe*? Tus compañeros de mesa, ¿se parecen más a los apóstoles o a los clientes de una bacanal romana? Todo ello te indicará si estás alimentando tu espíritu conveniente o si debes rectificar.

CENTAURO. Si el centauro divino, el símbolo del signo de Sagitario, aparece en tus sueños, es prueba de que en ti late un alma noble que lucha por salir a la superficie. Tienes grandes ideales, te dice tu sueño, y estás hecho para realizar grandes empresas en bien de la humanidad. Harás largos viajes y cosecharás amplias experiencias.

CERDO. Soñar con una manada de cerdos es síntoma de que estás dominado por tus sueños. Arroja esos cerdos de tu interior mediante una vida más noble, viene a decirle el sueño.

CEREZA. Soñar con cerezas significa que un amor pasajero pasará por tu vida, trayéndote el perfume de esa fruta exquisita, pero tristemente perecedera.

CESTA. Si sueñas con una cesta llena de hermosos frutos es presagio de infinidad de aventuras y devaneos, de vicisitudes amorosas. A menos de que se trate de frutos de invierno, más duraderos: higos secos, nueces, avellanas, cocos, bananas, etc. Entonces debes interpretar el sueño como presagio de numerosos amores «serios», portadores de mayores problemas en la sociedad monogámica en que vivimos.

CIÉNAGA. «Estoy atado a una rueda, rodando, por una ciénaga.» Este sueño indica que la rueda del destino ha llevado al soñador a esas aguas putrefactas. Significa, pues, que está valorando cosas que no tienen valor y que sólo conducen al estercolero. El sueño invita a un cambio de vida.

CIERVO. El ciervo es símbolo de poder espiritual. En sueños, este animal suele aparecer en el bosque, es decir, en las zonas inexploradas del soñador. Significa poseer poderes ocultos, de los que no eres consciente. Si cultivas la parte de tu mente que está aún llena de maleza, descubrirás esos poderes que harán de ti un ser superior.

CINE. Si sueñas que eres espectador en una sala oscura, ello significa que participas poco en la existencia, que no te preocupas por la vida de tu tiempo, que asistes pasivamente al espectáculo de la vida, sin aportar más que una vaga presencia. El sueño te invita a participar.

Si sueñas que eres tú el que hace cine, es tal vez porque en tu vida real disfrazas tu verdadero ser. No te manifiestas tal como eres, sino que acreditas una ficción. Nada puede haber peor que vivir interpretando un personaje, ya que todas las relaciones se establecerán en torno a ese personaje y no en torno a ti mismo y te sentirás extraño, extranjero en tu propia ciudad, en tu propio hogar. El sueño te advierte de ese peligro.

CÍRCULO. Hay sueños de formas. Alguien soñó que una gran piedra cuadrada se iba convirtiendo en círculo. El círculo es la figura geométrica perfecta, y cuando aparece alude a la perfección. Transformar la piedra cuadrada en círculo perfecto es el trabajo del alma humana, de todas las almas. Ese sueño indica, pues, que el soñador ha iniciado la tarea esencial de su vida, que es la de pulirse, limar sus asperezas hasta convertirse en esas piedras que se encuentran en las playas, redondas, lisas, tras miles de años de roces con superficies hostiles.

CIRUJANO. Si el doctor aparece en vuestros sueños, ello es indicio seguro de que en vuestra vida hay algo a extirpar algo que es necesario operar, y seguramente el sueño no se refiere a una malformación física, sino a una malformación moral. ¿Es el corazón lo que necesita ser trasplantado? ¿Es el cerebro? ¿Los riñones que filtran mal? El órgano os indicará la parte moral que debe ser corregida.

CISNE. Hay sueños que repiten la historia del patito feo, ese clásico cuento infantil que nos refiere cómo un cisne fue criado en una familia de patos y cómo él mismo y sus familiares lo encontraban feo al compararlo con ellos. Hasta que un día descubrió a su verdadera familia y entonces comprendió que los feos eran los otros y no él. El sueño significa: no trates de imitar las cualidades que ves en torno a ti, desarrolla las tuyas propias, porque son superiores a las del medio ambiente que te rodea. Busca tu verdadera familia espiritual que se encuentra en algún sitio. Cambia tu identidad.

CISTERNA. Si en tus sueños aparece una cisterna o un

pozo es señal de que tu vida emotiva es mucho más rica de lo que aparenta. Significa que hay en ti un manantial de agua viva que es preciso utilizar en el fondo de tu ser. Ese manantial debe irrigar las tierras que constituyen tu reino, crear vida en torno a ti. El sueño es un presagio de un cambio de vida en sentido positivo, ya que a la riqueza interior corresponderá la riqueza exterior.

CIUDAD. La ciudad de nuestros sueños es el espacio en que nuestro «yo» desarrolla su actividad. ¿Qué le ocurre a esa ciudad soñada? ¿La encontramos demasiado pequeña, con pocos salones de espectáculos? ¿O tal vez lo que le falte sean espacios verdes, árboles, aire puro? ¿Es una ciudad agobiada por la polución? ¿Es peligrosa, con pandilleros o anchas autopistas llenas de tráfico, o por el contrario es una ciudad tranquila y apacible en la que es grato vivir? Los problemas de esa ciudad, su luz o su sombra, nos indicarán cuáles son nuestros problemas interiores y de qué modo podemos solucionarlos.

CIZAÑA. Si el tema del sueño es la cizaña, recordemos la parábola que Cristo refirió a sus discípulos, según la cual el trigo y la cizaña fueron sembrados en el mismo campo y el labrador que pretendió arrancar la mala hierba al nacer, no pudo impedir arrancar también la buena. Lo recomendable es dejar crecer ambas plantas, ya que cuando el trigo alcance su madurez, la cizaña no representará un obstáculo a su siega. Si alguien ha sembrado cizaña en vuestra vida, no os preocupéis por ello. Trabajad en la maduración del buen grano, que el mal desaparecerá por sí solo o bien será inoperante.

CLARIDAD. Es muy importante la luz que baña las escenas de los sueños. Cuanto más iluminadas estén las imágenes, más ciertos son los presagios que encierran. El sol luciendo es garantía de felicidad, de éxito, mientras que si el sueño se desarrolla en la noche, en la penumbra, ello constituirá un indicio de fracaso o de realización mediocre.

CLAUSTRO. Soñar con un claustro significa: necesidad de meditar, de vivir más consigo mismo, de auscultarse y de realizar ejercicios de introspección.

CLAVEL. Todas las flores son símbolo de la belleza evanescente. Nada más insensato que pretender que un clavel dé perfume eterno y frescura eterna. Igual que ese clavel de tus sueños se marchitará, la ilusión que ahora tienes se desflorará con el tiempo. No hagas, pues, de ella, el pilar, la base de tu existencia. Busca para eso materiales más firmes.

CLOACA. En la gran obra alquímica de transformación de la personalidad banal en entidad pura como el oro, los materiales pasan por una etapa de putrefacción, con la cual viene una transmutación radical. El sueño anuncia, pues, un feliz cambio en aquellos que sufren y padecen.

COCINAS. En los sueños de casas, cuando la habitación destinada a cocina cobra demasiada amplitud, ello significa que la persona se desarrolla casi exclusivamente en un plano material y unidimensional.

Cuando el sueño se centra únicamente en la cocina, se refiere a la alimentación psíquica ¿Qué es lo que se hace en esta cocina? ¿Se elaboran salsas complicadas y difíciles de digerir? ¿Hay mercancías averiadas, impropias al consumo? ¿O es lugar de suculentos banquetes? Tal vez el sueño quiera decirte que estás ingiriendo alimentos espirituales demasiado variados. Cuando el espíritu ha despertado y se siente hambre en el alma, no conviene atiborrarla de ingredientes de diversas procedencias. Ese espíritu que nace a la luz es como un bebé y hay que seleccionar mucho lo que se le da, ya que de lo contrario, en lugar de engordarlo se le estropea la salud y hasta puede morirse. Si sigues una escuela de pensamiento, no vayas a otra, no avances en zig-zag; aliméntate de una sola fuente.

COCODRILO. Si en tus sueños aparece el cocodrilo, ponte en guardia. Es síntoma de que en los ríos de tu inconsciente campa ese peligroso reptil devorador de toda vida organizada. Animal de agua, viene a hablarte de tus deseos monstruosos, de la anormalidad de tus instintos.

COJO. Si los personajes de tus sueños cojean, es señal de que en tu alma existe un grave defecto. Los pies simbolizan el alma de los humanos. Regidos por Piscis —el signo de la humanidad—, los pies son artífices del itinerario, no sólo físico, sino espiritual del hombre, y la cojera física es el reflejo de una anterior cojera anímica. Corrígela para poder recorrer muchas millas sin cansarte.

CONCIERTO. Los sueños musicales son más bien raros, pero algunos privilegiados han oído en sueños la música de las esferas. Los grandes iniciados nos hablan de esta música que no es perceptible por la oreja y que sólo puede captar el oído espiritual. Es la música que producen los cuerpos celestes en su desplazamiento por el cosmos. Del mismo modo que los aviones emiten un sonido, la Tierra y los planetas emiten vibraciones musicales, interpenetrándose unas con otras armoniosamente: es la llamada música de las esferas. El que ha escuchado una sola vez ese concierto sublime ya nunca más encontrará en la música humana nada parecido y guardará la nostalgia de esa vivencia.

El concierto de los sueños puede ser un simple concierto musical de una orquesta cualquiera. Indica que el soñador es capaz de captar la armonía del universo, ese concierto que interpreta toda la humanidad en la epopeya de su existencia. Es un sueño de filósofo, de místico.

CONDUCTOR. En los sueños de viajes, a veces aparece un conductor desconocido. Indica la no identificación del soñador con la parte de su personalidad que se encarga de la dirección de su vida. La personalidad no es solidaria de todas sus acciones, existe un desacuerdo entre el pensamiento y los actos, un divorcio entre los deseos y la realidad.

En cambio, si el conductor es un amigo íntimo, el sueño indica una armonía entre el destino y la voluntad del individuo.

CONSTRUCCIÓN. Si en sueños ves levantarse un edificio nuevo, ello es indicio de que un nuevo ser muy sólido está naciendo en ti. Sobre las ruinas de tu personalidad anterior se levantará un hombre nuevo con los más modernos materiales. Si esta construcción tiene forma de templo, mejor aún: se trata de ese templo interior construido sin ruido de martillos y que es la marca de fábrica de los iniciados. El sueño significa: estás construyéndote el ser trascendente y ya nada será como antes en tu vida.

CONVALECENCIA. Significa: final de los problemas que te han agobiado. Una nueva vida se abre ante ti, en la que ya no subsistirán dificultades.

CORAZÓN. El sueño de enfermedades del corazón se refiere a enfermedades morales y no a físicas. Es generalmente el aviso de que se ha cometido un desvío amoroso, que la persona elegida no corresponde al modo de ser del individuo.

CREPÚSCULO. Los sueños que se desarrollan en un ambiente crepuscular indican contenidos que se sitúan en la frontera de la conciencia con el subconsciente. Son cosas que se van o que vienen a la puerta de nuestro mundo consciente y que pueden introducir importantes cambios en nuestra vida.

CRIMINAL. Soñar con criminales indica que algo ha sido asesinado o está a punto de serlo en nuestro interior. Algo que amputará nuestra personalidad, que reducirá nuestra dimensión vital. Detén tu mano, soñador, y respeta esa criatura que está en ti. No mates al hermano Abel, pero tampoco mates a Caín, porque en tal caso, como muy bien dice la Biblia, serás castigado setenta veces siete.

CRUCERO. Soñar que se va en crucero por el mar, indica la movilidad de las emociones, la imposibilidad de permanecer fiel a un amor, la necesidad de cambiar de *partner*. Es un sueño que presagia aventuras sentimentales múltiples, sensualidad.

CRUZ. Este símbolo resume en su extrema simplicidad la técnica misma de la vida, el programa de la existencia. El tronco vertical indica las energías espirituales que viajan en dirección cielo-tierra. El tronco horizontal indica las energías emotivas (la fuerza-deseo) que transitan de derecha a izquierda. La confluencia de ambas energías engendra la conciencia. El sueño de la cruz indica la necesidad de vivir ampliamente, a pleno intelecto y a plenos deseos, sin inhibiciones, a fin de conocer la ciencia del bien y del mal.

CUADRADO. La figura del cuadrado es símbolo de tensiones. Si cuatro personas se encuentran situadas en los cuatro ángulos de una mesa, es señal de que entre ellas existen relaciones violentas y apasionadas. Si ves un cuadrado en sueños, pregúntate qué es lo que tienes que limar, pulir, apaciguar.

CUERVO. El cuervo se ha convertido en el precursor de la muerte, en su abanderado. Si aparece en tus sueños, es señal de que en tu psiquismo hay algún cadáver que consumir. El pájaro de la muerte se tragará esta carroña y te encontrarás libre de ella. El cuervo es, pues, una señal positiva, anunciadora de un período de bienestar, de una liberación. En la gran obra alquímica de transformación del individuo, el graznido del cuervo anuncia la fase final.

DADO. Es símbolo de fortuna, de hado, de suerte, de fatalidad. Jugar a los dados en sueños significa que la vida no depende de la voluntad del individuo, sino que está sujeta al azar. Es preciso, pues, no contrariar la corriente de las cosas, no interferir el curso de la vida con un acto de voluntad.

DEBERES ESCOLARES. Algunos sueños transcurren en el aula de nuestra infancia, donde estamos estudiando lecciones que no conseguimos aprender, por lo que un maestro severo nos castiga. El sueño se refiere, naturalmente, no a la infancia, sino al momento presente. Intenta recordarnos que la vida es también una escuela en la que tenemos que aprender todos los días algo. Pero a menudo no nos damos por enterados porque no es grata la lección. En la infancia, la mamá suele preguntar al hijo: «¿Ya has hecho tus deberes?», antes de autorizarle a salir a jugar. Si soñamos con deberes escolares, preguntémonos también si hemos hecho nuestros deberes del día, si los estamos haciendo todos los días.

DECAPITACIÓN. Si sueñas con un decapitado, es señal de que tu cabeza va por un lado y tu cuerpo por otro. Es decir, tu organismo no obedece los imperativos del cerebro, se ha declarado autónomo y en verdad las cosas en tu vida no pueden ir muy bien si la cabeza no realiza las funciones que le son propias.

DERECHA. La derecha indica el porvenir; la izquierda, el pasado. Aquello que en tus sueños transite hacia la derecha, va en dirección correcta. Lo que va hacia la izquierda, va en dirección prohibida, indicando una anormalidad o una desgracia. Si ves un avión, un buque, un coche, que viaja hacia la derecha, puedes decirte que tus asuntos van viento en popa.

DESBORDAMIENTO. Cuando las aguas se desbordan es señal de que nuestras emociones lo hacen también en nuestro organismo, anegándolo todo. Debemos, pues, cerrar la espita de las emociones, de los deseos, de los anhelos. Desear menos y construir más, ya que en un terreno inundado nada aguantará y las más bellas flores de nuestra vida, si las hay, se pudrirán irremediablemente. Controla tus emociones, viene a decir el sueño.

DESCALZO. Los pies descalzos son símbolo de extrema pobreza, pero al mismo tiempo los pies son símbolo del alma. El sueño significa:

desnuda tu alma, hazte humilde.

DESCUARTIZAMIENTO. El sueño de esta atrocidad refleja tu situación moral o psíquica. Es un sueño que realizan a menudo personas atormentadas por varios amores, hombres que tienen dos casas y dos familias o más, o que son víctimas del pluriempleo. Gentes que van por el mundo divididas contra ellas mismas, con impulsos contradictorios. El sueño quiere decirles que no es posible vivir así y que deben, por todos los medios, reconquistar su unidad.

DESFILADERO. A veces el soñador anda por extraños caminos abiertos entre dos montañas, sin horizonte y sin que sepa exactamente dónde va. Anda condicionado por el desfiladero, subiendo y bajando según los accidentes del terreno. El sueño significa que el hombre no ha sabido vivir su libertad y está ahora condicionado, con horizonte bajo, sin más remedio que seguir hacia adelante, hacia lo desconocido o dar marcha atrás, que es todavía peor. El sueño es una invitación a que salga del desfiladero y emprenda caminos más anchos que conduzcan a algún sitio. Su ambición debe despertar y fijarse un objetivo.

DESIERTO. Lo más característico de un desierto es la falta de agua y, por consiguiente, de vegetación. El sueño pretende mostrarte la imagen de tu vida, en la que nada crece, nada prospera, nada ocurre. Y el sueño te indica igualmente la causa de todo ello: la falta de agua, es decir, la pobreza de sentimientos. Ponle más sentimentalidad, más ternura a la vida y verás cómo la esterilidad se convierte en campo fecundo.

DESNUDEZ. Significa sinceridad. Si los personajes de tus sueños van desnudos, es que reflejan lo auténtico. Puedes fiarte, pues, de las promesas que se te harán, y si te las han hecho ya, éstas se cumplirán.

DIABLO. Si el diablo aparece en tus sueños, ello indica que has elegido el atajo, el camino rápido que suelen recorrer los hijos de Caín, llenos de sufrimientos, de acechanzas, de dolorosas experiencias. Pregúntate si eres lo suficientemente fuerte para resistir las tensiones a las que serás sometido.

DIENTES. Ya hemos hablado en otras ocasiones del simbolismo de los dientes. Representan a la familia, y su estado de salud en sueños te indicará si puedes o no contar con ciertos miembros de tu familia. Si sueñas que se te caen los dientes, es mal síntoma, ya anuncian falta de apoyo, pobreza.

DINERO. Soñar dinero significa hacer recuento de las potencialidades psíquicas del soñador. Todos vivimos por debajo de nuestras potencialidades; es decir, todos podríamos ser más de lo que somos, hacer más de lo que estamos haciendo si aprovecháramos todas las intuiciones que surcan por nuestro cerebro, todas las ideas si lleváramos todos los proyectos hasta la fase ejecutiva. Pero a menudo nos quedamos en mitad de camino, porque la rutina en que se desarrolla nuestra existencia no nos permite apartarnos mucho de lo cotidiano. Los sueños de dinero vienen pues a indicarnos el estado de nuestra potencialidad interior.

Alguien soñó que se entrevistaba con el director de un banco, el cual le había llamado para decirle que era anormal que tuviera tanto dinero en su cuenta y que era preciso hacer algo con él. Sólo en sueños ocurren cosas así, pero la intención del relato onírico era evidente: el soñador disponía de un potencial enorme, capaz de transformar su vida, y lo estaba desperdiciando lamentablemente. En este caso el sueño quería decir: estás viviendo por debajo de tus posibilidades y desaprovechando tu existencia.

Pero no siempre los sueños de dinero son positivos. Se sueña también que uno no puede pagar el billete del tren en el que imprudentemente se ha embarcado, o bien que presenta en su banco cheques sin fondos. Esos sueños constituyen el indicio de que se ha emprendido un camino equivocado o que se está viviendo por encima de lo que sus medios psíquicos le permiten. Es justo tener ambiciones y deseos de alcanzar un mayor bienestar, siempre que a esas ambiciones no deba sacrificárseles cosas esenciales. El sueño indica la conveniencia de rectificar la dirección e ir por otro camino.

DIOSES. En nuestros sueños surgen a veces personajes sublimes que el soñador toma por santos del cielo, ángeles o dioses. La escena de Moisés dialogando con Jehová en lo alto del Sinaí es un sueño frecuente; la figura de Moisés siendo sustituida por la del soñador: en un lugar elevado el soñador dialoga con la divinidad, ¿qué significa? Sencillamente: en la cúspide de tu propio ser se encuentra esa fuerza espiritual que transmutará tu vida. Si tienes problemas, si todo se derrumba alrededor de ti, si te ves postergado, abandonado, incomprendido por los tuyos, sube a la cúspide y allí Dios hablará cara a cara contigo; de Él recibirás las tablas de tu ley y ya nunca más volverás a sentirte solo.

Aunque los seres espirituales son asexuados, a veces se sueña con un dios femenino, con una señora, una Virgen. Cuando a la imagen espiritual le es atribuido un sexo y es el femenino, el sueño ya no significa lo mismo. Generalmente, esas imágenes oníricas femeninas conceden dones al durmiente: un puesto importante, una ganancia en lotería, el triunfo sobre los enemigos, sobre un pleito... La naturaleza femenina se encuentra en afinidad con el mundo material dispensador de bienes, y el sueño significa: obtendrás todo cuanto deseas con tal de que desciendas un peldaño más hacia la adoración de la materia.

DIRECTOR. Los sueños de música son poco frecuentes, pero alguien soñó un día que un director de orquesta dirigía fabulosamente bien a toda una sinfónica. El sueño estaba constituido por un concierto y este director, batuta en mano. ¿Qué significa? La orquesta son nuestras infinitas tendencias interiores. El director es el «yo», esa fuerza espiritual activa que organiza y potencia todos nuestros recursos interiores, permitiendo que cada uno de ellos se exprese, sin sofocar a una sola tendencia y consiguiendo una maravillosa armonía. El sueño es, simplemente, el plan de toda una vida, ese plan ideal que muy pocos son capaces de llevar a cabo, ya que su «yo» da voz y voto a ciertas tendencias naturales, mientras reprime inexorable y cruelmente a otras, tiranizándolas, martirizándolas, torturándolas. Deja que todas las tendencias de tu personalidad se expresen en el majestuoso concierto de tu vida. Tal es el mensaje del sueño.

DRAGÓN. Este mítico animal que ya no existe en la realidad, aparece a menudo en sueños. Son numerosos los cuentos y relatos medievales en los que aparece un caballero que debe matar al dragón para liberar a la princesa cautiva en su castillo encantado. La princesa es una imagen del alma humana, prisionera del monstruo que devora las energías espirituales que le estaban en principio destinadas. El dragón es, pues, el símbolo de una exuberante vida primitiva que hay en nosotros y que es la que nos motiva, la que decide, la que traza la estrategia de nuestra vida, sin que la parte superior de nuestro ser, custodiada por el dragón, tenga derecho a voto a la hora de tomar decisiones. La bestia debe morir para que nuestro «yo» superior pueda vivir libremente, y el sueño indica que el durmiente está ya preparado, está ya maduro para ese combate esencial que ineludiblemente todos debemos sostener.

171

EDIFICIO. La construcción de un nuevo edificio sobre las ruinas antiguas es un sueño que se refiere a la renovación de nuestra personalidad. A menudo el hombre ha sido comparado a un edificio en construcción, no determinado todavía. En los libros esotéricos la tarea humana se compara a la del caracol, que se deshace de su vieja cáscara para construirse otra nueva. Así el hombre debe dejar que caigan en ruinas las paredes que sostienen su personalidad, a fin de poder construirse edificios nuevos y más sólidos. Edifica sin cesar, dice este sueño, ya que tus certidumbres de hoy serán puestas en duda mañana, negadas después y otras nuevas informarán tu vida, porque la verdad está siempre más allá de ahí donde habíamos creído descubrirla.

ELEFANTE. Es el más noble de los animales salvajes, y para nutrir su fuerza no necesita devorar a otros seres, sino que se alimenta de hierbas. Se trata, pues, de una fuerza noble, pero de una fuerza natural y salvaje que debe ser domesticada. Se refiere el sueño de elefante a los instintos domados y sublimados, indican-

do al durmiente su estado legal interior.

ENCRUCIJADA. Es un sueño frecuente. El soñador se encuentra en una carretera que bifurca en varias direcciones y no sabe qué camino tomar para ir ahí donde quiere ir, aunque en la mayor parte de los sueños el soñador no sabe dónde va, y se trata de saber qué carretera le conducirá más velozmente a «algún sitio».

Es el sueño típico del individuo faltado de ideales y de ambiciones, al que se le ofrecen varias posibilidades y no sabe cuál puede ser mejor. Si sueñas con una encrucijada, reconsidérate a ti mismo, vete a algún sitio donde puedas estar solo y medita sobre tu vida. Estás aquí para serte útil a ti mismo y a los demás y debes forjarte un programa de vida. Si te encuentras ante varias posibilidades de acción, elige la que te parezca más justa, menos degradante, la que te permita también obrar, proyectar tu personalidad en aquello que estás haciendo.

Si en esa encrucijada de los sueños te ves ya en un camino, ello será indicio de que ya has elegido entre varias posibilidades y, tal vez, te preguntes si has elegido la mejor. En tal caso, ten en cuenta que el camino recto, el que se encuentra ante ti, es el normal, el programado por tu destino. El que bifurca hacia la izquierda es el del retorno al pasado. Si has emprendido ese camino, ello indica que te has acobardado, que te parece penoso seguir adelante y que te diriges hacia una situación de seguridad, hacia un infantilismo generador de protectores y en él te estancarás bajo la tutela de una personalidad fuerte. El camino de la derecha es la vía rápida hacia el futuro, la que comporta experiencias fuertes y dolorosas, pero es el atajo que te permitirá situarte delante de los demás. Si emprendes esa ruta, pregúntate antes si posees la fuerza necesaria para soportar las pruebas.

ENEMIGO. «Amad a vuestros enemigos», decía Cristo en sus enseñanzas. Los enemigos de los sueños, que a veces aparecen uniformados como los soldados, indican que en nuestro interior ha estallado la guerra y que nuestra conciencia ha adoptado la postura de un campo, mientras que otra tendencia igualmente activa en nuestro interior ha sido abandonada a sus propias leyes y en ella se sitúa el enemigo. Un enemigo que es una parte de nosotros mismos, al que nutrimos y damos vida, cual un feto en nuestro interior, para lanzarlo después al mundo y objetivarlo en una persona o unas cosas. Ese enemigo somos nosotros, y por eso debemos amarlo como criatura nuestra que es. Los vicios que combatimos en el enemigo son nuestros propios vicios disfrazados con otros ropajes, vicios que nuestra conciencia moral ha relegado al inconsciente y que vemos encarnados en otras personas «que nos llevan por malos caminos» o que «nos traen la desgracia». El jefe de operaciones que manda a esos enemigos es siempre nosotros mismos, por ello debemos amar las personas a las que hacemos endosar el disfraz de enemigos y que no son más agentes a nuestras órdenes. El sueño de enemigos es una invitación a tomar conciencia de ese estado de guerra interior y una llamada a la paz.

ENFERMEDAD. Los sueños de enfermedad se refieren raras veces a enfermedades físicas, mientras que, por el contrario, ilustran la situación psíquica o moral del durmiente. Ver a otras personas enfermas significa que de un modo u otro las disminuimos, que no las apreciamos en su justo valor, que estamos cometiendo una injusticia con ellas. Si uno mismo está enfermo, del estómago, por ejemplo, es síntoma de que no hemos podido digerir algo que nos ha ocurrido y que debe ser digerido. Si estamos enfermos del corazón, es que nuestros sentimientos padecen, de que en ellos hay algo que no «funciona». Si la enfermedad exige una operación quirúrgica, es señal de que hay que cambiar algo en nuestro psiquismo o en nuestra moral. El sueño es una invitación a modificarse de un modo u otro.

ENFERMERA. Si la enfermedad de nuestros sueños exige la presencia de una enfermera, entonces es que la cosa es mucho más grave de lo previsto. La enfermera es un personaje que no cura, como el médico, sino que se limita a vigilar, cuidar y dar la alarma si es preciso. El sueño nos anuncia, pues, que hay un peligro inminente en nuestras vidas y que debemos obrar pronto y radicalmente para recuperar la normalidad.

ENSALADA. Un hombre de cierta edad, con úlcera en el estómago, soñaba todos los días que se encontraba sentado ante una mesa muy bien puesta en la que figuraba un solo plato de suculenta ensalada. Aquí el mensaje del sueño es evidente: ponte a dieta, vive un tiempo a base de ensaladas y recuperarás la salud.

Pero la ensalada tiene otro significado: es un plato frugal, formado por hortalizas cuyo principal contenido es el agua. Agua pura y destilada que nos habla de pureza de sentimientos dentro de un contenido poético. Tus deseos comen demasiado —viene a decir el sueño—, su apetito es excesivo y debes ponerlos a dieta.

ENTIERRO. Ver en sueños un entierro significa un cambio radical en la vida. Hay algo en nosotros que ha muerto, y todo aquello a lo cual daba vida esa tendencia interior que acaba de morir, desaparecerá. Si es el odio lo que ha muerto, nos encontraremos aligerados de un peso porque desaparecerán de nuestro contexto humano las situaciones odiosas que soportábamos y a las cuales nuestro odio alimentaba, daba vida. Pero si es el amor lo que ha muerto, entonces desaparecerá de nuestra existencia todo rastro de felicidad. La actitud de los personajes que acompañan el cortejo puede darnos una pista. Si están alegres, poco a tono con la ceremonia, entonces no cabe duda de que estamos enterrando algo desagradable y debemos alegrarnos de que haya muerto. En cambio, si el cortejo está triste y compungido, tal vez estemos enterrando la alegría de vivir. Vale la pena reflexionar sobre la identidad del muerto, para ver si se le debe dejar tal como está o si conviene resucitarlo con toda urgencia.

EQUIPAJE. Ya nos hemos referido a los bagajes anteriormente. A veces un exceso de equipaje nos hace perder un tren o un avión. El sueño significa: abandona lastre, a fin de poder moverte con mayor libertad. Hay quien sueña con casas tan equipadas como aquel famoso «salón» de *Eloísa está debajo de un almendro*, de Jardiel Poncela. Hay tantos muebles y objetos que es imposible circular. El sueño indica que la vida del individuo está demasiado estructurada, llena de principios fijos e inamovibles, no queda prácticamente sitio para lo nuevo que la vida arrastra sin cesar como las aguas de un río eterno. El equipaje es generalmente símbolo de cosas accesorias que dificultan nuestra tarea esencial.

ESCALERA. Sirve para escalar, indudablemente, y el sueño indica al soñador que existe la posibilidad de «subir» en su vida. Pero los sueños de escalera comportan a veces problemas. Hay quien sube a una escalera de bomberos, lo cual significa que su ascensión se debe a un accidente, a una anormalidad, a una emergencia, de modo que su posición no es nada firme. Hay quien sube a una escalera de mano y una vez en lo alto se la retiran de los pies y se ve colgando de una ventana, en posición peligrosísima. Significado evidente: más te valiera no haberte subido a esa posición que la vida te ha ofrecido, porque tu psiquismo no estaba preparado para la ascensión. En cambio hay escaleras suntuosas, firmes, seguras, que no ofrecen ningún peligro. Ojalá puedas un día, en tus sueños, encaramarte por una de ellas.

ESCARABAJO. «Me estaba comiendo un melocotón enorme y sabrosísimo, cuando de pronto salieron de él varios escarabajos. Solté la fruta dando un grito de asco.» «Regaba las plantas de mi jardín con mucho cariño, pero descubrí en las raíces unos escarabajos que absorbían toda su vitalidad.» ¿Qué significa que las plantas que cultivamos con tanto amor estén parasitadas por escarabajos, los cuales también nos arrebatan el placer de saborear aquello que tanto nos está gustando? Significa: alguien se aprovecha de tus esfuerzos. Lo que cultivas te es arrebatado en parte. O bien: alguien más comparte tus placeres. Sé más perspicaz, haz averiguaciones.

ESCUELA. Significa: debes asimilar las lecciones de la vida. Las cosas no suceden en vano, cada secuencia encierra una lección que debe ser aprendida, ya que de lo contrario la secuencia se repetirá una y otra vez. Y el caso es que las cosas de la vida se repiten: el médico siempre tiene en su antesala los mismos enfermos;

los que sufren accidentes de coche los van sufriendo periódicamente; los que se divorcian no lo hacen nunca una sola vez. Todo se repite porque nadie aprende las lecciones que encierran los hechos. El sueño de escuela trata de avisar al soñador de que las lecciones de la vida deben ser aprendidas.

ESFERA. Soñar con una esfera o un círculo es señal de alta potencialidad, de concentración, fuerza interior. Nuevas energías emergen de ti que te harán capaz de grandes realizaciones. Toma conciencia de ello. Tal es el significado del sueño.

ESPADA. Soñar con dos espadachines que se baten anuncia controversias, maledicencias, calumnias, difamaciones, de las cuales el soñador o bien será la víctima o el verdugo.

ESPEJO. Mirarse en el espejo en sueños significa: conócete a ti mismo. Es posible que estés haciendo cosas que no corresponden a tu verdadera personalidad, hay una alteración en ti y el sueño te dice: contempla tu imagen, ve cómo realmente eres y rinde testimonio en el mundo de esa personalidad y no de otra. Vuelve a ti, vuelve a ser tú mismo.

ESTACIÓN. La estación es una de las imágenes oníricas más repetidas. Uno sueña que en ella se despide de seres queridos, con tanto sentimiento, con tanta intensidad emotiva, que el soñador guarda la impresión de que no ha de volverlos a ver. ¿Qué significa? Bien claro está. Ha llegado a un punto de bifurcación de su destino y tiene que separarse inevitablemente de muchas cosas que le eran queridas: tal vez se separe para siempre de su infancia, o de su adolescencia, o de su juventud, con toda la serie de hábitos, paisajes, lugares comunes. El sueño traduce la nostalgia del alma ante ese desgarramiento, pero es preciso despedirse del pasado para avanzar hacia el futuro.

Otro sueña que se encuentra en una estación esperando un tren que no viene. Aparece un hombre con un farol, sin duda un empleado, con malas noticias. No parece que el tren vaya a llegar, no se sabe por qué. No cabe duda de que es el tren de las esperanzas, de los anhelos, el que el soñador está esperando. Y la vida pasa mientras él espera algo que no ha de llegar. El sueño intenta decirle: no aguardes en vano lo que está más allá de tu alcance. Vive según tus medios, tus posibilidades, y no aspires a aquello que no te es posible realizar.

La imagen de la estación se presenta siempre al iniciar una fase nueva de la existencia o al salir de una antigua. Es presagio de un cambio en la existencia: o el tren que esperamos llega y al subirnos a él cambiamos de rumbo, o no llega y cambiamos de rumbo también ante la imposibilidad de realizar nuestros anhelos.

ESTE. El este, como punto cardinal, indica la tierra del esfuerzo personal, del sudor y de las lágrimas. Cuando Adán y Eva fueron desterrados del paraíso, dice la Biblia que habitaron en un país del este del paraíso. Es allí donde debían autorrealizarse con sangre, sudor y lágrimas. Caín, después del crimen, se marchó también al este.

Si en sueños tienes clara conciencia de dirigirte hacia el este, ello significa lo siguiente: tu personalidad se expresa fuera de los senderos trillados; las convenciones y los prejuicios no hacen mella en ti. Sólo la experiencia te sirve de guía, ya que no eres permeable a las razones ni a los consejos ni sientes gran respeto por las leyes divinas. Todo lo que consigas será a base de esfuerzo; cometerás errores y de ellos te vendrá la inteligencia. Gracias a tus errores y a tus sufrimientos te encumbrarás a una alta posición y un día u otro serás rey del mundo. El este constituye la vía rápida de evolución de los fuertes, la de los que pueden soportar los sufrimientos.

ESTÓMAGO. Soñar enfermedades del estómago significa que no se ha digerido algo. Algo que nos han hecho o que nos ha ocurrido, de manera que ese algo condiciona nuestra manera de obrar, ya sea que intentemos vengarnos o tomar el desquite o demostrar lo contrario de lo que ha resultado probado. Ese algo nos impide avanzar, pasar a otra cosa y es realmente como una enfermedad para nuestra vida psíquica, ya que el psiquismo es como un estómago, mientras queda en él un material no se puede poner otro, y así infinidad de ideas, sugerencias, intuiciones permanecen marginadas mientras nuestra psique sigue sin digerir ese golpe tan duro que nos ha dado la vida. El sueño significa, pues: digiere y cúrate esa enfermedad.

ESTRELLA. Soñar con las estrellas significa intervención providencial. Será afortunada si las estrellas son azules y si brillan con fuerza. Por el contrario, si son rojizas y tienen aspecto cuadrado entonces cabe temer algún maleficio enviado por la fatalidad.

EXPLORADOR. Es una imagen positiva, ya que la misión del explorador es descubrir tierras vírgenes, colonizarlas dando muerte a los animales salvajes, los cuales son símbolo de nuestros instintos y tendencias inferiores. Significa, pues: mediante la desaparición de la parte inferior que hay en ti, conseguirás extender tu dominio en tierras nuevas a las que podrás colonizar a la imagen de tu personalidad. Se producirá, pues, una expansión de tu conciencia, serás capaz de nuevas tareas, y esa misma capacidad hará que las ocasiones surjan en tu vida cotidiana. Cambio de existencia, pues, en sentido favorable.

FACHADA. Ya hemos hablado anteriormente del significado de los sueños de casas con sus estancias, relacionados con nuestro edificio psíquico. La fachada se refiere a la parte externa de nuestra personalidad, a nuestra vertiente social, la que utilizamos para los intercambios humanos. A menudo vemos en esos sueños, o bien que la fachada es cochambrosa, pero el interior del edificio rico y bien cuidado, o al revés, la fachada es imponente, mientras que el interior se encuentra en estado de abandono o, peor aún, en ruinas.

En ambos casos el sueño nos indica que no somos lo que aparentamos y que debemos tomar conciencia de ello. Todos disfrazamos nuestras apariencias, mostrándonos ante los demás de manera ideal, pero ese disfraz no puede ir hasta las antípodas de nosotros mismos; porque si aparecemos tan distintos de nuestro modo de ser, corremos el peligro de que se rompa el hilo que une las dos personalidades, la aparente y la real, y que sobrevenga la muerte física. El sueño trata de decirnos pues: estás dando una pobre impresión de ti. Eres mejor de lo que aparentas y debes procurar que los demás lo sepan. O, por el contrario: no eres más que una fachada, que una vanidad organizada; induces en error a los que te contemplan y debes trabajar para ser algo más que un caparazón vacío.

FANTASMA. Cuando un fantasma aparece en tus sueños, interprétalo en el sentido de que estás haciendo o estás viviendo algo que no es natural, algo que no deberías aceptar por su antinaturalidad. Puede tratarse de tus sentimientos, de tus inclinaciones, de tus juicios. Sientes o juzgas o te dispones a hacer algo anormal y el sueño se expresa de esta forma para avisarte, para que no lo hagas. Una mujer soñó que encontrándose de faenas en su habitación, desplazó la cama, que se encontraba a la izquierda, hacia la derecha y entonces debajo de la cama apareció un fantasma. En este caso la izquierda significa las cosas que soportamos pasivamente, mientras que la derecha representa aquellas en que actuamos de protagonistas; la cama es símbolo evidente de la actividad sexual. Esa mujer de los sueños quería desplazar el papel que jugaba en la actividad sexual, pasando del pasivo al activo. El sueño le advirtió con el fantasma que aquello no era normal, de acuerdo con su propia ley moral interior, que iba a violar esa ley.

FIEBRE. Es otro síntoma de anormalidad, de alteración del ritmo ordinario de la vida. A veces se producen en nosotros tales alteraciones, que pueden durar horas, días, semanas, meses y hasta años. Cuando vivimos en ese estado de alteración hacemos y decimos cosas que no corresponden a nuestro verdadero modo de ser; nos comprometemos con personas con las que nunca hubiésemos hecho buenas migas de habernos encontrado en estado normal. El sueño nos avisa, pues: no te comprometas, estás alterado y lo que hagas ahora tu verdadera personalidad lo deshará más tarde.

FLORES. Soñar con flores es un excelente presagio, anunciador del florecimiento de una nueva vida psíquica, de una bella vida, puesto que las flores es lo más hermoso que existe en el reino vegetal. Ese sueño sobreviene a menudo a personas de cierta edad que creen que todo está ya concluido para ellas. El sueño les anuncia que no, que habrá un nuevo despertar, una nueva actividad, puesto que toda fuente de actividad empieza en el psiquismo, y que, a su tiempo, habrán nuevos frutos. El sueño constituye, pues, el presagio de una vida más holgada, más dichosa, pero también de efímera duración, puesto que las flores sólo duran una estación. Que el soñador se esfuerce en sacarle el máximo provecho a ese período primaveral que se le aproxima.

FOGÓN. El fogón es una típica imagen familiar. En torno al fogón se reunía antiguamente la familia, cuando formaba un todo unido y en el fuego del hogar se forjaba la solidaridad entre cada uno de los miembros. De ahí parten y se elaboran los alimentos que nutren el cuerpo. El sueño es una invitación a volver a las fuentes primigenias, una invitación a los sentimientos simples, a las ambiciones moderadas.

Una invitación a una reelaboración de los alimentos psíquicos, ya que los normalmente consumidos no son, tal vez, los más indicados.

FOTOGRAFÍAS. Los álbumes de fotos familiares que se miran y remiran en sueños indican que el soñador se encuentra anclado en el pasado, con la mirada fija en otra edad, que no está evolucionando con su tiempo. El sueño es una invitación a su actualización. El soñador que contempla complacientemente su propia foto, significa una revelación de su narcisismo, de su complacencia ante sí mismo, de su vanidad presuntuosa.

FRESAS. Ese fruto que lleva el color de la pasión es anunciador de aventuras sexuales. Para una jovencita, es el indicio de que el joven que se interesa por ella no tiene sentimientos firmes y que lo único que desea es una aventura.

FRUTA. La fruta, en general, tiene un significado sensual. La fruta no constituye el alimento principal del hombre, sino un sabroso plato secundario. En sueños, si se come fruta es señal de que las pasiones piden alimento, de que se están gratificando los accesorios parasitarios del alma.

FUEGO. Es un gran símbolo que significa acción, entusiasmo, fe, calor humano. Si se sueña con un fuego que destruye un edificio, es señal de que la persona posee en grado superlativo esas virtudes, y entonces el exceso de acción, de entusiasmo, de fe, etcétera, arruina el edificio de la convivencia. Si el fuego destruye un bosque es señal de que esas mismas excesivas virtudes están acabando con la vida psíquica inocente que es fuente de felicidad. El sueño es una invitación a disminuir esas virtudes hasta un nivel óptimo.

Si se sueña con un fuego de campo, apacible, acogedor, es señal que se posee el grado justo de entusiasmo, fe en sí mismo y deseo de acción que se necesita para coronar una gran empresa. El sueño es, pues, una invitación a obrar.

FUENTE. La fuente es un símbolo prometedor de grandes y maravillosas cosas, a condición que de ella mane agua, ya que una fuente seca sería, al contrario, promesa de miseria y padecimientos.

La fuente está asociada al agua, que como ya hemos dicho en anteriores ocasiones, simboliza los sentimientos. El sueño no se refiere a los sentimientos destructores representados, por ejemplo, por un río revuelto, sino a unos sentimientos canalizados por el caño de la fuente, dirigidos por unos cauces precisos. Esa agua-sentimiento nace de las profundidades de la tierra, contenedora de todos los tesoros que puedan existir en el mundo. Soñar con una fuente que mana equivaldrá, pues, al mensaje siguiente: tus sentimientos de orden muy práctico te guiarán hacia situaciones que te permitirán enriquecerte.

FUGA. La actitud de huida es siempre negativa. Aunque los ejércitos en combate hablen a menudo de «retiradas tácticas», lo cierto es que lo normal es ir hacia adelante y no hacia atrás. Si sueñas que huyes de un peligro, examina cuidadosamente la imagen que representa ese peligro y reflexiona sobre ella, para ver qué es lo que tu alma quiere evitar. Sin lugar a dudas es algo que debes vivir ineludiblemente, algo que altera tus planes, tu programa, pero que está inscrito en la línea de tu destino. No huyas de tu destino porque te lo encontrarás una y otra vez bajo mil disfraces distintos.

GAFAS. Si los personajes de tus sueños usan gafas graduadas, es evidente que su vista es corta. «Mamá me daba consejos mientras hacía ganchillo junto a la ventana, pero lo curioso es que, llevaba lentes, cuando en realidad no los ha utilizado jamás.» Este sueño significa literalmente: tu mamá tiene la vista corta, no ve las cosas con amplitud y sus consejos adolecen de ese defecto.

A veces no son gafas graduadas, sino de colores: negras, azules, rosas. Ello indica que el propio soñador o las personas representadas en sueños tienen una visión particular y subjetiva de la vida que no es común a todos. Verlo todo en rosa o todo en negro no es correcto, el mundo no es así y es lo que intenta decirte el sueño.

GALLINAS. Los sueños de gallineros se refieren a cosas de poca monta, a chismes, a comadreos susceptibles de envenenar la convivencia entre vecinos. Esa clase de sueños suele sobrevenir a personas que están dando demasiada importancia a cosas que no la tienen, y en ciertos sueños las gallinas tienen rostros humanos. Si las gallinas aparecen en tus sueños, deja de comadrear y quita importancia a las «confidencias» recibidas en el patio de vecindad.

GALLO. Muy distinto es soñar con el canto del gallo anunciador de la aurora. En la Gran Obra alquímica de transmutación de los elementos viles de la personalidad humana en materiales nobles, aparece esa figura del canto del gallo, anunciador de que la obra inicia su fase final. Vemos igualmente aparecer este gallo en la Pasión, en la aurora de los tres días que precedieron a la muerte de Cristo y a su glorificación. Si oyes ese canto del gallo en tus sueños, es señal de que estás rozando la cumbre de un proceso de espiritualización. Desaparecerá tu interés por los placeres materiales y ya no serás el mismo que hasta ahora has sido.

GARGANTA. En ciertos sueños de angustia, el soñador se queda de pronto sin voz, sin poder dar la alarma ante un peligro inminente. Los problemas de garganta, en sueños, suelen ser problemas de dinero en la vida real, debido a la correspondencia que existe entre la garganta y el signo de Tauro, que rige el dinero, las riquezas y los placeres que con ellas podemos procurarnos. Si sueñas que pierdes la voz, al despertar vigila muy estrechamente tus posesiones, porque bien pudiera ser que por una causa u otra las perdieras también.

Tal vez lo que ocurra es que simplemente pierdas la aptitud a gozar de tus bienes, es decir, que se produzca una disminución del placer que te producían los bienes materiales. Pero en general, quedarse sin voz significa quedarse sin medios.

Por el contrario, si sueñas que te extirpan de la garganta cosas, objetos —alguien soñó que le extirpaban un auténtico bebé, un parto por la garganta—, entonces el sueño anuncia una superabundancia de bienes materiales que saldrán de ti, de tu propio esfuerzo, del trabajo.

GASTOS. Es muy frecuente soñar que las cosas que estamos adquiriendo en el mercado cuestan un elevado precio y que debemos consentir un gasto superior al que habíamos calculado. Esos sueños de gastos pretenden sugerir al soñador que la vida que lleva le cuesta un elevado precio. «Las uvas están por las nubes», se exclamaba una señora en sueños. Las uvas son los placeres fáciles y deliciosos de la existencia, pero apurarlos le cuesta caro al alma porque, anclada en esos bellos jardines apacibles, va dejando para más tarde el librar las batallas esenciales, olvidando así la gran tarea humana que la ha llevado al mundo. Un estudiante soñó que el libro que debía necesariamente adquirir le costaba tan caro que se veía obligado a renunciar a él. Y es que la continuación de sus estudios exigía el sacrificio total de otros placeres incompatibles con los libros. Era un precio que el estudiante no estaba preparado para pagar.

GATO. Simboliza los instintos femeninos en su más baja expresividad. Si sueñas con gatos, el mensaje es el siguiente: no te fíes de las personas que te rodean, tanto si son dóciles como si son hurañas, ya que sus reacciones son imprevisibles y sus palabras y promesas son viento. Desconfía igualmente de ti mismo, ya que si encuentras en tu camino gentes de esa estirpe, es porque tu naturaleza, en ciertos aspectos, es idéntica a la suya,

ya que de otra forma resbalarían por tu vida sin ni siquiera apercibirlas.

GENERAL. En nuestra guerra interior que transcriben los sueños aparece a veces la figura del general dando a sus soldados órdenes absurdas o incomprensibles, según el soñador. Ese general representa la jerarquía suprema de nuestro «yo», el que reglamenta, ordena y norma nuestra vida. Pero las tendencias diversas de nuestra personalidad ya no lo reconocen como guía, sino que ven en él a un director arbitrario, incomprensible o injusto y tal vez hasta cruel. El sueño no hace más que describir nuestro estado interior de rebelión frente a la autoridad que rige en nuestra alma. Malo, muy malo es cuando las tropas de los sueños se sublevan y asesinan al general o lo aprisionan, ya que ello anuncia el triunfo de la anarquía en nuestro interior. La voz de la ley se habrá acallado en nuestra conciencia, ya no habrá moral que desde el interior nos advierta lo que está bien y lo que está mal, y nos encontraremos librados a los ciegos instintos. Los sueños de guerra y rebelión son meramente descriptivos de un estado anímico y el soñador debe adoptar las medidas pertinentes.

GIGANTE. Los sueños de gigantes son raros, porque raras son las personas cuyo psiquismo esté preparado para alojar en él a un gigante, pero si esto ocurriese un día en sus sueños, es que en su vida hay una emergencia de energías capaces de transformarlo todo.

Los gigantes mitológicos eran generados por Urano, representante del cielo, en su unión con la titánica Tierra. Y ahora, en plena edad moderna, cuando el planeta Urano transita por un punto clave del mapa del cielo de un individuo, esos gigantes vuelven a aparecer en la vida de la persona en cuestión. Es entonces cuando pueden emerger en sus sueños para avisarla.

¿Qué significan, pues, en concreto? Son fuerzas descomunales que irrumpen de pronto en nuestra mente lanzándonos a empresas descomunales, desorbitadas, sublimes en ellas mismas, pero destructoras de todas las normas, de todas las leyes, de toda convivencia. Cuando uno de esos gigantes atraviesa nuestra vida, hay que abrir cauces nuevos para que esa fuerza descomunal pueda transcurrir sin causar desgracias. Esa será la tarea del que sueña con gigantes: deberá aumentar su comprensión, su paciencia, su amor sobre todo, su capacidad de sacrificio, a fin de no violar las leyes por las que se rige la sociedad. Sólo una transmutación moral le salvará del peligro de convertirse en un tirano y un monstruo para sus semejantes. Con el gigante dentro puede hacer grandes cosas, pero también cometer horrendos crímenes. La fuerza que genera el bien y el mal es la misma; la voluntad humana es la que pone proa hacia uno u otro cabo.

GIMNASIO. Los sueños se refieren a nuestro ser interior, de modo que si un gimnasio aparece en ellos, no lo interpretes en el sentido deseado por la Delegación Nacional de Deportes, sino como una indirecta para tu psique. Es sin duda que no realizas los necesarios ejercicios mentales, que en tu cerebro no circula el aire fresco de las ideas y se anquilosa y se pudre. El sueño viene a decirte: ejerce tu intelecto, somételo a ejercicios gimnásticos. Todo cuanto pasa ante tus ojos es portador de un mensaje. Pregúntate qué hay detrás de este o aquel detalle que ha llamado tu atención en el curso del día. Por qué la señorita que está sentada frente a ti en la oficina viste hoy de rojo cuando ayer vestía de azul. Piensa en el significado oculto de las cosas, ve más allá de las apariencias. Entonces tu intelecto estará en forma y se podrá contar contigo.

GINECÓLOGO. Si ese personaje que ayuda a los niños a que asomen su cabeza en el mundo aparece en tus sueños, es señal inequívoca de que llevas un niño dentro, no físico, sino espiritual. En tu psique está emergiendo algo que no consigue salir por su propio impulso y necesita ayuda. Quién debe darte esa ayuda es algo que tú, y sólo tú puedes averiguar. ¿Se trata de una capacidad profesional a adquirir mediante un cursillo? Busca la escuela que ha de permitirte una promoción. ¿Es acaso una verdad espiritual que se abre camino en tu alma? Busca en la semioscuridad el camino que ha de conducirte a la persona «que sabe» y que te ayudará a sacar fuera esa criatura de tu mente. Algo importante

ha de salir de ti, pero no saldrá sin ayuda; ese es el sentido del sueño.

GIRASOL. Los girasoles son esas flores que a lo largo del día vuelven su corola en dirección al sol, girando lentamente de este a oeste para cerrarse cuando viene la noche. Significan: ábrete a la luz, fija la mirada en lo espiritual y cierra las puertas de la percepción de tu alma a todo lo tenebroso.

GITANO. Si en tus sueños un gitano pretende decirte la buenaventura, es un aviso de tu alma de que el destino está operando en tu vida. El destino son las cosas que necesariamente deben sucedernos sin que podamos evitarlas. En cada vida hay un cierto porcentaje de destino a pagar. Para muchos, para la masa ordinaria de los individuos, la parte del destino no va más allá de un diez por ciento. Pero en cuanto se encuentra en el camino ascendente, el destino aumenta su empresa sobre la persona, que lo percibe como una adversidad puesto que limita su poder, decisión y su libertad. El gitano es una figura que el lenguaje de los sueños utiliza para simbolizar el destino y viene a decirle al soñador: acéptalo, sométete, no te rebeles contra algo que debes ineludiblemente vivir.

GLOBO. La característica de este aparato flotador es su ligereza y la facilidad con que es empujado por todos los vientos que, como ya hemos dicho en el curso de nuestras interpretaciones, viento, aire, son elementos que simbolizan las ideas. Este sueño indica, pues, al soñador que cambia de ideas con demasiada facilidad, más que una veleta, ya que ésta por lo menos está sujeta a la tierra. Si el sueño se relaciona con personas conocidas, es posible que sugiera que no hay que fiarse de los propósitos y promesas que hayan formulado, porque cambiarán. Es también indicio de un período de vida muy movida, demasiado para que nada importante pueda fructificar.

GLOTÓN. Los sueños de glotonería deben interpretarse según los ingredientes que se consuman. Si el glotón traga golosinas, productos almibarados y azucarados, es síntoma de que la vida fácil y superficial atrae al soñador o a la persona relacionada con el sueño; en este caso el sueño es una llamada a la austeridad o a dejar de lado la tal persona.

Pero si la glotonería es hambre y el banquete del soñador es como los de Gargantúa y Pantagruel, en el que se devoran carneros, vacas, pan, es decir, alimentos esenciales por su concentración proteínica, entonces la interpretación es muy distinta: se refiere al «hambre de alma», esa hambre de conocimientos que un día u otro experimentan todos los que han emprendido el camino de la trascendencia.

GNOMO. A veces aparecen en sueños esos duendecillos que tanto conocemos por los cuentos de hadas y que son en realidad los espíritus elementales de la tierra, la oleada de vida microorgánica trabajando al servicio de las fuerzas de la Creación y que permite que la tierra viva y fecunde. En los cuentos de hadas esos gnomos suelen conducir al descubrimiento de tesoros, y no es extraño puesto que, como decimos, son elementos fundamentales en los procesos de fecundidad de la tierra. El mismo significado tienen en sueños. Si los gnomos aparecen un día en tus sueños, puedes tener la certeza de que, por humilde que sea tu cuna, te elevarás a una gran dignidad y llegarás a ser muy rico. Tu vida será fecunda, viene a decirte el sueño; crearás muchas y bellas cosas y tu labor te llenará de riquezas.

GORILA. Si el gorila aparece en tus sueños es indicio de que las estructuras arcaicas de tu personalidad cobrarán vigor y volverás a un cierto primitivismo, activo en tu manera de actuar, en tus reacciones. Tendrás tendencia a resolver los conflictos a bofetadas o a puñetazos. Los instintos más primarios se erigirán en rectores de tu vida. El sueño aparece para que tu voluntad consciente se oponga con todas sus fuerzas al automatismo de los instintos. Para una mujer significa, además, acentuación de la sexualidad, inherente a ese retorno al arcaísmo.

GOTERA. Si en la casa de tus sueños hay goteras es que en tu edificio humano las emociones desbordan y gastas tu sensibilidad en vano, o peor aún, de una manera nefasta que hará imposible la convivencia. Controla, pues, la espi-

ta de tus emocione, guardándolas para las ocasiones en que son útiles.

GRIETA. Equivale a las goteras, pero trasplantadas al elemento tierra, es decir, simbólicamente: persistencia, sentido práctico, capacidad para aprovecharse de las situaciones. Si no tapas esas grietas que hay en tu vida, las oportunidades escaparán por ellas y te encontrarás siempre pobre. Es, pues, un sueño anunciador de pobreza, a menos que el soñador adopte las disposiciones necesarias para combatirla.

GRILLO. Este modesto escarabajo da testimonio de su luz en la noche, dando prueba con su presencia de que la luz, que es verdad, está en todo. Nada podría existir si no llevara, como el grillo, de tan repugnante aspecto, su parte de verdad, su parte de luz. Si el grillo aparece en tus sueños, interprétalo como un aviso que te lanza quien lo ha creado todo. Tal vez estés a punto de aplastar con tu pie, de destruir, algo que aparece a tu espíritu como repugnante, algo que crees no merece la vida: una idea, una situación, un objeto, algo que existe. El sueño te grita ¡no lo hagas!, porque ese algo repugnante lleva también su luz. Tú no le ves la utilidad, pero la tiene, la tiene...

GRÚA. El lenguaje de los sueños no carece de sentido del humor, y así cierto soñador vio un día cómo la grúa municipal estaba despejando los coches aparcados de una arteria muy transitada, coches que eran lanzados directamente desde una altura impresionante a un parque de chatarra. ¿Qué significa este sueño? Pues es bastante evidente: significa que las avenidas psíquicas del soñador están obstruidas, que las ideas no circulan con facilidad por ellas porque hay anclados pensamientos creadores de hábitos que dificultan el tránsito de pensamientos nuevos y vitalizadores. Coge estos pensamientos-hábito y tíralos a la chatarra.

Por otra parte, nuestro cuerpo físico es el perfecto espejo de nuestro cuerpo mental, y los sueños de dificultad de tránsito se refieren también a las dificultades de la circulación de la sangre en nuestro organismo. El sueño puede, pues, significar: tus venas están obstruidas, fluidifica tu sangre mediante una alimentación adecuada, tomándote por ejemplo mucho jugo de uvas (no fermentado), a fin de prevenir un posible infarto.

GRUTA. En las grutas de los cuentos suelen encontrarse tesoros, como en la de Alí Babá; en otras hay que matar primero al dragón, que simboliza el monstruo de los instintos. Platón nos habla de la gruta en que se halla sepultada la humanidad, a partir de la cual emerge lentamente hacia la luz. Jesús nació en una gruta y en las grutas se reunían los primeros cristianos. El tesoro de la gruta es pues, ante todo, un tesoro espiritual, y la gruta misma es un símbolo de nuestro ser profundo, en el cual se encuentra encerrado el tesoro místico. Soñar con una gruta significa que algo nuevo, una nueva vida, va a salir de nosotros; una nueva vida que dará lugar a una nueva situación, a nuevas posibilidades de acción. Para ciertas mujeres, el sueño de la gruta puede significar que pronto van a quedar en estado de buena esperanza. En todo caso el sueño anuncia felices acontecimientos.

GUANTE. Si los personajes de tus sueños van con guantes significa que preparan una acción encubierta, disimulada, algo que van a negar. Es decir, significa que alguien te engaña, que no dice la verdad, que se presenta como un amigo, pero es un enemigo. Puede que ese enemigo seas tú mismo y que seas tú quien te prepares para actuar anónimamente.

GUARDABARRERA. Si aparece ese personaje, es posible que en tu vida te aceche un peligro. Puede ser un accidente, puede ser un peligro moral. Si te dispones a interferir el camino de otras personas, a meterte en una vía que no es la tuya, no lo hagas. Si te dispones a efectuar un viaje peligroso, es mejor que lo difieras.

GUARDABOSQUE. Es un personaje negativo, ya que su misión es impedir que los cazadores furtivos maten los animales de tus bosques, pero como aquí se trata de tu selva psíquica, mejor sería que alguien diera muerte a tus fieras. El sentido del sueño es pues: estás protegiéndote de algo que sería un bien si te sucediera. Baja, pues, tu guardia y permite que ése algo o alguien contra quien te armas penetre en tu vida y la desinfecte de parásitos.

GUARDAGUJAS. Significa que sin la intervención de tu voluntad te verás lanzado hacia una vía por la fuerza de las cosas. Es inútil que trates de ir por otro camino. Es tu destino el que te hace bifurcar y debes adaptarte a tu nueva realidad, procurando vivir lo mejor posible en este otro mundo que es el tuyo.

GUARDIA URBANO. El guardia regulador del tráfico urbano, si aparece en nuestros sueños, es indicio de que nuestra circulación psíquica es anárquica. No todo lo que debe ir por la derecha va en ese sentido, y lo mismo ocurre con la izquierda. Que el lector relea lo dicho sobre la circulación en la palabra «Grúa».

GUERRA. Ya nos hemos referido en muchas ocasiones a las guerras psíquicas descritas en nuestros sueños. Todo nuestro ser es un conglomerado de tendencias antagónicas. Los intereses de nuestra personalidad instintiva están reñidos con los de nuestra personalidad moral e intelectual, y en el mundo de los sentimientos, los altruistas y los egoístas están en pugna constante. Nada de extraño, pues, que estallen en nuestro interior frecuentes guerras. Los complejos descubiertos por los psicoanalistas no son otra cosa que guerras civiles internas, en las que los vencidos se vengan de los vencedores. La tendencia actual del psicoanálisis, en lo que se refiere a la escuela freudiana en particular, es de dar la razón a los instintos, diciéndole al paciente más o menos: «si quiere matar a su padre, mátelo, hombre, y viva feliz». «Si quiere casarse con su madre, cásese y no se remuerda la conciencia de este modo.» Exagerándolo un poco, así es lo que dicen los freudianos, pero la personalidad instintiva, quiérase o no, está destinada al sacrificio, y su victoria sólo puede ser una victoria provisional. El desarrollo intelectual y espiritual del hombre exige el sacrificio de su vida instintiva o, mejor aún, su sumisión. En estado normal, los instintos viven sometidos bajo un orden impuesto por el «yo» superior, pero a veces ese «yo» pierde prestigio, pierde autoridad y entonces la guerra estalla y los instintos, armados por nuestros «traidores» interiores, quieren arrebatarle al ser superior la corona del reino de nuestra vida. El sueño de guerra nos revela esta situación. Es preciso restablecer la paz y para ello debemos ayudar con nuestra voluntad a las tendencias superiores de nuestro «yo», manteniendo en nuestra mente pensamientos sublimes, apoyando las nobles causas, amando a la humanidad en bloque. Sólo así conseguiremos que la paz se restablezca y que sus bases sean sólidas.

GUÍA. Si en sueños alguien te guía por un camino difícil, ello significa que serás protegido en un trance apurado y que debes obedecer a este guía providencial para que todo salga bien.

GUIÑOL. Soñar con una función de títeres debe interpretarse en el sentido de que probablemente des demasiada importancia a las cosas que te suceden. Como en el guiñol, debes saber apalear, cantar, reír, cambiar a menudo de humor y olvidar el daño que tal vez te estén haciendo. Desdramatiza, parece decirte el sueño, que hay mucho de farsa en la vida.

GUISAR. Ya hemos hablado de las cocinas de los sueños. Los guisos que se preparan en ellos es su esencia misma. El secreto del guiso está en la salsa, en las especias que pones en ella, en el tiempo de cocción. Tal vez encuentres tu guiso salado y ello quiere decir que le echas demasiado coraje, demasiado empuje, demasiado temperamento a las cosas. O quizás, al contrario, le falte sal y ello signifique que te falte nervio, atrevimiento, osadía. Puede que te ocurra que no sabes guisar, es decir, no sabes maniobrar los distintos elementos de que dispones en tu existencia. Ve cuál es el defecto o la virtud de tu guiso y en la vida real añádele lo que le falte o sácale lo que sobra.

GUSANOS. Alguien que no vivía muy honestamente, pero que ganaba muchísimo dinero, soñaba sin cesar que comía manzanas aparentemente hermosas, pero al morderlas aparecían feos gusanos dentro. El gusano es símbolo de corrupción oculta y significa: la realidad que estás viviendo no es tan brillante y sana como parece. O bien: el negocio que acaban de proponerte oculta un defecto que anula por completo su validez. De un modo u otro, si sueñas con gusanos, ponte a investigar qué es lo que hay de podrido en tu vida.

HABILIDAD. La habilidad es una virtud negativa que sirve, sobre todo, para sacarnos de un apuro cuando la razón no nos asiste: habilidad de un abogado para persuadir al jurado de algo que es falso; habilidad del estafador o del timador, al no despertar las sospechas del timado. Cuando la razón y la buena fe no tienen validez, la habilidad hace milagros.

Si tienes un sueño en el que la habilidad es protagonista principal, se trate de un funámbulo, un malabarista, un ilusionista, debes prepararte a ser engañado, a menos que seas tú mismo quien esté planeando un golpe a base de habilidad.

HÁBITO. No hay ningún hábito que sea bueno. Cuando algo se convierte en hábito, es que el espíritu ha dejado de interesarse por la cosa y ya se realiza automáticamente, no es una creación de nuestro «yo», no es un acto de voluntad, no es un deseo imperioso. Es decir, ya no es vida.

Los sueños en que los personajes practican hábitos indican una falta de participación del soñador en su propia existencia. Intentan decirle: estás ausente de tu vida, que ha dejado de ser creadora, y en ella ya no se producirán acontecimientos, sino que todo será de una rutina abrumadora.

HACHA. Instrumento de destrucción primitivo por excelencia. No sirve para construir, sólo para destruir: derribar árboles o luchar primitivamente a vida o muerte. ¿En qué se utiliza el hacha de tus sueños? Si estás cortando el tronco de árboles gigantes con ella, significa que en tu psique se producirá una invasión de energías primitivas que arremeterán contra tu bello paisaje interior que habías empleado toda una vida en crear. Si es una vida humana que intentas destruir con el hacha, ello significa: el medio que empleas para librarte de tus semejantes (amigos, familia, compañeros de trabajo, etcétera) es primitivo y deberías avergonzarte de ello.

De un modo u otro, el sueño anuncia que el arcaísmo invadirá tu personalidad y que su fuerza será muy destructora. Como las energías interiores se proyectan siempre al exterior creando el objeto en afinidad con ellas, el sueño anuncia que aparecerá en tu mundo una persona violenta, de la cual tal vez te enamorarás y que será esa persona quien te destruirá física o moralmente. Pero, entendámonos, esa persona será una creación de tu «yo», no una creación física, claro está, ya que en el mundo no faltan y hasta sobran violentos. La creación consistirá en la relación entre tú y esa persona. Si puedes, pues, modifica, reprime esta tendencia.

HADA. El hada aparece a veces en los bosques de nuestros sueños para mostrarnos el camino que hemos perdido o para realizar un prodigio con su varita mágica. Por ser de sexo femenino, el hada está relacionada con la imaginación, con la intuición, que habitan en nuestra selva, es decir, allí donde la vida está desorganizada, en ese manantial de energías no utilizadas para la construcción de nuestro «yo», con todo su sistema de pensamientos, de creencias, de sentimientos, prejuicios, etcétera, que forman las calles y avenidas de nuestra ciudad psíquica.

Pero he aquí que hemos perdido el camino en ese asfalto de lo organizado y hemos tenido que acudir a nuestro bosque para que el hada nos lo muestre. Más claro; el sueño te dice: si has perdido tu norte, si la «civilización» ha producido en ti una confusión de valores, si ya no sabes lo que es bueno y lo que es malo, sal de tu ciudad y vuelve a las fuentes originales de la espiritualidad, abandónate en esa selva exuberante que existe en algún lugar de ti mismo, en un espacio todavía no utilizado de tu psiquismo. Repiénsalo todo, medita, concéntrate sobre las ideas simples y allí aparecerá el hada, es decir, la intuición, la imaginación que hará el prodigio de señalarte de nuevo el camino.

HALCÓN. El halcón de tus sueños te anuncia una grande y magnífica idea que al realizarse en la carne viva de la acción ha de traer un importante cambio en tu vida. Es buen signo si el halcón vuela de izquierda a derecha, porque ello indica que la idea se proyecta hacia el porvenir, en el sentido del desarrollo de tu vida. En cambio, si el halcón vuela de derecha a izquierda ello significa que serás víctima de una idea, de una ideología, de un principio general que amenazará tu situación social. Para un alto funcionario este sueño anunciaría el fin de su poder.

HAMACA. Cuando un dibujante quiere pintar a un vago, lo dibuja tendido en una hamaca. En efecto, la hamaca se utiliza para descansar cuando los demás trabajan o para procurar reposo en situaciones que no son naturales, como los marineros en un barco. El sueño te invita a salir de una situación de pasividad para participar más ampliamente en el mundo del que eres protagonista y no un simple figurante.

HAMBRE. El hambre de los sueños es siempre hambre psíquica, «hambre de espíritu», como la denominan los esotéricos. ¿Consigues satisfacer esa hambre? ¿Encuentras alimentos apropiados? Ponte en busca de esa alimentación que tu alma te reclama y no le des sucedáneos.

HARÉN. La mujer, acabamos de decirlo, es imaginación, intuición, y todas las virtudes que se oponen a la voluntad, que es atributo masculino. Si te ves propietario de un harén con muchas mujeres, es síntoma de que hay en ti exceso de imaginación, exceso de virtudes pasivas. Desarrolla la virtud de la voluntad creadora y de la perseverancia en la acción.

HARINA. La harina es símbolo del trabajo humano en todas sus fases creadoras. El trigo necesita todo el sol del verano para madurar, como toda empresa necesita el calor humano de los pensamientos para convertirse en una realidad física. Luego hay que separar el grano de la paja a fuerza de agitarlo y removerlo. También en la vida, cuando se forja una gran empresa, muchas partículas inútiles se juntan con las esenciales y es preciso separarlas con gran paciencia. Luego habrá que llevar el trigo al molino, cuyas ruedas han sido comparadas a las ruedas del destino, que muelen muy despacio, pero muy fino. Paciencia y actividad se alternan en la obtención de la harina, y éste es el mensaje del sueño: no quemes las etapas, muele lento y fino y dedica estaciones mentales completas a la preparación de tus quehaceres físicos.

HELARSE. Los sueños de frío, en que aparecen campos helados, o que se hiela uno en el interior de un barracón, o nos precipitamos en una avalancha de nieve, son indicio de la falta de calor en la vida del soñador. Calor significa acción, entusiasmo, fe, generosidad. Si todo se hiela a tu alrededor es porque no practicas esas virtudes. Cultívalas antes de que el hielo invada tu paisaje humano y no deje florecer nada en él.

HEMORRAGIA. En la sangre se registran todas nuestras experiencias humanas, las derivadas de nuestros actos, de nuestros sentimientos y de nuestros pensamientos. La sangre contiene el historial completo de nuestra vida, mucho más amplio que el registrado en nuestra conciencia, que sólo capta un diez por ciento a lo sumo de los hechos cotidianos. Perder la sangre de un modo natural equivale, pues, a perder nuestra historia o, dicho de otro modo: no sacar conclusiones de las experiencias diarias. El sueño viene a decir: no te enteras de nada, no aprendes las lecciones que te da la vida, pierdes lamentablemente el tiempo.

HERENCIA. Hay sueños premonitorios que nos avisan de lo que nos va a ocurrir. Soñar que se cobra una herencia puede ser uno de ellos y en este caso sólo cabe esperar a que el sueño se realice. Pero los sueños de herencia comportan un mensaje que es necesario descifrar: todos estamos atados a un árbol genealógico y todos recibimos como herencia un tesoro, pero como en los tiempos que corren sólo se da valor al dinero, es muy posible que ese tesoro no sea reconocido como tal. ¿Cómo podía ser de otro modo si, a lo mejor, uno hereda deudas, otro taras o enfermedades, el de más allá hábitos perversos? Cada vez se aprecia menos lo que viene de los padres. Y, sin embargo, lo que nos viene de ellos es nuestro patrimonio, es nuestro tesoro; ellos han sido los simples transmisores de algo a lo cual teníamos derecho, a lo que nos habíamos hecho acreedores en virtud de nuestras bondades o de nuestras maldades en existencias anteriores.

Y en verdad la ruina, las taras, los malos hábitos pueden ser grandes tesoros, porque nos ofrecen la posibilidad de superarlos y de cometer así un acto heroico generador de conciencia. Recibe con amor lo que te viene de tus progenitores, viene a decirte el sueño, porque es la materia prima en la que se ha de desarrollar el drama de tu vida. A ti corresponde interpretar el papel con brío, con autenticidad, con convicción.

HERIDA. Hay sueños en los que el soñador descubre súbitamente que su cuerpo está herido y que, sin embargo, la herida no causa ningún dolor. Ello significa que nuestra entidad psíquica o moral ha sido dañada y que se halla tal vez en peligro de ser destruida, pero nosotros, sin darnos cuenta, proseguimos nuestro camino. Muchas veces la vida nos obliga a pactar, a descender de nuestros principios para acomodarnos a una realidad que nos parece envidiable. Son pequeñas heridas, pequeñas erosiones que nuestra personalidad moral soporta sin grandes daños. Pero a veces, el compromiso que la vida de sociedad nos exige es tal que una herida profunda se abre en nuestra alma. El sueño nos advierte que tal herida ha tenido lugar y trata de avisarnos; ¡así no podrás andar mucho tiempo! ¡Esta herida tiene que ser curada! ¡Detente y restaña tu sangre!

HERMANOS. Los sueños en los que intervienen los hermanos son muy frecuentes, incluso en las personas que no tienen hermano alguno en la vida real. Los niños en conflicto con sus camaradas de juego se inventan a menudo un hermano mayor, al que reservan el papel de la venganza o el de la simple violencia, a fin de hacer respetar la ley que ellos quisieran que reinara.

Algo así suele ocurrir en los sueños. A menudo los hermanos oníricos ejecutan trabajos ingratos o excesivamente lisonjeros, reñidos con la moral. Esos sueños revelan tendencias que están en nosotros, muy próximas a nuestro ser consciente, pero aún no totalmente integradas al núcleo de nuestro «yo». Si repruebas lo que hacen tus hermanos de los sueños, el mensaje es claro: no dejes entrar esto dentro de tu conciencia. Si por el contrario realizan actos heroicos, el mensaje será: hay en ti una tendencia a la bondad que pugna por integrarse a tu conciencia. Ayúdala en ese trabajo, sin avergonzarte de esa bondad tan próxima.

HERRERO. La figura del herrero encierra un gran símbolo. Sus útiles son el hierro y el fuego. El hierro, mineral marciano, simboliza la acción cotidiana, a ras de suelo, mientras el fuego representa la acción espiritual. Dar forma a algo con esos dos elementos constituye el trabajo de la vida misma, es decir, se trata de utilizar las energías creadoras que hay en nosotros (el fuego), junto con los instrumentos que las circunstancias ponen a nuestro alcance (el hierro), para forjar nuestra vida.

Hefaistos, el herrero divino de la mitología griega, forjaba escudos y armas para los dioses y los héroes, y gracias a esas armas eran invencibles. El sueño te anuncia que te has convertido o vas a convertirte en ese forjador, y que tú también serás invencible. Es un sueño de victoria. Si vives un conflicto, te anuncia el triunfo total. Pero, además, si te fijas en lo que acabamos de decir, el sueño contiene una lección sobre cómo triunfar: combinando el quehacer físico (el hierro) con el mental (fuego). Uniendo esos dos elementos, brazos y cerebro, todas las cosas han de salirte bien.

HIJO. Los padres que viven conflictos con sus hijos sueñan a menudo con éstos, y en tales sueños pueden encontrar preciosas indicaciones sobre la manera de tratarlos. Pero la figura onírica del hijo significa un más allá de sí mismo. Nuestra personalidad, tal como queda formada al llegar a la mayoría de edad, debe trascenderse. No se puede permanecer siempre con el mismo carácter, las mismas ideas, los mismos hábitos: hay que crear en nosotros mismos el hijo, ese ser psicológico que es fruto de nuestras propias tendencias interiores. Y cuando ese primer «hijo» haya nacido en nuestro psiquismo, al avanzar en la vida, tiene a su vez que engendrar otro hijo, y otro y otro. En esos sueños de hijos son a menudo ellos los que descubren los tesoros, los que descubren el verdadero camino, ellos los que llegan ahí donde nosotros no podemos llegar. El sueño significa: modifícate, crea al hijo.

HIPNOTISMO. El hipnotismo es un fenómeno mediante el cual el hipnotizador corta con su fluido la conexión de los centros nerviosos con los distintos puntos del organismo, alterando las informaciones que vienen de ellos. «Estamos a bajo cero», informa el hipnotizador, y el organismo del hipnotizado se pone a tiritar. «Estamos en un horno», le advierte luego, y el organismo suda que suda. «Estás sano», le dice al enfermo, el cual tiene la inmediata sensación de sentirse bien y, engañado sobre la verdadera situación de su organismo, puede llegar a morirse sin enterarse siquiera de que ha adolecido de una grave enfermedad. Si el hipnotizador aparece en tus sueños, es señal de que te están engañando sobre algo fundamental y es preciso que descubras la verdad antes de que sea demasiado tarde.

HIPOTECA. Si los bienes de nuestros sueños están hipotecados, es señal de que estamos actuando en contra de nuestros intereses psíquicos y trascendentes. Estamos actuando de manera que nuestro capital se reduce, gastando más de lo que ganamos, y si no le ponemos remedio acabaremos arruinados.

HISTÉRICOS. La histeria es, en último análisis, la enfermedad de los egoístas, de los que no saben vivir en función de las necesidades de los demás y que miran siempre hacia adentro en lugar de mirar hacia fuera. Incapaces de renunciar a sus placeres, a sus comodidades, pero queriendo conservar al mismo tiempo una alta imagen de sí mismos, naufragan en la histeria, donde todos los valores son falseados. Si la figura del histérico aparece en tus sueños, revisa tu forma de ser: estás amenazado por el egoísmo.

HISTORIA. Los sueños que se sitúan en otra época de la historia se refieren a una época pasada de tu propia vida, a una tendencia activa que te arrastra hacia un pasado ancestral. No estás viviendo en la realidad y tus deseos te llevan a lo imposible. Debes actualizarte, ir hacia adelante y no hacia atrás o de lo contrario te convertirás rápidamente en un subdesarrollado. Tal es el sentido del sueño.

HOGUERA. Soñar con una hoguera de San Juan, en la que el fuego sobre una tierra abierta a todos los frutos consume esos trastos inservibles que sobrecargan el hogar, es muy positivo. Esas llamas que abrasan realidades inútiles, objetos que tuvieron su época de esplendor, pero que pasaron al cuarto de los trastos, indica que tus energías creadoras van eliminando de tu psiquismo todo lo usado; que no permaneces aferrado a una realidad que tuvo su hora de verdad y de esplendor, pero que se había convertido en una carga y un estorbo. Es un sueño que indica que cabalgas y que las alacenas de tu alma van quedando libres para abrigar verdades nuevas, que a su vez se irán despojando de su vitalidad y su esqueleto será quemado en el fuego de la acción espiritual.

HOMBRE. En nuestros sueños aparecen personajes, hombres y mujeres. Algunos son conocidos nuestros, amigos o parientes. Otros nos son totalmente desconocidos, con los cuales viajamos tal vez en autobús o en metro, o transcurrimos por la misma calle, tomando café en el mismo lugar, o están con nosotros en la cola del cine, en el mercado, en la oficina o el taller. Están junto a nosotros, hacen lo mismo que nosotros hacemos y, sin embargo, nos son perfectamente desconocidos.

Esos desconocidos son nuestras tendencias interiores que escapan al campo de nuestra conciencia. Mientras los amigos, los familiares, los conocidos, representan tendencias interiores conscientes, los desconocidos son la representación de los impulsos a los que negamos tarjeta de identidad. ¿Cómo son esos hombres y mujeres de nuestros sueños? Su fisonomía, sus actos, su modo de vestir y de comportarse nos permitirá conocernos mejor. Un hombre riquísimo soñaba insistentemente que iba acompañado de pordioseros y harapientos, signo inequívoco de que si él, físicamente, comía bien, había mucha necesidad y mucha miseria en su alma. Saber quién nos acompaña en el viaje de nuestra vida es muy importante, ya que ello explica el que a veces cometamos vilezas —o actos heroicos— que no parecen cuadrar con nuestra naturaleza. Es que uno de esos «compañeros de ruta» nos ha echado una mano, situándose por un momento en nuestro centro de decisiones. Dicho de otro modo, hemos obrado inconscientemente.

HONGO. Ya hemos dicho algunas veces que el bosque de los sueños simboliza los terrenos vírgenes, no hollados por nuestra personalidad, que no hemos explorado todavía. O sea, se trata de nuestras potencialidades. Los hongos crecen en el bosque y es una de las pocas plantas que no necesitan ni sol ni calor: solamente humedad. Hemos dicho también que el agua simboliza los sentimientos, y la humedad es producida por el agua que no encuentra calor suficiente para evaporarse. Traduzcamos todos estos símbolos del siguiente modo: cuando los sentimientos permanecen inmóviles, sin evolución, en un terreno fecundo, en nuestro inconsciente se producen hongos, o sea, una planta que lo mismo puede ser alucinógena y transportarnos al séptimo cielo, como puede ser mortal; pudiendo también ser un alimento muy rico en proteínas, extremadamente precioso para el desarrollo de nuestra personalidad. Si sueñas con hongos es que hay una potencialidad oculta en ti que lo mismo puede catapultarte a una vida superior como ser causante de tu muerte, de una cierta muerte moral o intelectual por lo menos.

HORMIGA. Los poetas le han dado mala reputación a este insecto capaz de grandes heroicidades para asegurar el alimento cotidiano de su grupo. El sueño puede querer decir: estás esforzándote mucho, derrochando mucho heroísmo para una cosa bien pequeña. Aprende a reservar tu heroicidad para lo grande.

HORNO. Hay alimentos que necesitan cocción para poder ser asimilados. El fuego indirecto del horno representa los condicionamientos con los que debemos rodear aquello que deseamos hacer asimilable. El consejo es el siguiente: crea las condiciones que han de hacer posible aquello que te propones realizar. No pases a la acción directa. Puede tratarse de un condicionamiento psicológico o moral.

HOSPITAL. El sueño puede referirse a una enfermedad física y sugerir la necesidad de una visita médica. Pero, por lo general, se trata del estado psicológico o moral, y sugiere al soñador que es preciso cambiar algo, modificar algo que se encuentra fuera de la normalidad.

HOTEL. La imagen del hotel, con su variada gama de clientes de países diversos, es símbolo de la gran riqueza interior del soñador, el cual posee talentos muy diversos, pero que no utiliza, que están descansando en el hotel. Actívate, parece decir el sueño, sal de ese palacio de los dormilones.

HOZ. La hoz sirve para segar la espiga que antes se ha sembrado. Hay que recoger la cosecha de las experiencias en su tiempo preciso, antes de que el grano se pudra en la planta sin provecho para nadie. Todo lo que vivimos encierra una lección y es preciso que esta lección sea comprendida —que la planta sea segada— o de otro modo las anécdotas de nuestra vida van a repetirse una y otra vez, viviendo una y otra vez los mismos problemas, hasta que hayamos comprendido su significado. El sueño de la hoz viene a decir: comprende por qué te ocurre lo que te está sucediendo. Medita y asimila la experiencia no volviendo a caer en el mismo error que te ha llevado a ella.

HUELGA. El sueño sugiere una desorganización interior.

En nuestro «yo» se ha declarado una huelga y nada funciona como debería funcionar. ¿Qué es lo que ha provocado ese estado de cosas? Es posible que ciertos elementos constitutivos de tu personalidad pasen hambre y que por ello se nieguen a ejercer. Entre las múltiples tendencias que forman el aparato orgánico de nuestro «yo», hay de todo, desde lo más sublime, lo más altruista, generoso, desprendido, hasta lo más zafio y vergonzoso. Cada una de esas tendencias «come» cuando la alimentamos con nuestros pensamientos, nuestros deseos, nuestros actos. Los pensamientos sublimes engordan nuestros corpúsculos interiores de la sublimidad, robusteciendo el «cuerpo sublime», el cual a su vez exige de nuestro «yo» dedicación a su causa. Lo mismo ocurre con los demás elementos. Pero si sólo nutrimos a nuestros corpúsculos egoístas, groseros, canallescos, entonces el resto pasa hambre, y un día se ponen en huelga produciendo un colapso en las actividades de nuestro interior. Trata con justicia a todo lo que vive dentro de ti y los obreros de tu empresa espiritual volverán al trabajo.

HUEVO. Símbolo de fecundidad por excelencia, los sueños de huevos son prometedores de buenas y grandes cosas. Anuncian la llegada de nuevas energías creadoras que fecundarán el intelecto del durmiente, transformándose en buenos negocios que arrojarán grandes beneficios. En general anuncian, pues, abundancia y felicidad material.

HURACÁN. El aire, el viento, ya lo hemos dicho, está en relación con el mundo del pensamiento. El viento son ideas sin forma, ideas abstractas, germen de ideas. Cuando se sueña con huracanes significa que una idea imprecisa, un ideal devastador por no encontrar resistencia, se pondrá en marcha en nosotros. Será una fuerza que no podremos controlar y que destruirá. Si sueñas con un huracán, defiéndete ante la pujanza de un ideal perverso que te utilizará para destruir fórmulas de convivencia antes de ser destruido a tu vez por la fuerza misma que estás sirviendo.

IGLESIA. La iglesia suele aparecer en los sueños en que el protagonista se ha perdido por el bosque o por el desierto. De pronto divisa el campanario de una iglesia y siente que se ha salvado. Otras veces la iglesia aparece de pie en medio de una ciudad en ruinas. Rosellini utilizaba ese símbolo en *Alemania, año cero*, cuando el protagonista, un niño, va andando por la ciudad antes de suicidarse. ¿Qué significa este campanario salvador? Simplemente, nuestro «yo» trascendente quiere sugerir a nuestro «yo» episódico y consciente que probemos el camino de la fe.

Pero a veces alguien ha soñado que se dirigía a la iglesia y encontraba el camino obstaculizado, siéndole imposible llegar hasta ella. El sentido del sueño es evidente: no es ése tu camino, viene a decirle el sueño, no están ahí las soluciones. ¿Cómo puede, pues, la iglesia ser a veces solución y otras no? Para explicarlo nos referiremos a aquellas palabras de san Pablo cuando nos hablaba de fe viva y fe muerta. La fe es un camino, y como todo camino, debe conducir a algún sitio. Una vez llegados a ese sitio, la fe se desvanece, es sustituida por el conocimiento. Pongamos un ejemplo para comprenderlo mejor: cuando Colón embarcó hacia América tenía fe en que hallaría las Indias por el camino de occidente, probando así que la Tierra era redonda. Cuando llegó a lo que él creía eran las Indias, ya no pudo tener fe en su existencia: había llegado, eran una realidad y su fe quedaba destruida. Eso es lo que se llama una fe viva, una fe que se autodestruye en el momento de su realización. Pero hay la fe muerta de los que creen firmemente en la existencia de las Américas interiores sin que jamás se les ocurra hacer nada para llegar a ellas. Para los que poseen la fe viva —la iglesia—, la fe misma es una solución; para los que viven en la fe muerta, la iglesia es un cascarón vacío, sin significado.

Pero la fe a la que se refieren esos sueños de iglesia no es sólo fe en la trascendencia, sino fe en la vida, en las gentes, en el poder transformador del tiempo, fe en sí mismo y en las infinitas potencialidades que hay en cada uno de nosotros. Vuelve a creer en todo lo que te rodea, vivamente, activamente y saldrás de tu desierto, de tu selva.

ILEGAL. Cada uno de nosotros lleva en su interior su propia legalidad, su propia ley, la cual a veces coincide con la ley social que rige en los países y otras veces no. Hay personas cuya ley interior es más exigente que la que figura escrita en el código civil o penal, pero otras personas obedecen interiormente a leyes menos exigentes. Cuando en nuestros sueños cometemos actos ilegales, se refieren siempre a nuestra ley. Una persona con ley interior más rigurosa, puede verse tentada a obrar como los demás, diciéndose para justificarse: «otros lo hacen, ¿por qué yo no?». El sueño le recuerda que está violando su ley interior, y del mismo modo que en el mundo externo hay policías y jueces que velan por el cumplimiento de la ley, en nuestro mundo interior también los hay, y sus castigos se llaman: fracaso, accidente, enfermedad, desunión familiar, etcétera.

ILEGÍTIMO. Al ser lanzado al torrente de la vida, cada uno de nosotros sigue una línea de universo. Los acontecimientos que se sitúan en esa línea son los legítimamente nuestros. Pero ocurre que nos sentimos insatisfechos de nuestro transcurrir y entonces salimos de nuestra línea de uni-

verso para hollar dominios que no son los nuestros, interfiriéndonos en otros destinos, produciendo frutos que no emanan de nuestras legítimas potencialidades y que son ilegítimos. El sueño sobre productos de tal especie nos advierte que no estamos ejerciendo nuestra naturalidad, que nos hallamos en un terreno que no es el nuestro y que debemos abandonarlo.

IMITACIÓN. Cada acto es, o debería ser, el resultado de una confrontación entre nuestros instintos, nuestros deseos y nuestros pensamientos. Lo que resulte de esta lucha será nuestra verdad. Pero si seguimos la impronta de una personalidad más fuerte que la nuestra y a la que admiramos por alguna razón, entonces no ejercemos nuestra vida, quedamos frustrados de la confrontación de nuestras fuerzas interiores, que permanecen inempleadas, parasitándonos. Si sueñas que imitas a alguien, es señal que tu actuación en la vida no es la resultante del libre ejercicio de tus funciones interiores, sino que obedece a un modelo, impuesto desde el exterior. Por perfecto que sea ese modelo, debes rechazarlo,

204

aun a riesgo de ser, en tus actuaciones, peor de lo que resultas a base de imitar.

IMPACIENCIA. Decía Salomón en El Cantar de los Cantares que hay un tiempo para cada cosa: un tiempo para gozar, un tiempo para trabajar, un tiempo para morir. Cuando las cosas vienen a su tiempo, tienen un sabor y unas virtudes que no poseen fuera de su época. Si sueñas, con un tema de impaciencia, pregúntate si no estarás haciendo algo fuera de estación y si no estarás malogrando tu vida por querer algo que sería maravilloso en otro momento.

IMPARCIALIDAD. Para ser imparcial hay que estar fuera de juego, desligado de cualquier interés humano. Los equipos de fútbol rechazan árbitros que pertenezcan a una de las regiones de cualquier contendiente, por temor a que no sean imparciales en sus juicios. Si ese es el tema de tu sueño, es señal de que no te encuentras suficientemente centrado en la vida, de que te ves aquejado de una indiferencia que no es natural. Debes sentirte concernido por la vida que transcurre alrededor de ti, por los problemas de la comunidad en la cual vives.

IMPEDIDO. Si los personajes que aparecen en tus sueños tienen algún defecto físico, es señal de que tu alma quiere hablarte de tus defectos morales. Las enseñanzas esotéricas explican que los defectos físicos de los hombres son producidos por defectos psicológicos cultivados en vidas anteriores. El negar la evidencia conduce ulteriormente a la miopía y en casos extremos a la ceguera; el no querer enterarse de las cosas conduce a la sordera; la delación conduce a la mudez; las acciones perversas llevan a la parálisis de los miembros inferiores o superiores o a su paralización parcial. Cada uno es responsable así de la futura formación de su cuerpo, y el sueño tal vez quiere advertirte que, de no modificar tu conducta, te encaminas directo a una futura vida de impedido.

IMPERMEABLE. El agua, ya lo hemos dicho más de una vez, es símbolo de los sentimientos. El agua que cae del cielo, agua de lluvia, nos habla de sentimientos muy puros, celestiales. Si en sueños te ves con un impermeable que impide que esa agua celestial empape tu cuerpo, es que estás blindado contra los sentimientos puros y debes, con urgencia, quitarte ese blindaje.

IMPOTENCIA. Los sueños de impotencia son raros y cuando acaecen pueden anunciar realmente una próxima y triste impotencia física. La impotencia es más corriente en la mujer que en el hombre, aunque por lo general no se hable de impotencia femenina por ser invisible. Pero si llamamos impotencia a la inapetencia sexual, ésta se encuentra más generalizada en la mujer que en el hombre. Vamos a explicar por qué.

Ya hemos dicho en esta sección, al referirnos al erotismo, que el deseo sexual no es un fin en sí, sino un síntoma que delata otros apetitos: en el hombre, el deseo sexual ilustra su afán de riquezas, de bienes materiales, de comodidad, de todos los frutos y los placeres que pueda darle la tierra; mientras que en la mujer, el afán sexual ilustra una búsqueda de la espiritualidad, de la trascendencia; búsqueda que se realiza por caminos equivocados, pero el error,

como ya notó Sócrates en su tiempo, guarda relación directa con una verdad que no se encuentra. Y es seguro, segurísimo, que quien está en el error hoy, estará en la verdad mañana. La sexualidad femenina es, pues, un indicio de espiritualidad latente.

En ese mundo materializado en que vivimos, es más fácil tener hambre de bienes materiales que de bienes espirituales, por ello es más fácil que sea impotente la mujer que no el hombre. El hombre impotente es un hombre saciado, repleto, que ya no desea nada más, y de ahí la falta de apetito sexual. Su impotencia puede «curarse» privándole de sus riquezas: restringiéndole la comida, el bienestar, creándole dificultades. La impotencia de la mujer ya es difícil de «curar», puesto que en primer lugar es invisible y sólo ella es consciente de serlo; en segundo lugar, proviniendo de una inapetencia espiritual, sólo ella, haciendo funcionar su imaginación, su intuición, sus facultades superiores, podrá despertar esa hambre de trascendencia que pondrá en marcha también el motor de su erotismo.

INASEQUIBLE. A veces se sueña que alcanzamos algo más allá de nuestras posibilidades. Tal explorador se dirige a una cima inasequible o en el tejado de una casa nos exponemos a una caída mortal para alcanzar un objeto quizá tan irrisorio como una pelota. Esos sueños quieren decirnos que estamos viviendo en un nivel que no es el nuestro y eso siempre resulta peligroso, para el físico o para el psiquismo. No ambiciones las cosas que están encima de tus posibilidades, viene a decirnos el sueño. A cada nivel se encuentran objetos apetecibles y sin riesgo alguno puedes alcanzarlos.

Alguien soñó que pasaba grandes penalidades escalando una montaña y, una vez en la cima, descubrió que por la otra vertiente había un camino ancho por el que los domingueros subían con sus vehículos. Este sueño viene a ser complemento de lo que hemos dicho. Su mensaje: hay un camino normal para acceder a estratos superiores. Busca ese camino y sin peligro alguno obtendrás lo que desees. Tratar de obtenerlo sin estar en el camino es empresa arriesgada.

INCAPACIDAD. Los sueños que tienen por tema la incapacidad, sea física o se trate de una ineptitud intelectual, tienden a hacer comprender al soñador que no está preparado para realizar aquello que se propone y que el resultado sólo puede ser el fracaso. Que se prepare adecuadamente antes de emprender esa labor.

INCENDIO. El elemento fuego se halla en relación con la actividad, la fe, el entusiasmo. Cuando el fuego es incendio, significa que esas virtudes se cultivan en exceso. Bien está que el incendio se limite a los matorrales de un bosque, lo cual indicaría que con nuestra acción consciente hemos destruido esa peligrosa maleza que anida en el inconsciente. Pero si el incendio destruye edificios —convivencia humana— entonces el sueño nos avisa, inequívocamente, que estamos destruyendo con nuestra fe, con nuestras creencias, con nuestras acciones, quizás aquello que tan pacientemente habíamos edificado. Pero si es una biblioteca la que se incendia, indicará que nuestro saber es destruido por nuestras acciones insensatas. El sueño nos invita, pues, a frenar nuestros impulsos, a no comportamos como iluminados, a respetar lo que anteriormente hemos sido y lo que anteriormente hemos edificado.

INCESTO. Es un sueño poco frecuente, ya que el lenguaje de los sueños dispone de símbolos más simples para hacer comprender sus mensajes. Sugiere al durmiente que fecunde el hijo psíquico que su personalidad ha alumbrado, que vaya más allá de lo que ha ido. En la vida material el sueño se traduce por la aparición de algo no esperado. Se creía tal vez que el filón se había agotado y todavía arroja riqueza. Es, pues, un sueño positivo en su aparente monstruosidad.

INCIENSO. Soñar con alguna ceremonia en la que se fumiga incienso guarda relación con la vanidad del durmiente. El incienso es para las cosas sagradas, y como el sueño guarda una relación directa con nuestra situación anímica, es evidente que esa cosa sagrada que se inciensa somos nosotros mismos, algún aspecto de nuestra personalidad por el cual sentimos devoción. Pero resulta que no hay nada sagrado en nuestra personalidad. Hasta las más elevadas deben ser pasajeras, sometidas a la ley de la evolución y del progreso. El sueño nos indica, pues, que nos estamos envaneciendo, que estamos venerando como algo definitivo una parte episódica de nuestra naturaleza.

INCONSCIENTE. No se sueña nunca con el inconsciente, pero la escuela psicoanalítica cree que los sueños están directamente en contacto con las esferas subconscientes e inconscientes del soñador, realizando en sueños aquello que nuestra moral nos prohíbe realizar despiertos. Pero la escuela de psicoanalistas espiritualistas capitaneada por Jung ha demostrando lo erróneo de tal concepción. El inconsciente no es la cárcel en la que encerramos nuestros monstruos, sino una esfera cósmica que contiene todo el conocimiento espiritual y de la cual nos aprovisionamos en saber concreto. Durante el sueño, esos conocimientos del mundo inconsciente tratan de abrirse paso a la conciencia y se presentan bajo la forma de imágenes ingenuas y sencillas, susceptibles de ser comprendidas por el soñador si sabe pensar con lógica y manejar las analogías.

INDESCIFRABLE. Si un día en sueños recibes un mensaje cifrado y no tienes la clave para interpretarlo, ello significa que en tu vida hay algún problema y que te faltan elementos para comprenderlo y para resolverlo adecuadamente. No decidas nada, viene a decirte el sueño, serías injusto si lo hicieras, porque no comprendes de qué se trata. Busca la clave, busca más información y cuando estés en condiciones de formarte una opinión, entonces decide, no antes.

INDÍGENA. Los indígenas, en el sentido de pobladores salvajes de una comarca, representan nuestro arcaísmo psíquico, que por momentos puede volver a nuestra conciencia cuando vivimos dramas y convulsiones. El sueño nos advierte de que estamos alterados, de que nos disponemos a obrar como primitivos y no como seres civilizados, y nos invita a reconsiderar nuestra posición. El sueño puede anunciar desgracias, en caso de que, sin tener en cuenta el mensaje onírico, dejemos que el indígena actúe en nuestro nombre.

INFANCIA. Soñar en el período infantil, cuando se es adulto, significa que nuestra vida está volviendo a sus fuentes primigenias, y que la persona recuperará las potencialidades de una época de su vida en que todo era promesa en una débil realidad. El sueño viene a decirle: aunque tus medios actuales sean escasos, hay en ti un mundo de posibilidades que debes explotar porque saldrán frutos que irán madurando y robusteciéndose con el tiempo.

INFIERNO. Alguien soñó que un tribunal de venerables ancianos lo condenaba a vivir media hora diaria en el infierno, justo antes de acostarse. ¿Qué puede significar tan extravagante sueño? Para los esoteristas, el infierno es el lugar donde se vive el reverso de las malas acciones que hemos cometido durante la vida. Si hemos pegado un puñetazo a alguien, en el infierno sentimos el dolor que tal agresión ha causado en el adversario; si lo hemos ofendido moralmente, experimentamos el impacto que ha producido en el otro esa ofensa. De esta forma aprendemos a conducirnos mejor en futuras existencias. Pero, según las doctrinas esotéricas, el «trabajo» que se realiza en el infierno después de la muerte puede realizarse en vida, a razón de media hora diaria, precisamente antes de dormirnos. Pitágoras dio a ese ejercicio el nombre de «retrospección». Se trata, al meternos en la cama, de rememorar les actos de la jornada que acaba de terminar, empezando por el último y terminando por el primero. A cada secuencia de la jornada debemos preguntarnos: «¿He obrado correctamente?» Si juzgamos que no, entonces tratamos de sentir el dolor que hemos causado con nuestra acción arbitraria o injusta y tomamos la firme determinación de reparar ese mal en la medida de nuestras posibilidades.

Si cada día nos situamos en las condiciones en que hemos de vivir en el infierno, y si realizamos diariamente el trabajo que deberíamos realizar después, compensará la etapa infernal y habremos ganado tiempo en el camino de la evolución.

A eso aludía el sueño que hemos citado. Si sueñas un día con el infierno, ponte a vivirlo diariamente en la forma que hemos descrito; y si en esos ejercicios hay honradez, hay autenticidad, se producirá en ti una evolución interior que te abrirá horizontes insospechados.

INSTRUMENTOS. Los instrumentos musicales, cuando aparecen en los sueños, se refieren a la sonata, la sinfonía de nuestra vida. Algún soñador se ve cargando un enorme instrumento que pule, abrillanta, pero no llega a tocarlo. Se trata sin duda alguna de una persona que teniendo la posibilidad de expresarse de manera maravillosa, no lo hace. ¿Por qué? ¿Tiene miedo? ¿No se ha descubierto? El sueño trata de decirle que dispone de poderes que no utiliza.

Otros tocan su instrumento desafinando lamentablemente, con lo cual el sueño le sugiere que mejor hará retirándose de ciertos menesteres sutiles y elevados, o aprender a hacerlo mejor. Otros sueñan que forman parte de una orquesta que interpreta una maravillosa sinfonía. Es una sugerencia a la asociación para crear una gran obra.

El instrumento musical es el símbolo de una tarea creadora, de una obra espiritual para la cual el soñador tiene aptitudes.

INUNDACIÓN. Ya hemos dicho algunas veces que el agua es el símbolo de los sentimientos, de las emociones. Soñar con que un edificio o una ciudad se inunda, significa que las emociones van a embargar nuestra alma de tal forma que destruirán la convivencia que a lo largo de nuestra vida habíamos forjado. Debemos prepararnos, pues, para combatir esas emociones que lo destruirán todo, y alimentar nuestra comprensión hacia los demás, sabiendo perdonar sus errores.

Los adolescentes próximos a irrumpir en la juventud, sueñan a veces con el diluvio y ven las aguas llegar hasta las cimas de las montañas y luego resplandecer el sol, y la paloma simbólica volver con la rama de olivo. En tal caso, esa inundación es el simple aviso de tránsito a un mundo nuevo. Significa que se deja atrás la etapa en que las emociones gobernaban la vida del adolescente, y que empieza el período en que reinará el Sol de la voluntad, en el que los pensamientos y las ideas (la paloma) irán configurando su vida.

Si tras la inundación el cielo se esclarece y vuelan los pájaros, será indicio de que el completo emotivo será superado con el pensamiento.

INVIERNO. El sueño de invierno puede ser premonitorio de una etapa de infertilidad, de vacas flacas, y en tal caso es conveniente que el soñador se aprovisione de lo esencial, como hiciera el faraón de Egipto. Pero el invierno no es solamente una etapa yerma, sino que es un tiempo en el que la naturaleza se prepara a dar algo nuevo. Sin el invierno no podría existir la primavera.

Para una persona lanzada al torrente de la acción, para alguien que como vulgarmente se dice «no para», este sueño puede encerrar ese consejo: vive tu invierno, descansa, sosiégate, dedica tiempo a la reflexión, a la meditación, a la contemplación, ya que de otra forma tu «tierra» (eso que hay en ti que te permite producir, ganar dinero) quedará agotada y se convertirá en estéril. Prepara tu primavera viviendo un auténtico invierno.

ISLA. Los sueños en los que el soñador toma conciencia clara de vivir en una isla, de la que a veces le es imposible volver a la tierra continental, tienen un significado particular. A su vuelta de Troya, Ulises, que es un símbolo del alma humana en sus vicisitudes, se encontró también en una isla, prisionero de la ninfa Calipso, sin posibilidad de regresar a Ítaca, su tierra natal, donde Penélope le aguardaba tejiendo y destejiendo su famosa túnica. Esa isla de los sueños que nos tiene prisioneros es el símbolo de nuestra maldad, de nuestra perversidad, que acaba aislándonos de las realidades humanas, de nuestros amigos, de nuestra familia, de nuestras relaciones, de nuestra ciudad, de nuestra patria. Ulises se había comportado con crueldad en esa guerra de Troya que es la vida de cada cual, y esa crueldad había generado un destino adverso que lo mantenía prisionero de sus instintos, prisionero de sus pasiones, prisionero de su egoísmo. Ulises tuvo que construirse una embarcación de fortuna para poder salir de su isla. Es decir, es preciso construir una nueva realidad capaz de conducirnos a través del mar del inconsciente hacia una nueva conciencia de las cosas.

IZQUIERDA. Ya hemos dicho que las cosas que se encuentran a la derecha de los sueños simbolizan el futuro, la acción consciente proyectada hacia adelante. La izquierda simbolizará, pues, el pasado ancestral. En quiromancia, la mano izquierda es la que lleva escrito el destino, mientras que en la derecha se encuentran escritas las modificaciones que introducimos con nuestra voluntad. En la izquierda de tus manos encontrarás, pues, grabadas en imágenes las cosas inevitables, aquello a que te has hecho acreedor por tu acción en vidas pasadas, tanto en lo que se refiere a lo bueno como a lo malo.

Si en una encrucijada, entre tres caminos posibles, emprendes el de la izquierda, significa que retornas al pasado, a tu infancia, que te niegas a avanzar hacia adelante y te vuelves hacia las zonas seguras de la irresponsabilidad. El sueño es síntoma de regresión y debes tomar medidas para que no se haga realidad.

JABALÍ. Este animal es símbolo de las más viles pasiones. Si aparece en tus sueños, es señal de que te estás pervirtiendo.

JARDÍN. Es un sueño muy positivo y muy alentador, sobre todo si el jardín de nuestros sueños está cuidado y en él se encuentran abundantes flores y frutos, ya que ese jardín es la imagen de nuestro paisaje interior, del paraíso reconquistado gracias a nuestro esfuerzo, a nuestro trabajo. El sueño presagia un período de gran felicidad, en el que el soñador gozará ampliamente de todas las buenas cosas que ofrece la vida.

JEROGLÍFICO. Si sueñas con un signo jeroglífico es señal de que en tu vida está ocurriendo algo cuyo significado es oscuro y que necesita ser interpretado antes de tomar una decisión.

JOVEN. En los sueños aparece a veces la figura de «un joven desconocido» por el que se siente gran simpatía, un joven con el que el soñador —si es mujer— desearía vivir una historia de amor o tenerlo por amigo. Ese «joven desconoci-do» es una imagen ignorada de nosotros mismos, de una potencialidad que se halla viva en nuestro interior y que no hemos utilizado. Descubrirla debe ser la tarea esencial del soñador.

Si una persona de edad sueña con su propia juventud, viéndose en la habitación de la casa de sus padres, en el período de las grandes ilusiones, ello significa que no todo está acabado en su vida como tal vez esa persona cree, sino que potencialmente se encuentra como en aquel tiempo de su juventud en el que todo le parecía posible. El sueño indica emergencia de energías psíquicas y la promesa de vivir una nueva juventud anímica.

JOYA. «Soñé que me ponía un vestido hecho enteramente de joyas. Todos me hacían grandes elogios de su hermosura, pero yo me sentía incomodísima dentro de él.» ¿Qué puede significar ese sueño? La joya constituye un valor inalterable, de ahí su precio, y sin embargo sólo se utiliza como adorno. Expresado en otros términos podríamos decir que las joyas son «una verdad inalterable», siempre fiel a sí misma. Pero en el mundo en movimiento no existen verdades inalterables en las que envolver nuestra apariencia humana. Todo cambia, todo se altera, todo evoluciona hacia una mayor perfección, de modo que no se puede coexistir con un «valor inalterable». Si poseemos una certidumbre interior que pueda equipararse a ese valor podemos, a lo más, utilizarla como un adorno de nuestra personalidad, pero que no se nos ocurra hacer con ello un vestido para alternar con los demás.

JUICIO. A veces en nuestros sueños aparece un tribunal con sus jueces, sus acusados, los abogados, el fiscal, etc. El soñador se identifica con uno u otro de esos personajes. Tal vez se sienta el juez; tal vez el culpable, el abogado o el fiscal. El personaje con el cual se identifique representará la tendencia triunfadora en la multiplicidad de impulsos que forman su personalidad. El acta de acusación le informará del delito que se está juzgando. Quizás el acusado haya dado muerte a alguien, es decir, tal vez el soñador ha matado dentro de él un bonito impulso, representado en el sueño por una bella joven. O quizá, como Raskolnikof, haya matado a una vieja sórdida, es decir, a un hábito que permanecía en su interior desde tiempo inmemorial y que condicionaba estúpidamente su vida.

La marcha del juicio ha de informarle sobre un proceso que se desarrollará en su interior, y si puede guardar memoria de todos los pormenores hallará en el sueño una información precisa y preciosa sobre la manera de solucionar su conflicto.

Hay una ley interior, ya lo hemos dicho muchas veces. Esa ley que rige nuestra conducta puede ser justa o injusta, y ese sueño de juicio puede ayudarnos a tomar conciencia del problema y empujarnos a resolverlo.

JURAMENTO. «Iba por la calle que se extiende a lo largo de la fachada de la catedral. De pronto alguien dio una voz de alarma. Levanté la vista y vi cómo la campana se precipitaba sobre mí sin darme tiempo a apartarme. En el momento en que me aplastaba oí una voz que decía: "Eso, por tu juramento." Luego desperté.» En los sueños que tienen por tema el sufrimiento es raro que no ocurra una catástrofe. ¿Por qué?

La religión pone igualmente en guardia a los fieles contra el juramento. Y es que el juramento trata de eternizar algo que es por esencia pasajero, como pueda ser un sentimiento, un deseo, un acto cumplido, incluso un pensamiento. Por más que la voluntad humana asegure y reasegure que guardará fidelidad al pacto concluido, el tiempo, portador de pensamientos y sentimientos nuevos, está en contra de ese juramento que vincula el hombre a su pasado. Y en el sueño citado, el tiempo tomaba la forma poética de esa campana que aplasta al soñador. El sueño significa pues: no te comprometas con tu pasado; obra en todo momento según tu conciencia, respetando a los demás porque merecen el respeto en todo momento, pero no en virtud de unos sentimientos consagrados por un juramento que nunca debió de existir. Es decir: no debes respetar tus compromisos porque has jurado hacerlos, sino porque estos compromisos son respetables en sí. Si no lo fueran desvincúlate de tu juramento.

LABERINTO. Es frecuente el tema de sueños en el que los protagonistas se hallan perdidos en un laberinto. El laberinto es una construcción humana, a diferencia del bosque, en el que también se pierden los soñadores, y que es un elemento natural, un terreno no explorado aún por el «yo», lujuriante de posibilidades. El laberinto es un lugar de torturas creado por la voluntad, en el que el alma se pierde recorriendo caminos que no conducen a ningún sitio, si no es la salida, que se encuentra justo al lado de la entrada. El que está en el laberinto puede recorrer kilómetros y más kilómetros sin avanzar un solo paso; puede fatigarse sin haber realizado el menor esfuerzo útil. El mensaje del sueño es el siguiente: vives encerrado en tus propias verdades, en tu propia moral, desligada de la realidad de la vida, y si sigues así acabarás dando vida a un monstruo que destruirá todo lo que es puro y bello, como sucedió en el laberinto de Creta, donde fue engendrado el Minotauro.

LABRADOR. El sueño del labrador ejerciendo su trabajo es una invitación a cultivar nuestro terreno psíquico. «La tierra es buena —dice el sueño— y debes cultivarla con todo afán.» Significa que hay posibilidades que no han sido debidamente explotadas.

LADRONES. Estos sueños son muy frecuentes. A veces el soñador tiene la sorpresa de ver cómo su mejor amigo está desvalijando su apartamento, es decir, se está llevando lo mejor de su edificio psíquico. El sueño quiere indicarle que las relaciones con ese «mejor amigo» lo están frustrando en lo mejor. Ocurre a veces que el «mejor amigo» es aquel junto al cual nuestros instintos se sienten plenamente satisfechos; es aquel que tiene iguales vicios que nosotros, y satisfacerlos juntos resulta placentero. El sueño advierte que hay en nosotros una posibilidad de superación, pero si continuamos con «el mejor amigo» nos perpetuaremos en nuestras costumbres y nos empobreceremos, ya que la influencia de él sobre nosotros equivale a un robo de nuestras virtudes. El sueño indica, pues, que hay que prescindir del «mejor amigo».

Otras veces el ladrón es un desconocido o alguien que se oculta con un antifaz y, al retirarlo ante un espejo, tenemos la sorpresa de ver que somos nosotros mismos. Este sueño indica que en nuestra legalidad psíquica hay una tendencia ilegal, no aprobada por nuestra conciencia, que viene a desposeernos de nuestros bienes: las certidumbres, los hábitos, la seguridad en las cosas, la tranquilidad intelectual. El sueño nos advierte que se prepara un período de alteración de nuestra personalidad, en el cual nos comportaremos de un modo distinto. Si llegamos a identificar al ladrón como nosotros mismos, entonces es que esa tendencia bastarda, surgida de la profundidad del inconsciente, suplantará por completo nuestra personalidad y ya no volveremos a ser el de antes, sino ese nuevo ser que momentos antes nos era desconocido. El sueño presagia un tiempo de cambios importantes, un tiempo poco cómodo, pero muy lleno de experiencias.

LÁMPARA. Los sueños que se desarrollan en ámbitos cerrados, bajo una luz artificial, se refieren a cosas poco seguras. La luz del sol, en sueños, es equivalente a vida, vitalidad, pujanza y presagian realizaciones firmes, seguras, para bien o para mal. La luz artificial equivale a debilidad, incertidumbre, enfermedad y se refiere a lo hipotético y de corta duración.

LANZA. El jinete o el soldado armado con una lanza, al aparecer en nuestros sueños, nos indica, o bien que no estamos convenientemente armados para el combate que vamos a emprender, o que estamos defendiendo causas o ideales de otra época. El sueño nos sugiere, pues, que nos procuremos un mejor armamento, es decir, que nos preparemos adecuadamente ante la lucha a emprender, o que pongamos al día nuestros principios, de manera que el combate no sea una charlotada, sino algo que valga la pena.

LENGUA EXTRANJERA. En estos tiempos que estamos viviendo son frecuentes los sueños en los que nos vemos intentando comunicar con alguien que no nos comprende, haciéndose necesaria la intervención de un intérprete. Un hombre soñó un día que necesitaba intérprete para comunicarse con su propia esposa, porque estaba hablando una lengua que ella no comprendía. El significado del sueño es evidente: el lenguaje que hablamos ya no sirve para que las personas con las cuales convivimos nos comprendan. Es posible que hayamos olvidado la lengua del corazón y que nos expresemos con una frialdad tal, que una barrera cae entre nosotros y los demás. Tal vez nuestros objetivos, nuestras ambiciones, no sean los mismos que alientan en nuestros familiares, y que por ello nos hayamos convertido en extraños, en extranjeros para los nuestros. El sueño nos sugiere un cambio de actitud: habla en una lengua que resulte comprensible, viene a decir, vuelve a ser inteligible para los demás, vuelve a ser humano.

LENTES. «Me llevaron al óptico a la fuerza, y por más que les dijera que veía perfectamente los caracteres impresos en los carteles, me impusieron un par de lentes con las cuales lo veía todo borroso. Me dije que la vida, sería muy penosa de tener que ir siempre así.» ¿Qué significa ese sueño?

Significa que alguien intentará mediatizarte, intentará decirte cómo deben verse las cosas, cómo debes opinar, cómo debes pensar, cómo debes sentir. Intentarán suplantarte en tu perspectiva humana para imponerte otra perspectiva, la de ellos, y si no te rebelas contra ese atentado, tu vida será realmente penosa, porque te verás privado de tus propias experiencias para vivir bajo la tutela de los demás. Puede que eso ya esté ocurriendo, y el sueño te advierte de lo que sucede y te invita a una rebelión.

LEÓN. Antes que nada, el león es símbolo de una poderosa determinación de un anhelo inmortal, más fuerte que la vida misma y que cualquier otro condicionamiento de tipo moral o físico. Si el león aparece en tus sueños, analiza detalladamente lo que el rey de las bestias lleva consigo. Algunos han soñado que un león los abrazaba y han despertado asombrados ante ese gesto insólito. Ello significa: estás poseído de una gran fuerza interior y ella hará que la empresa en que has puesto todas tus esperanzas triunfe ampliamente. O bien: hay en ti una pasión inmortal que se realizará por encima de todo. Puede ser una pasión peligrosa para los de-

más, ya que en cierto modo eres un león; eres, pues, un peligro, todo lo noble que quieras, pero peligro.

Cuando el león es una amenaza en sueños, significa con toda evidencia que la persona será víctima de una pasión ajena, una pasión inextinguible, que no cederá, de modo que mejor será pactar y transigir con la persona que la encarna, y no provocar un enfrentamiento violento con ella. Si ves un león frente a ti a punto de atacarte, serás atacado por alguien o algo contra lo cual será inútil luchar: llevas las de perder. Mejor, pues, hacer las paces antes de que se inicie el combate y te veas en situación delicada.

LEOPARDO. El león encarna la nobleza en el ataque o en las intenciones. No podemos decir lo mismo del leopardo, que significa que el ataque será a traición.

LIBROS. Los libros de nuestros sueños suelen ser «el libro de nuestra vida», el lugar donde figuran escritas nuestras experiencias, nuestro nivel de conciencia. Alguien soñó que sus libros se quemaban en una hoguera. Este fuego insensato era el símbolo de una acción salvaje, apresurada, inmadura, aniquiladora del fondo humano que nuestra personalidad se había constituido, obra de siglos. El sueño señala una irrupción en nuestra vida de nuestros bárbaros interiores. En la historia de los pueblos, cuando se produce una invasión de los bárbaros, las bibliotecas acaban siempre en la hoguera. Así sucedió en Babilonia, así ha sucedido recientemente en Chile. En nuestro interior, los bárbaros se encuentran también al acecho, y cuando nuestra civilización psicológica falla, se abandona a la opulencia o pretende realizar revoluciones sin base, entonces los bárbaros adquieren dinamismo y pegan fuego a nuestro fondo de cultura.

LIEBRE. La liebre, como el conejo, son símbolos de fecundidad emotiva, de amores fugaces, de excitación instintiva. Para una mujer soltera y no comprometida, este sueño puede significar: cuidado con los juegos del amor, puedes encontrarte en corto plazo con un niño en brazos. Para las mujeres casadas puede ser el anuncio de un feliz acontecimiento y, en general, de una exuberancia de los sentimientos que debe ser frenada.

LOBO. El lobo es el animal salvaje que vive más cerca de la civilización, siendo por ello su más mortal enemigo. Soñar con lobos significa que esa fiera que todos llevamos agazapada en el inconsciente, aparecerá amenazando nuestros apacibles rebaños interiores, esos deseos inocentes que convivían en nosotros. Anuncia un aumento de nuestro egoísmo, de nuestras apetencias, y como lo que llevamos en el interior se refleja siempre en el exterior, el sueño anuncia que auténticos lobos humanos se situarán frente a nosotros, haciendo nuestra vida más difícil. Es un buen presagio si conseguimos vencer el lobo, lo cual indicará que un peligro real ha sido conjurado.

LOCOMOTORA. Es una imagen de nuestra determinación interior, de nuestra fuerza de voluntad, de las energías de que disponemos para el combate de la vida. Si la locomotora de nuestros sueños es potente, moderna, será señal de que el tren de nuestra existencia se deslizará velozmente. Si por el contrario vemos que un tren enorme es arrastrado por una minúscula locomotora de carbón o madera, es señal inequívoca de que nos falta determinación y fuerza de voluntad para llevar a cabo nuestra misión. Entonces será mejor aligerar el tren, es decir, descargar ambiciones, o bien al revés, adquirir las cualidades que necesitamos para la buena marcha de nuestros asuntos.

LUNA. La luna simboliza la imaginación. Los sueños en que aparece se refieren, pues, a la vida imaginativa o a los poderosos femeninos, porque la luna es mujer. Si el soñador la ve indistintamente en los cielos, que repare en cuál de sus fases se encuentra. Si está en cuarto creciente significa que gozará de un apoyo femenino. Si es luna llena, gran triunfo debido a una mujer. Si se halla en cuarto menguante, un apoyo femenino le será retirado. La luna es también símbolo de fecundidad y la luna llena puede significar para una mujer que se halla en período de gran fecundidad y que puede engendrar hijos con gran éxito. En cuarto menguante o unos cielos sin luna pueden significar lo contrario.

LUZ. La luz del escenario en que se desarrolla el sueño indicará la mayor o menor vitalidad del presagio. Los escenarios oscuros serán índice de escasas posibilidades de realización. Por el contrario, los sueños que se desarrollan a pleno sol señalan cosas que se realizarán.

LLUVIA. El agua, ya lo hemos dicho varias veces, simboliza los sentimientos. El agua de la lluvia, caída del cielo, será, pues, significadora de sentimientos puros. Si en sueños ves una escena de amor que transcurre bajo un paisaje lluvioso debes decirte que los sentimientos de la persona implicada en los sueños son puros. Por extensión, la lluvia significará veracidad, rectitud de sentimientos, honestidad, pureza, virginidad. Si en un paisaje onírico resecado por el sol o barrido por el viento, la lluvia empieza a caer, significará que se producirá un cambio de actitud en ti mismo o en personas con las cuales vives un conflicto. Un cambio en el sentido de una mayor comprensión, de una mayor humanidad, de una mayor sensibilidad y bondad.

MADRE. La figura de la madre es un símbolo relacionado con las satisfacciones de orden material. Se trata casi siempre, no de la madre carnal, sino de la madre tierra, con su abundancia y los placeres que contiene. El sueño es presagio de bienestar, si esa madre de los sueños se comporta de manera bondadosa. Si es cruel y despiadada será, por el contrario, presagio de restricciones y dificultades. A veces la madre de los sueños juega un papel erótico, es decir, se sueña con un incesto. El significado será: obtención de ventajas materiales por medios ilícitos.

MAESTRO. La figura del maestro significa una llamada a la sabiduría, a la razón. Si estás viviendo un conflicto emotivo y por despecho, por celos, por odio o por simpatía excesiva estás a punto de tomar una decisión, este sueño viene a decirte: cuidado, antes de decidir haz que tu razón, que tu sabiduría funcionen, y toma la decisión de acuerdo con ella.

MAGO. Si se trata de un auténtico mago y no de un prestidigitador que produce ilusiones ópticas, es que la potencialidad que hay en ti va a transformarse en dinámica y producirá un prodigio que ha de transformar tu vida en sentido positivo.

MANANTIAL. Símbolo de pureza de sentimientos. Si en sueños alguien te declara su amor junto a un manantial, ello significa que los sentimientos de esa persona hacia ti son puros y elevados.

MANO. Las manos guardan relación con nuestros actos, nuestras maniobras. Es frecuente hablar de personas que «tienen las manos manchadas de sangre» o «las manos sucias». Su significado en los sueños no varía. Si ves tus manos manchadas de sangre es tal vez porque la vía que has elegido te llevará fatalmente a la violencia, si no física, sí moral y mental: violencia a tus principios, a tus ideales. Soñar que se pierde la mano significa que la persona se verá amputada de su acción, que un impedimento mayor no le permitirá actuar.

MANZANA. Como todos los frutos dulces, es promesa de felicidad terrenal, de una felicidad un poco simple, sin grandes aspiraciones. Es una felicidad al alcance de los que se contentan con poco. Eva, al morder la manzana, renunció a los placeres espirituales para seguir la vía material. Esa clase de placeres lleva inevitablemente a la maldición divina. El sueño puede interpretarse como: etapa de felicidad de corta duración.

MAÑANA. Los sueños que transcurren en un ambiente mañanero, de los que el soñador toma clara conciencia, se refieren a algo que tiene mucho camino por delante: algo de infinitas posibilidades, sobre todo si la mañana es clara y luce el sol. Los que viven preocupados por el tiempo que les queda de vida, soñar con una mañana primaveral puede significar que su vida será muy larga aún.

MAPA. Si en sueños te ves en trance de consultar un mapa, es sin duda síntoma de que has perdido tu camino. Te encuentras desorientado y es preciso dar una ojeada al mapa de ruta de tu alma. Dicho de otra forma: reconsidérate a ti mismo, busca la soledad para entrar en diálogo con tu alma y hallar ese camino trascendente que has perdido.

MÁQUINA. Se refiere al funcionamiento de nuestra energía psíquica. Si la máquina está estropeada y necesita reparación, tal vez se refiera a nuestro agotamiento nervioso y sugiere un período de calma, de alejamiento de los problemas cotidianos.

MAR. El mar onírico es el elemento primordial del que emerge nuestra sensibilidad, nuestros sentimientos, nuestros deseos, nuestra emotividad. El sueño se relaciona, pues, con nuestras emociones. Un mar turbulento será señal de deseos encrespados. Si en él aparecen sirenas, tritones, barcos fantasmas, será síntoma de fabulosos designios de nuestra parte o de monstruosos sueños. Un mar tranquilo es promesa de apacible felicidad interior. En todo caso, ese sueño habla del poderío de las emociones en el imperio de nuestra vida. Poderío tal vez excesivo.

MARIPOSA. Alguien soñó que una repugnante larva se transformaba en linda mariposa. El sueño encierra la prome-

222

sa de que una realidad que parece sin esperanza se transformará en algo bello y feliz. También significa: no te fíes demasiado de las apariencias, tanto en un sentido como en otro, porque la mariposa de tus sueños, esa bella realidad, también fue repugnante larva.

MARTIRIO. ¿Quién no ha soñado alguna vez las clásicas pesadillas en las que el durmiente vive mil martirios y despierta con sudores fríos? ¿Qué significan? La mayor parte de las veces sugieren al durmiente la necesidad de un sacrificio consentido. Vivimos en una época en que al menor dolor acudimos a la aspirina, pero hay muchas cosas que resultan incomprensibles sin el dolor que nos obliga a tomar conciencia de ellas. Desarrollar este punto para hacerlo comprensible exigiría un espacio del que no disponemos. Limitémonos a decir que la huida habilidosa ante las situaciones difíciles y dolorosas es negativa. El dolor y el sufrimiento deben ser aceptados, llegado el momento.

MATADERO. Soñar con un matadero en el que se procede al sacrificio de reses, sig-

nifica: mata tus animales interiores, es decir, los viles deseos, las criaturas de tus instintos.

MÉDICO. Cuando el médico aparece en nuestros sueños es que va a resolverse favorablemente el conflicto que tenemos planteado. Puede también ser una sugerencia de una visita médica. Alguien soñó que un médico venía a visitarle sin que lo hubiera llamado y le descubrió una importante enfermedad. Una vez despierto, visitó al médico y resultó tener realmente esa enfermedad. Cuando algo así ocurre la vida suele advertirnos siempre mediante un sueño o enviándonos a domicilio un agente de seguros de vida o de seguros de entierro. Todo lo que nos ocurre sin haberlo provocado encierra un mensaje que conviene descifrar.

MEDIODÍA. Si nuestro sueño se desarrolla en un paisaje de mediodía, es señal de que el asunto del cual se trata en el sueño va a iniciar su fase decadente. No tiene ya las mismas posibilidades de éxito que si la cosa tiene lugar por la mañana. En lo referente a la vida de una persona, si este problema se plantea, el sueño indica que se halla en la mitad de la carrera de su vida.

MESA. Una mesa preparada para un banquete, con abundantes vituallas, significa que se avecina una era de opulencia en la que nuestras esperanzas se verán satisfechas. Por el contrario, una mesa vacía significará que se avecina una era de pobreza.

MONO. El mono constituye la más fiel imagen de la personalidad instintiva. El mono que aparece en sueños es el que llevamos dentro y que está adquiriendo vigor. Si produce destrozos, si rompe valiosos objetos, es señal de que el mono de nuestros instintos va a despertar, si no lo ha hecho ya, y romperá valiosas cosas de nuestra existencia.

MONSTRUOS. Los monstruos están de moda. Como muestra: los numerosos filmes de Dráculas y Frankensteins que se están proyectando. Es natural que pueblen también los sueños de durmientes de hoy. En el lenguaje de los sueños, el monstruo es una exageración a través de la cual se intenta hacer comprender al individuo que su actuación es monstruosa, que es exagerada, que está desarrollando ciertas potencialidades en detrimento de otros valores que le permitirían un vivir equilibrado. Que averigüe el soñador dónde se encuentra el monstruo en su vida.

MONTAÑA. Las montañas de los sueños, que es preciso ascender penosamente, indican al soñador que vivirá una dificultad, pero se tratará de algo generador de conciencia, algo que le conducirá a un lugar elevado. Fue en una montaña donde Moisés encontró a Jehová; igualmente Cristo se retiraba a orar al Monte de los Olivos, y fue en una montaña donde se consumó su sacrificio y unión con el Padre Divino. La montaña es, pues, símbolo de elevación, y ello siempre cuesta un esfuerzo, siempre es difícil. El sueño significa: debes buscar los senderos difíciles, abandona lo fácil y rutinario.

Si se sueña que se desciende de una montaña, el sueño indica que se ha iniciado un proceso de degradación moral que es preciso detener.

MUCHACHA. A veces aparece en sueños una bella muchacha, una desconocida, cuya actuación puede resultar bienhechora o, al contrario, catastrófica: tomando las riendas de un carro, por ejemplo, que luego se estrella o precipita en un barranco. Esa joven desconocida es una tendencia imaginativa que irrumpe de pronto en nuestro alto mando psíquico. Ese ramalazo imaginativo desconocido, extraño a nosotros, puede ser la solución de un problema que estamos viviendo. En caso de sueño catastrófico, significa: no te dejes llevar por la imaginación porque vas directo a la catástrofe.

MUERTE. Los sueños tratan de la vida psíquica y no es nunca la muerte del soñador o de la persona que se ve morir de lo que se trata. La muerte del padre significará la muerte relativa de la espiritualidad, un declive de la actividad creadora y un aumento de las tendencias materialistas. La muerte de la madre: fin de una protección material, anunciando, pues, dificultades de subsistencia. La muerte del propio soñador: muerte de lo esencial de su personalidad, de los valores psíquicos que hasta entonces han sido los su-

yos, renuncia a sus más caras ambiciones y actividad en una esfera inferior. La muerte de familiares o amigos significará muerte de tendencias de nuestra personalidad más o menos alejadas de nuestro auténtico «yo». Como la vida interior se proyecta al exterior configurando nuestro entorno, estos sueños conducirán a cambios profundos en la estructura de nuestra vida, aunque no inmediatos.

MUJER. Las mujeres de los sueños están relacionadas con sus arquetipos psíquicos: imaginación, emociones, sensibilidad. Puede interpretarse del mismo modo que la «Muchacha», pero aquí la imaginación lleva más fuerza determinativa, más empuje. Según el signo benéfico o maléfico del sueño, indicará si el soñador debe dejarse llevar o no por la imaginación o por los imperativos de su ser sensible y emotivo.

MUÑECAS. Hay gente que sueña con colecciones de muñecas, que está vistiendo, peinando. Alguien soñó con angustia que unos muñecos le perseguían, seguramente para matarle. Esos muñecos encarnan la potencialidad psíquica no utilizada. Los científicos hablan de las miles de células muertas que posee nuestro cerebro, que sólo permanece vivo en una ínfima parte. Esos muñecos inertes son esas células que esperan a que nuestro «yo» se digne darles voz y voto en el drama de nuestra vida, y a veces lo persiguen amenazadoramente reclamando su derecho a vivir. El sueño significa pues: enriquecer tu personalidad con múltiples tendencias. No seas de una sola pieza.

NARANJA. Los sueños de naranjas contienen frescas promesas de circunstancias que cambiarán inesperadamente nuestra vida.

NEGRO. Es el color de las frustraciones, de los obstáculos, de las cosas insuficientemente desarrolladas, de la tristeza y de la muerte. Las figuras o los objetos en negro simbolizan, pues, aquello de lo cual se debe huir, aquello que fracasará y no se realizará.

NIEBLA. Los sueños que se desarrollan en la niebla se refieren a una falta de preparación para realizar la empresa en la que el durmiente se halla empeñado. O bien está falto de luces o no ha estudiado el terreno como era debido: o serán sus colaboradores los que aporten confusión. Disipa esta niebla, viene a decir el sueño, y espera a ver claro antes de actuar.

NIEVE. Hemos dicho muchas veces que el agua representa los sentimientos en el lenguaje de los sueños. Malo cuando los sentimientos se hielan, dando lugar a un corazón de piedra. Este paisaje que ves en tus sueños es el que hay dentro de ti. Derrite esta nieve lo antes posible, porque mientras extienda su blanco manto en tu paisaje humano, nada florecerá. Calienta tus sentimientos y tu vida será un jardín.

NIÑO. Significa: lo que tienes entre manos ofrece infinitas posibilidades, pero no esperes que dé fruto inmediatamente. Tienes que cuidarlo, alimentarlo como si fuera un niño. Puede tratarse de algo no material, sino de un niño espiritual que ha nacido en tu psique. Se trata de ese segundo nacimiento de que hablan los místicos, el que ha de liberarte de los lazos que te atan a la tierra.

NOCHE. Los sueños que tienen lugar en la noche ofrecen presagios con pocas posibilidades de realización. Como en los sueños de niebla, las cosas no están claras, o son artificiales, engañosas.

NORTE. El norte simboliza la vía espiritual, el despegue de la materia. Si los sueños te indican esa dirección, ello significa: desentiéndete de los asuntos terrenos, eleva tu mirada hacia el cielo y sigue tus inspiraciones.

OESTE. El oeste simboliza el porvenir, los demás, los aliados, el cónyuge, las personas que están más allá de ti, los que son la continuación natural de ti mismo. Si los sueños te señalan ese punto cardinal, ello indica que ha llegado el momento de salir de tu zona de seguridad para dar la gran ofensiva. Para tener éxito debes rodearte de buenos colaboradores y, una vez elegidos, confiar en ellos. Ese es el sentido del sueño.

OGRO. Si este personaje aparece en tus sueños es que la tendencia que representa está cobrando fuerza en ti. Te estás volviendo cruel sin darte cuenta, y si no corriges esta inclinación acabarás mal, como suelen acabar los ogros de los cuentos.

OJO. En el plano moral, el ojo está relacionado con la conciencia que se adquiere de las cosas. En el plano físico, el ojo está ligado al corazón. Soñar con un ojo enfermo puede significar que el corazón necesita cuidados; un ojo que se cierra es un corazón en peligro, y la persona que sueña con enfermedades de los ojos debe acudir al médico para que le examine el corazón. Este sueño puede constituir, pues, un presagio de enfermedad grave. Pero puede también referirse únicamente al plano moral y significar que no se está tomando la debida conciencia de las cosas, que su vida le pasa desapercibida. Si el soñador se ve obligado a usar lentes, se tratará con toda seguridad de eso: no ve bien en su vida, no se fija en las anécdotas, no va a desentrañar su significado, y su existencia se empobrece y se angosta a causa de ello.

ÓPERA. Si se sueña con una función de ópera se trata, claro está, del gran teatro de la vida. La ópera, género mayor, indicará al soñador que va a vivir un período excepcional, un tiempo fuerte en el que sucederán cosas ruidosas que le estremecerán. Si el soñador es mero espectador es que será testigo de hechos excepcionales; si es intérprete de esa ópera es que se verá directamente concernido por los hechos.

ORO. Descubrir oro o monedas de oro en sueños es muy buen presagio. El oro, símbolo del valor permanente e inalterable, está relacionado con la más auténtica sabiduría. Los sueños de oro son, pues, sueños de felicidad inalterable, indicio de que se ha soñado la verdad que permitirá vivir sin alteraciones emocionales, con perfecta lucidez.

OTOÑO. Los sueños que transcurren en un paisaje otoñal pretenden tal vez indicar al soñador que ésa es la época que debe vivir. Quizá se trate de una persona de cierta edad, la cual se encontraba anclada en un estío que ha terminado ya para ella. El sueño pretende decirle que está en su otoño y que debe vivir la vida de la estación plenamente, de lo contrario el desfase psíquico en que se encuentra le acarreará muchas incomodidades.

PADRE. La figura del padre es símbolo de energías espirituales; detrás de cada padre físico se oculta un padre eterno, y las inducciones y consejos que vienen del primero no son más que emanaciones de la gran figura espiritual que se oculta detrás. El padre guarda, pues, la llave de nuestro destino, un destino tal vez incómodo, incluso peligroso, pero que es el que precisa nuestra alma para hacerse y engrandecerse. Si en sueños aparece el padre, es que el soñador necesita una dirección, un norte, y el padre de los sueños le indicará qué sentido debe tomar su vida. Ese encuentro onírico con el padre prefigurará una nueva etapa de su vida. En general, el sueño significa cambio de orientación.

PAÍS DE LA INFANCIA. A veces los sueños nos transportan al país de la infancia, donde vivimos una maravillosa aventura. Significa que nuestra vida se ha complicado excesivamente y que es preciso volver a la inocencia de la niñez. Reconquista tu inocencia, dice el sueño, y todo será maravilloso en tu vida.

PÁJARO. Un pájaro es una idea, un pensamiento. Si vuela de izquierda a derecha, se trata de una idea útil para la construcción del porvenir. Gracias a una idea tu vida avanzará en el buen sentido. Si el pájaro vuela de derecha a izquierda es que una idea perjudicará el curso de las cosas, retrasando un proyecto o arruinándolo por completo.

PAN. El pan es símbolo del trabajo humano que todos debemos realizar en la Tierra, elaborando la semilla divina que está en nosotros (el grano de trigo) a fin de que, cosechándola, molturándola, añadiéndole agua y sal (sentimientos y acción) pueda convertirse en alimento tras haber pasado por el horno (nuestro laboratorio alquímico interior). En el famoso cuento de los niños perdidos en el bosque que sembraban migas de pan para encontrar el camino de la casa del padre, veíamos cómo esas migas eran comidas por los pájaros (las ideas) y así no podían regresar. Las ideas a ras de suelo, egoístas, nos alejan de la casa del padre. En cambio el pan, el honrado trabajo de la vida gracias a la materia prima espiritual, nos permite hallar el camino. Los sueños de pan significan pues: no te duermas en el quehacer cotidiano, elabora tu pan; es decir, encuéntrale un sentido trascendente a la vida.

PASTELERÍA. Este sueño anuncia un tiempo feliz, pero gastado en cosas baladíes e intrascendentes.

PECES. El agua de mar está en relación con el inconsciente. Si se sueñan peces marinos es que nuestras emociones inconscientes están muy agitadas y en breve podemos tener sorpresas no esperadas. Si los peces son pacíficos: sorpresas agradables. Si son fieras marinas: sorpresas desagradables en el mundo emocional y amoroso.

PEREGRINO. Este sueño significa que debes ir más allá para encontrar lo que buscas. Anuncia un viaje inesperado, algo que te sacará de tu realidad.

PRIMAVERA. Es un sueño muy feliz el que se desarrolla en un paisaje primaveral, ya que significa que nuevas oportunidades para ser feliz, para triunfar, para ser amado, van a surgir. Para alguien que vive agobiado con dificultades es la garantía de que un gran cambio favorable se prepara.

PRISIÓN. El sueño ilustra la falta de medios en qué va a encontrarse el soñador, probablemente por culpa de su género de vida.

PROSTITUTA. Significa: no obtendrás de una manera natural los frutos que ambicionas: bienestar, opulencia, etcétera, sino de una manera artificiosa y reprobable.

PUENTE. Significa: para ir allí donde te propones, para pasar de una realidad a otra, es preciso tender un puente que una las dos realidades. Invita a la adaptabilidad al nivel de la persona o de la cosa que se ambiciona poseer.

RATÓN. El ratón es un símbolo del aparato sexual masculino, de ahí que las mujeres se asusten y griten inexplicablemente cuando ven aparecer un ratoncito. En los sueños de una mujer puede significar hambre sexual, que es indicio a su vez de una insatisfacción espiritual más profunda.

RELOJ. El reloj de los sueños indica muy a menudo que la hora de hacer algo ha llegado irremisiblemente. El contexto del sueño nos indica qué es lo que debemos hacer. A veces el soñador contempla el reloj de una estación de ferrocarril. Es señal de que debe partir, de que debe abandonar las confortables certidumbres sobre las que se asienta su vida, para buscar más allá nuevas verdades que le permitan engrandecer el edificio de su «yo». Puede tratarse de un reloj de sol, que le indique el tiempo de vida que le queda al durmiente, o el auge o declinar de sus energías psíquicas, según que el reloj de los sueños señale el mediodía o el atardecer. Los sueños de relojes pueden, por tanto, sugerir acciones contradictorias. Para ciertos soñadores impacientes el sueño puede decirles: «Tienes aún mucho tiempo; espera.» En cambio a otros, poco inclinados a la obra, les dirá: «Dispones de un tiempo limitado. Apresúrate a obrar.»

RELLANO. «Estaba subiendo por las escaleras de una torre, impulsado por no sé qué extraño designio, cuando de pronto, en un rellano, convertido en una especie de descansillo, encontré un diván. Estaba muy cansado y me dejé caer en él diciéndome que para mí había llegado el fin de la escalada.» Este sueño ilustra una ambición desfalleciente. El individuo se conforma con un bienestar mediocre, ocasional, renunciando al despliegue total de sus energías creadoras. Ir hasta el final de nosotros mismos, hasta el agotamiento de nuestra potencialidad, debe ser la ambición mínima de todos. Este sueño se lo recordaba al durmiente.

RELLENAR. «Estaba preparando un picadillo para rellenar un rollo de ternera y al probar el preparado me di cuenta de que le faltaba sal.» «Rellenaba un impreso, cosa que me parecía simple, pero de golpe me encontré con que no sabía lo que debía poner.» Ambos sueños tienen una misma intención, indicando al soñador que no está vibrando en la vida con la tensión requerida. Toda existencia comporta una parte de destino, que es como el impreso en el que figuran unos datos que debe-

mos completar, o como el rollo de ternera que nos es dado. Lo demás debemos ponerlo nosotros: rellenar lo que figura en puntos suspensivos, y debemos hacerlo con entrega, con devoción, con convicción. A menudo llevamos una vida sosa, sin apetencias, sin entrega, sin interesarnos por las cosas. Este sueño dice: «Debes interesarte más en tu propia vida.»

REMACHAR. Si te ves en sueños dándole a un clavo en una pared, es señal de que hay algo en tu vida que necesita ser remachado. Tal vez te sientes demasiado seguro en tu situación profesional o sentimental, cuando en realidad las cosas están sólo apuntaladas. Consolida tu posición antes de lanzarte a nuevas empresas, es lo que intenta decirte el sueño.

REMAR. Las embarcaciones de remos son frágiles, de modo que en principio, si te ves remando en piragua o ligera barca, es indicio de situación sentimental crítica. Si tu embarcación se encuentra en un río tempestuoso y lleno de escollos, ello te indicará que es preciso que sepas maniobrar, sentimentalmente hablando, ya que te encontrarás en situación apurada. Por el contrario, en un mar tranquilo el sueño significará: debes agitar un poco tus sentimientos, hay una cierta parálisis emotiva en ti. Procura sentir con más intensidad.

REMATAR. Rematar alguien malherido indica la conveniencia de dar una solución radical a algo que no tiene remedio, que es mejor hacer desaparecer de una vez y para siempre. Si te encuentras en una situación embarazosa o delicada, el sueño te anuncia que debes decidirte a darle una solución radical.

REMIENDO. Cristo ya advirtió a sus discípulos sobre lo peligroso que era remendar con tela nueva un vestido viejo. Es preciso saber abandonar lo viejo, y no nos referimos concretamente a los vestidos físicos, sino a los ropajes espirituales, intelectuales y hasta emocionales. Si una idea, un ideal, resulta usado, es preciso que lo abandonemos para buscar más allá otro que llene de sentido nuestra vida. Tratar de adaptarlo, actualizarlo, perfeccionarlo, es poner remiendo a algo que, por ser viejo, deberá necesariamente ser abandonado un día u otro con todos sus remiendos, los cuales no le salvarán de su destino. Si sueñas que remiendas alguna tela, el sueño pretende provocar en ti esta reflexión.

REMOLINO. Soñar con remolinos en el agua es indicio de egoísmo sentimental. Si una persona aparece asociada a esos remolinos, el sueño indicará que esa persona persigue fines egoístas en lo que a sus sentimientos se refiere. Los remolinos de aire tendrán el mismo significado respecto a las ideas, a los designios, a los planes. Ese egoísmo llevará finalmente al fracaso de aquello que se relaciona con el remolino de los sueños, ya que el movimiento circular es símbolo de estancamiento dentro de una esfera. La idea final del sueño es una idea de fracaso.

REMOLQUE. Si te ves en sueños remolcando cualquier otro vehículo, ello significa que tu acción en la vida arrastra algo extraño a la naturaleza de la acción misma. Ve si eso que arrastras es conveniente, si con tu obrar no estás facilitando la victoria de algo o de alguien de quien debieras desconectarte. Si, al revés, es tu vehículo el remolcado, ello significa que estás siguiendo el surco de alguien que posee una voluntad más poderosa que la tuya. Toma conciencia de este hecho y trata de buscar un camino independiente que te haga el artífice de tus propios logros.

RENACIMIENTO. «Estaba muerto dentro de mi ataúd y todos mis familiares lloraban en torno a mí, cuando de pronto me sentí renacer y todos exclamaban "Es asombroso!".» Un sueño de renacimiento es muy positivo. Significa que una nueva potencialidad está surgiendo del soñador y que, consecuentemente, se abrirán ante él nuevos campos de labor y nuevas oportunidades. El sueño lleva el presagio del cumplimiento de las esperanzas y de ilusiones que ya habían sido abandonadas.

Un sueño que se desarrolla en la época del Renacimiento indica un desfase de la persona; indica que está viviendo muy lejos de sus posibilidades vitales y psíquicas. Su «despertar», que a él le parece maravilloso, es algo rancio y debe andar un gran trecho para ponerse al día.

RENDICIÓN. Rendirse ante el enemigo significa una renuncia a vivir de acuerdo con los principios morales que constituyen la ley del soñador. Esa renuncia puede ser indispensable para obtener ciertas ventajas, para gozar de ciertos privilegios, obtener un buen empleo o realizar un negocio más o menos sucio. Es por ello que las «llaves de los sueños» consideran que rendición es igual a suerte. Y, en efecto, el sueño anuncia suerte material, pero indica que para alcanzarla la persona deberá renunciar al combate por lo más noble y alto que hay en ella.

Si, al revés, es el ejército contrario el que se rinde, ello indica una victoria de nuestro «yo», pero al mismo tiempo puede significar que para mantener nuestras exigencias morales deberemos renunciar a ciertas cosas que hacían grata nuestra vida.

REPATRIAR. El sueño del emigrante o viajero que vuelve a la patria significa que cesa un período de alteración de la personalidad, durante el cual el individuo ha sido como un extranjero respecto a sí mismo, sintiendo y pensando de una manera no habitual en él.

Volverá a ser el que antes ha sido, pero muchas cosas y personas a las que ha amado durante ese período de extranjerización, le serán ahora indiferentes. El sueño anuncia ruptura con personas y hábitos, y establecimiento de relaciones con viejos amigos olvidados. Tal vez renacimiento de un amor antiguo.

REPELENTE. Si presenciáis en sueños un espectáculo repelente, ello constituye el indicio cierto de que algo repelente se aloja en vuestro interior, y el sueño pretende advertiros de esta realidad. Hay un episodio en la vida de Cristo que ilustra este sueño: iba el Maestro con sus discípulos por las tierras de Galilea, cuando ante ellos apareció el cadáver de un perro en plena descomposición. Los apóstoles volvieron la cabeza y se taparon la nariz para eludir el mal olor, pero el Maestro comentó: «Ni las perlas tienen el brillo de sus dientes.» Como en su interior no había nada que correspondiese a lo repelente de aquella descomposición, el Maestro sólo vio lo positivo que había en aquel espectáculo.

REPOBLAR. Este sueño sugiere al individuo que existen en su psique terrenos de cultivo que pueden convertirse en zonas fecundas. Es indicio de que el soñador posee capacidades que no han sido descubiertas y que es preciso desarrollar. Las circunstancias se prestan al cultivo de esos talentos y la persona debe descubrirlos y ejercerlos.

REPTIL. Los reptiles, excepto las serpientes y las tortugas, simbolizan las fuerzas devoradoras de los instintos. Anuncian una pujanza de la vida instintiva. Si el soñador se ve devorado por un reptil, es señal de que la vida instintiva se adueñará de los resortes de su voluntad, devorando lo humano que hay en él. Si un reptil produce destrozos en un paisaje, si destruye chozas, poblados, etc., es síntoma de que el paisaje humano del soñador se verá arruinado por seguir la llamada de sus instintos. El sueño pretende advertirle sobre esa ruina y le invita a dominarse.

REPÚBLICA. Si el sueño toca el tema de la vida en un país republicano, ello indica que la persona se encuentra en una fase evolutiva muy avanzada y que en su mundo interior todas las tendencias se encuentran activas, sin que una reprima a la otra, dejando que se expresen en perfecta libertad para la edificación de la personalidad. A nivel práctico, el sueño es anunciador de infinitas posibilidades. «Todas tus aspiraciones te son permitidas», viene a decir, de modo que el soñador se encuentra en un período en que sus aptitudes se verán plasmadas en la realidad, encontrando vías propicias a su realización. Cuando en una sociedad cualquiera una mayoría de individuos vive interiormente en estado de república, esta situación encuentra su catálisis en la vida exterior y se instaura en el país el régimen republicano. Pero cuando en nuestro mundo psíquico una tendencia tiraniza a otra o la elimina, nuestro régimen interno condiciona el extremo, que es a imagen y semejanza del primero.

RESBALAR. Si resbalas en sueños, ¡cuidado!, es que en la vida real estás pisando un terreno resbaladizo. Puede que se trate de negocios poco claros o de audacias amorosas que terminarán en desastre.

RESCATAR. El rescate es ahora tema de actualidad en el mundo, pero en todos los mitos se encuentran prisioneras a veces convertidas en puercos, que acaban siendo rescatadas por el caballero andante, tras matar al dragón y vencer innumerables peligros. Los sueños de princesas secuestradas siguen siendo vigentes y son símbolos de la imaginación —lo más bello qué hay en el hombre—, relegada a la cueva oscura por el imperio de los poderes monstruosos de los instintos. Sólo matando el monstruo de los instintos, la imaginación podrá volver a reinar y realizar sus funciones. Pero en los tiempos modernos el lenguaje onírico se adapta a la realidad circundante y es posible que el lugar del mítico dragón sea ocupado por la mafia, y que el caballero, en lugar de hazañas heroicas, se limite a pagar en buenos dólares. El significado es el mismo, ya que dinero equivale a energías psíquicas. Es decir: es preciso gastar una cierta cantidad de energías psíquicas para liberar a la imaginación, prisionera de las fuerzas instintivas. Si el prisionero es un hombre, entonces se tratará de la voluntad, de cuyo cautiverio hay que liberarla mediante un esfuerzo excepcional. El sueño indica pues que el individuo debe realizar un acto fuera de lo común para salvar una situación que le disminuye, que le humilla, que le reduce, que le mantiene bajo la dependencia de algo o de alguien. Y debe estar dispuesto a realizar ese sacrificio.

RESECO. Si el sueño transcurre en un paisaje reseco o en un desierto, es síntoma de que el agua está faltando, es decir, hay escasez de sentimientos y es preciso promocionar, con toda la fuerza de la voluntad, la eclosión de esos sentimientos que están faltando y que, de no emerger, convertirán la vida del individuo en algo mustio, y finalmente en un auténtico desierto.

RETROVISOR. «Atento al retrovisor, no vi llegar el coche que se abalanzó contra mi vehículo. El choque fue terrible y me desperté.» Este sueño indica que se da más importancia a las cosas que están detrás que a las que tenemos delante; que estamos viviendo en función de nuestro pasado, en lugar de estar atentos al futuro. Y ello sólo puede conducir a la catástrofe. Las experiencias

del pasado deben ser incorporadas a la sangre, donde actúan como conciencia. Pero la memorización emotiva del pasado no puede sino ejercer una influencia negativa sobre el presente. Es el mensaje de este sueño.

REVOLUCIÓN. Soñar con una revolución indica que se producirá un cambio en las tendencias dominantes en la personalidad, siempre, claro está, que sean las fuerzas revolucionarias las que triunfen en el sueño. En todo caso es indicio de que el soñador ha estado ejerciendo una represión sobre ciertas tendencias que poseían tanta fuerza en su interior como para sublevarse contra ella. Se trata pues de una personalidad conflictiva, y sus conflictos interiores serán proyectados al exterior dando lugar a una vida de convulsiones, en la que no encontrará la felicidad. Aunque finalmente sean las fuerzas del «orden» las que triunfen en su sueño, al soñador le conviene cambiar el estatuto por el que se rige su psique. Debe abrir paso a todas sus tendencias interiores, darles voz y voto, a fin de evitar que un día tome el poder en su vida aquella tendencia que con tanto ardor ha tratado de reprimir, perdiendo de golpe la consideración y el respeto de que gozaba. La victoria de la tendencia revolucionaria puede llevar un financiero a la ruina y hasta a la cárcel, un hombre de leyes puede verse sentado en el banquillo de los acusados, un devoto puede verse envuelto en un asunto licencioso, un político puede perder el favor de los grandes. Y también un postergado puede encontrarse de pronto en la opulencia o en el poder. Todo eso y mucho más puede significar el sueño de revolución.

REY. Un estudio sobre lo que sueñan los ingleses ha revelado que los súbditos de su majestad sueñan a menudo con la reina, que estrechan su mano, que la invitan a su casa, que les hace un favor. Estos sueños significan que la psique del soñador se encuentra en conexión armoniosa con altos personajes y que la época es propicia para obtener favores de las personas bien situadas, sean jefes de empresa, presidentes, directores generales o cualquier otra persona situada por encima de la escala social del individuo. Si sueñas con reyes o presidentes, orienta tu estrategia hacia las grandes empresas y dirige tus peticiones al personaje más elevado que hay en ellas en lugar de pasar por la ventanilla.

RÍO. El sueño de un río está en relación con el mundo emocional. Las aguas que transcurren indican al soñador que no debe dejar que las emociones se anclen en su personalidad. Posiblemente la persona que sueña tiene un sentimiento atravesado en su gaznate psíquico y no consigue sacudírselo. Tal vez sea un odio pendiente, una venganza, una revancha que espera su oportunidad. El río de sus sueños quiere indicarle que debe dejar que su odio, su venganza, se la lleve la corriente de la vida hacia ese gran mar del olvido que es el destino final de todas las emociones humanas. Malo que las aguas de este río bajen sucias o polucionadas por residuos industriales. Significará que nuestros deseos están turbados y necesitan una urgente purificación.

RIVAL. Si el rival aparece en tus sueños es señal de que se está creando un antagonismo en tu propio interior. No hay unidad en lo íntimo de tu ser y esa división te proyectará hacia situaciones conflictivas. Procura tomar conciencia de ello antes de culpar a los demás de las cosas que no marchan bien en tu vida. Restablece el acuerdo contigo mismo, y las rivalidades exteriores desaparecerán.

ROJO. Significa peligro, pasión, acción irreflexiva. Los personajes que en sueños aparecen vestidos de rojo son peligrosos en un sentido físico o moral. Cuando los sueños se transparentan en un fondo rojo, deben interpretarse como una llamada a la moderación y a la temperancia.

ROSA. Color del amor compartido. Si la persona amada aparece en un fondo rosa o con un vestido rosa, es señal de que comparte tu amor.

La rosa es el símbolo de la perfección espiritual. Indica al soñador que sólo se llega a esa maravillosa flor tras haber recorrido un largo camino de espinas.

ROSARIO. Es un sueño de malos presagios en el plano material. Anuncia al soñador un período de pruebas. Vivirá ese calvario que conduce a la plena realización espiritual, tras el sacrificio de todas las tendencias materiales.

SANATORIO. Hay sueños que se desarrollan en un sanatorio antituberculoso, pero no se refieren a un peligro de enfermedad física, sino al mal estado de los pulmones psíquicos, que no filtran el aire, es decir, las ideas. Las ideas no circulan en un organismo psíquico enfermo, y es preciso efectuar una cura en un lugar en que circulen abundantemente ideas sanas, no corrompidas.

SERPIENTE. Es un animal lleno de simbolismos profundos. En el paraíso terrenal, el diablo se apareció a Adán y Eva en forma de serpiente. Cristo recomendaba a sus discípulos: «Sed sabios como serpientes.» En términos esotéricos, la serpiente es la savia que circula a lo largo de la columna vertebral y que pone en contacto los órganos de procreación intelectual (el cerebro) con los de procreación física. La misma fuerza alimenta ambos órganos, de manera que cuantas más energías se gasten a través de los órganos inferiores, menos habrán disponibles para alimentar los órganos superiores. Esa es la razón de que todas las religiones recomiendan la castidad, que permite a los órganos de procreación intelectual funcionar con pleno rendimiento. La serpiente es pues símbolo de conocimiento. Soñar que se mata a la serpiente equivale a matar el conocimiento que intentaba penetrar en nosotros.

SIEGA. Si en sueños ves a los segadores en plena faena, es señal de que debes despojarte de los frutos que hay en el árbol de tu vida, para que así tu tierra se encuentre en condiciones de recibir una nueva siembra. Si eres hombre rico, haz trabajar a tu capital para que produzca; si posees conocimientos, enseña a los que conviven en tu esfera. Despréndete de aquello que tienes, sea lo que fuere, porque sólo a condición de que lo hagas podrás tener más. Eso es lo que viene a sugerirte este sueño. Si la espiga no es cortada, si el fruto no es recogido, se pudre en el árbol o se derrama inútilmente en la tierra, parasitándola sin provecho para nadie.

SIEMBRA. Si la siembra del sueño se realiza en terreno fecundo anuncia un período propicio al cultivo de nuevos talentos, al aprendizaje de nuevas cosas. En cambio, sembrar en tierras rocosas o calizas es indicio de que el individuo está empezando algo que no dará el fruto esperado; el sueño le aconseja que se dedique a otra cosa.

SIERRA. Si esa herramienta aparece en tus sueños, interprétala como el anuncio de una división, de un desacuerdo, de la irrupción de un acontecimiento que creará una desunión. Si la sierra se emplea en la tala de árboles significa el fin de una protección de la cual gozabas; tu paisaje humano será más árido.

SIRENA. Ese monstruo marino de forma seductora suele aparecer en el paisaje onírico de señores de cierta edad, en la época en que sus energías sentimentales y sexuales declinan. Las sirenas son una ficción creada por los sentimientos, e indican al soñador que está viviendo una irrealidad sentimental o sexual, que su emotividad permanece anclada en un período ya pasado, no habiendo evolucionado al mismo ritmo que los restantes elementos de su vida. El sueño encierra el peligro de dejarse sumergir por las apetencias sexuales, que se imponen sobre los demás valores que hasta entonces habían orientado la vida.

SOL. Si el sol, dador de vida luce con fuerza en el escenario de nuestros sueños, ello garantiza que el presagio que contienen se realizará. Si el sol está oculto entre las nubes, ello indicará que aquello que anuncia el sueño es problemático.

SOMBRERO. El sueño se refiere a la uniformización del pensamiento. Las personas que ejercen profesiones en las que se reciben órdenes que hay que cumplir a rajatabla, llevan todas sombrero de uniforme. El sombrero en sueños indica pues que las ideas no son libres, que están sometidas a una norma, a una mesura, a una convención. Se trata de personas que no expresan su verdad íntima, sino la verdad común a su clase. Traduciendo ese razonamiento en lenguaje corriente tendremos que los personajes que en sueños aparecen con sombrero son gentes que mienten, que no son sinceras. Así pues, tenden-

cia a la mentira, a disfrazar la verdad; por otra parte, persona convencional, incapaz de razonar por sí misma, corta de entendederas.

SÓTANOS. Es el lugar en que se guardan las reservas de nuestra personalidad. Si soñamos con unos sótanos repletos de jamones, de buen vino, con sacos llenos de grano, ello es signo inequívoco de que poseemos una riqueza interior incalculable, de la que tal vez no seamos conscientes. El sueño viene a decirnos que es preciso que busquemos en el subconsciente las cualidades que harán de nosotros personas singulares.

Pero puede que estos sótanos estén llenos de trastos, de polvo, de telarañas y que huelan mal. En tal caso hay que proceder a una limpieza general de un inconsciente lleno de mugre.

SUR. Es la dirección que apunta hacia la interiorización, hacia las raíces de uno mismo. Si el personaje de los sueños se dirige hacia el sur, es señal de que debe profundizarse en el asunto que se tiene entre manos; es preciso reflexionar, meditar, ahondar en ello antes de seguir adelante. Por otra parte, si el sueño lo tiene una persona de cierta edad, puede significar: necesidad de una jubilación, de abandonar la vida activa.

TABLERO. Muy a menudo en sueños aparece un tablero en el que se está jugando una partida de ajedrez o de damas. El tablero representa el espacio físico en el que se desarrolla nuestra vida. Los cuadros blancos y negros expresan, por analogía, el bien y el mal, la luz y la sombra, lo consciente y lo inconsciente, la providencia y la fatalidad, la voluntad creadora y la inercia. Las fichas o figuras blancas y negras simbolizan la dinámica de cada uno de esos valores. En la partida de tus sueños, ¿están ganando las blancas o las negras? ¿Cuál es el color que has elegido para jugar tu partida? ¿Las fichas negras ocupan espacios blancos? ¿Si juegas una partida de damas, el juego se realiza sobre los cuadros blancos o sobre los negros?

Todo ello te indicará el estado del gran juego de tu vida. Si el negro domina es malo, muy malo. Si es el blanco quien abandona la partida resulta aún mucho peor. Si el tablero de tu sueño está deshabitado, sin fichas encima, es que tu vida está en blanco, o que todavía no ha empezado y no has hecho más que atrasar la hora en que deberás medirte con las experiencias del mundo.

TEATRO. Los sueños de teatro son también frecuentes. A veces resulta que el soñador no está interpretando el papel que se había estudiado, o que la comedia es otra, o que iba de espectador y de golpe se ha visto catapultado al escenario. Todo ello indica que en la vida real no está en su papel, y cuando no se está en su papel todo funciona mal. Estar en su papel significa que la vocación, las aptitudes y el destino deben coincidir. Si se violenta uno de esos tres atributos, puede que durante un tiempo la vanidad engorde o que se consiga mucho más dinero, pero a la menor oportunidad el alma intentará corregir la trayectoria y sobrevendrán accidentes, enfermedades, reveses... El sueño intenta decirle al durmiente que no está haciendo lo que debe.

TESORO. En los cuentos infantiles, los tesoros se encuentran frecuentemente en islas solitarias o pobladas de entes primitivos y amenazadores. En todo caso, rescatar el tesoro comporta siempre un peligro, y los sueños de tesoros suelen ser causa de peligro. El tesoro representa una purificación interior, el acceso a un mundo superior, al que no se llegará sin haber sembrado de cadáveres nuestra ruta interior; es decir, nos veremos obligados a matar las tendencias que eran el sostén de nuestra personalidad anterior al descubrimiento del tesoro, y que debemos necesariamente liquidar para que no parasiten a la nueva personalidad que está emergiendo en nosotros mismos.

TIGRE. Es el más terrible símbolo de la personalidad instintiva. Vencer al tigre es un buen sueño, que indica que nuestros instintos han sido vencidos y que nos hemos despojado de algunos de nuestros vicios. Pero si el tigre mata y destroza es señal de que seremos víctimas de nuestras propias pasiones.

TORRE. La torre es un baluarte defensivo que sólo tiene utilidad si un enemigo circula por los parajes. Al mismo tiempo es un edificio que aísla del exterior, que impide toda penetración. Soñar con una torre que se edifica, que se vive en ella, significa pues: te comportas de manera que te saldrán enemigos por todas partes; no estás recibiendo las aportaciones, los intercambios del exterior, que son los que enriquecen una vida. Destruye ese edificio en el que te parapetas y aprende la humildad.

TRANVÍA. AUTOBÚS. La ciudad es el símbolo de nuestro panorama consciente, de nuestra cultura, de todo lo que hemos ido edificando laboriosamente a lo largo de nuestra vida. Los tranvías y autobuses que sirven para las comunicaciones interiores indican al soñador que es preciso que los diversos componentes de su entidad psíquica se relacionen, que cada parcela de conocimiento comunique su significado a la otra parcela aparentemente alejada, pero en realidad próxima. El saber debe generar un mensaje coherente. Pon en comunicación las distintas partes de ti mismo, ése es el mensaje del sueño.

TREN. Ya nos hemos referido otras veces al simbolismo

del tren. Es la imagen misma del transcurrir de nuestra vida. Nada refleja mejor el clima en que se desarrolla nuestra existencia. Puede que el tren onírico penetre en un túnel y que la luz eléctrica no funcione. Puede que aprovechando la oscuridad alguien nos quite nuestras preciosas maletas, ese bagaje onírico en el que guardamos nuestros tesoros. Pero ningún túnel será eterno, y el tren hallará de nuevo el paisaje soleado, risueño, con fondo de mar o de montañas. El sueño angustioso contiene implícito su mensaje de esperanza.

Hay trenes que se pierden, otros que circulan con mucho retraso o van en direcciones distintas a las que nosotros queremos emprender. A veces, poseyendo un billete de primera, viene el revisor y nos dice que aquel billete no es válido, que debemos pagar un suplemento, o peor aún, nos obliga a apearnos, incluso con el tren en marcha, poniendo en peligro nuestra propia vida.

Otras veces notamos con desagrado que nuestros compañeros de viaje son poco cuidadosos con su persona, que les falta aseo, que huelen mal. Son los representantes de algo que hay en nosotros no muy presentable y que sin embargo acompaña la parte de nuestro psiquismo que toma asientos de primera y bebe *whisky* en el bar.

Veamos pues en nuestros sueños cómo es el tren de nuestra vida, si lleva muchos vagones de mercancía, mucha gente comprometedora o si, al contrario, contiene unos pasajeros de élite con los que es agradable departir.

En todo caso, los sueños de tren son siempre prometedores de novedades, de sorpresas, porque es señal inequívoca de que la vida está en marcha, de que no estamos estancados y de que las corrientes vitalizadoras transcurren por nosotros.

VERANO. Los sueños que transcurren en un marco veraniego son sueños de plenitud, de realización inmediata, de abundancia. Algo ha llegado a su punto culminante y dejará caer los frutos de que es portadora la estación veraniega.

VERDE. Color del ensueño, de la ilusión, de lo que es todavía incierto, de lo no maduro. Las cosas que aparecen en verde o los personajes vestidos de verde son portadores de promesas inciertas, que tanto pueden cumplirse como no; y en caso afirmativo se cumplirán seguramente de una forma distinta a la esperada. Aquello a que tanto aspiras no está aún maduro, viene a decirte el sueño. Trabájalo más con plena dedicación. El verde es un color de transición.

ZAPATOS. Terminaremos este pequeño diccionario con uno de los más bellos y profundos símbolos, el de los zapatos. En los países en que se venera Papá Noel, los zapatos se dejan junto a la chimenea para recibir los regalos. ¿Extraño, no? Y cuando Jesús quiere honrar a sus discípulos, les lava los pies.

Los pies están regidos por Piscis, el último signo del Zodíaco, a través del cual actúan las fuerzas que trabajan en la elaboración del alma de la humanidad. Los pies son pues el símbolo del alma humana, que se va haciendo en las mil vicisitudes de la vida. Edipo, nombre que significa «pies hinchados», tenía un defecto en los pies, el cual señalaba un defecto en el alma. Edipo mató a su padre y se casó con su madre

antes de acabar trágicamente.

Los zapatos son, pues, el envoltorio físico de esta alma. Si soñamos con unos zapatos que nos van estrechos y lastimamos con ellos los pies, es síntoma de que estamos torturando a nuestra alma, de que no la dejamos expresarse según su libre albedrío, imponiéndole condicionamientos que la ahogan, que la torturan. Esos zapatos que el niño deja en la chimenea en la noche de Navidad, en el momento en que las fuerzas espirituales son más intensas, es una manera inconsciente de decirles a los seres espirituales que llenen su alma de preciosos dones. Al mismo tiempo, siendo el zapato el justo molde del alma, pide que los presentes físicos sean a la medida de lo que es su alma, a la medida de sus merecimientos.

Ponedle zapatos anchos al alma para que pueda manifestarse según sus potencialidades; ponedle tacón alto, ese tacón que las mujeres —la imaginación— fueron las primeras en imponer y que refleja ese deseo de elevación que la carne mantiene prisionero, esperando el día del gran despegue.

La ansiedad
Enrique Rojas

¿Qué nos falta para ser felices?
Enrique Miret Magdalena

Manual de instrucciones del bebé
Louis Borgenicht y Joe Borgenicht

La pareja rota
Luis Rojas Marcos

Impreso en Litografía Rosés, S.A.
Energía, 11-27 (Polígono La Post)
08850 Gavà (Barcelona)